Eugen Drewermann

Krieg ist Krankheit, keine Lösung

HERDER spektrum

Band 5427

Das Buch

Seit dem Terroranschlag in Amerika ist das Wort Krieg in aller Munde. Radikale Muslime erklären den Heiligen Krieg. Die Antwort ist die Kriegserklärung gegen den internationalen Terrorismus. Ein Kreislauf scheint in Gang gesetzt, aus dem es kein Entrinnen gibt. Die Angst vor dem Terror schmiedet eine Koalition der Kriegsbereiten, weltweit. Der Paderborner Theologe und Psychotherapeut Eugen Drewermann bleibt dabei – Friede ist möglich. Gewaltfreiheit ist keine Utopie – vor allem nicht für Christen. Die Spirale der Gewalt muss durchbrochen werden. „Wir kommen aus der Spirale der Angst, der Gewalt und der Gegengewalt nicht heraus, solange wir unter Frieden immer noch den Sieg über mögliche Feinde und unter Sicherheit immer noch die maximale Kapazität zum Töten verstehen", so die Grundthese von Eugen Drewermann. Die Lehre vom sogenannten gerechten Krieg ist ebenso überholt wie der Ruf nach einem Heiligen Krieg. Drewermann plädiert für die Kreativität der Angstfreiheit und sagt, warum Pazifismus gerade heute möglich sein muss. Krieg ist kein Heilmittel, keine Therapie, Krieg ist eine Krankheit. Es ist notwendig, nach den religiösen und psychologischen Wurzeln zu forschen, die die Menschheit immer wieder in die Falle Krieg laufen lässt. Offenbar braucht gerade Religion immer ein Feindbild, offenbar tun wir uns noch immer schwer, die Verschiedenheit des anderen wirklich dauerhaft zu akzeptieren. Es gilt den Kampf der Kulturen zu verhindern und eine Perspektive des Friedens zu finden. Religion und Psychologie sind nur nur Felder und Faktoren der Aggressivität. Sie können auch Kräfte des Friedens sein.

Der Autor

Eugen Drewermann, Theologe und Therapeut, Publizist. Zahlreiche Bücher, auch bei Herder Spektrum. Lebt in Paderborn.

Der Herausgeber

Jürgen Hoeren MA, Ressortleiter Kulturelles Wort/Aktuelle Kultur beim SWR2, Baden-Baden. Bei Herder Spektrum zuletzt: Eugen Drewermann, Wozu Religion?.

Eugen Drewermann

Krieg ist Krankheit, keine Lösung

Im Gespräch mit Jürgen Hoeren

HERDER

FREIBURG · BASEL · WIEN

Gedruckt auf umweltfreundlichem,
chlorfrei gebleichtem Papier

www.herder.de
Satz: Barbara Hermann, Freiburg
Druck und Bindung: fgb · freiburger graphische betriebe 2003
www.fgb.de
Umschlaggestaltung und Konzeption:
R·M·E München / Roland Eschlbeck, Liana Tuchel
Umschlagmotiv © AP
ISBN 3-451-05427-2

Inhalt

Die Wurzeln von Krieg und Terror

Herr Drewermann, bis heute gab es keine Religion, keine Gesellschaft ohne zumindest längere Phasen von Gewalt und Krieg. Macht es überhaupt Sinn, den Krieg wegzupredigen oder ihn verbieten zu wollen?

Auch wenn wir den Krieg natürlich weder wegpredigen noch einfach verbieten können – wir müssen ihn überwinden, um Menschen zu werden. Krieg ist ein Relikt aus Zeiten, die weit in der Evolutionsgeschichte zurückliegen, er lastet auf uns als steinzeitliche Hypothek. Wir sind im Schlachthof der Geschichte groß geworden und haben über all die Zeiten hinweg Haltungen wie Tapferkeit, Mannesmut, Vaterlandsliebe oder Treue zur eigenen sozialen Bezugsgruppe als Tugenden definiert und gefeiert. Es zeigt sich aber in der Geschichte der Menschheit immer wieder, bis heute: Man braucht das Wort „Krieg" nur auszusprechen, und wir fallen über Jahrtausende und Jahrhunderttausende zurück in einen dunklen Abgrund. Alles, was in der Kultur und im zivilen Zusammenleben Geltung besitzt, ist aufgehoben, sobald nur dieses Wort seine Macht entfaltet. Mord, Lüge, Verrat, Zerstörung, Qual in jeder Form, Abschnürung von Lebensressourcen, rücksichtsloseste Brutalität und Einsatz aller Mittel – das ist Krieg. Der preußische General und Militärtheoretiker *Carl von Clausewitz* hat vor zweihundert Jahren konstatiert: Der Krieg trägt seinem Wesen nach die Tendenz in sich, zum Äußersten zu gehen. Der eine gibt dem anderen das Maß, jeder reagiert nur noch auf die Aggression des „Gegners", des „Todfeindes", wenn einmal Krieg ist. Und die Spirale der Blutmühle dreht sich ungehemmt immer weiter, immer weiter – bis eine der kämpfenden Parteien durch die Vernichtung oder die Niederwerfung der anderen ihr Ziel erreicht zu haben glaubt. Genau dieser Gedanke aber, dass man eines bestimmten Zieles wegen über Hekatomben von Leichen hinweggehen zu müssen meint – und zu dürfen glaubt –, dieser unmenschliche Gedanke ist selbst die Widerlegung jeder akzeptablen Rechtfertigung des Krieges. Darum lautet die für mich alles entscheidende Frage: Können wir Humanität wirklich mit Mitteln verteidigen, die all das zerstören, was unter dem Begriff der Menschlichkeit subsumierbar ist?

Nun hat sich seit dem 11. September 2001 die Szenerie entscheidend gewandelt. Terror zeigt sich als Massenmord, das Gesicht der Gewalt hat sich bedrohlich verändert. Hat sich auch die Bedeutung des Kriegs verändert? Worin sehen Sie das Neue an dieser Weltsituation?

Entscheidend ändern kann der Krieg sich nie, nur seine Rechtfertigungen wechseln. Ob *Stalin*, *Hitler* oder *bin Laden* – wir werden immer wieder glauben, dass nur der Krieg uns helfen könnte. Aber er hilft uns stets nur aus der Pfanne in den Ofen. Ich komme gerade aus *John Maddens* Film *Corellis Mandoline.* Der Film zeigt die Wahrheit: Der Krieg bringt alles um: die Liebe, die Musik, die Menschen und die Menschlichkeit. Wohl erklärt man den Krieg, um all das zu schützen, doch man schützt es nicht, man vernichtet es. Subjektiv mögen Menschen in den Krieg ziehen aus Gründen der Ehre, der Kameradschaft und um von den Frauen bewundert zu werden, doch gerade für die Besten von ihnen gerät der Krieg zum Selbstmord der Seele: Das *„Stahlgewitter" Ernst Jüngers* verändert einen Menschen wesentlich. Was ist noch liebenswert an einem Menschen, dem das Töten zum Handwerk geworden ist? Wie viele Tränen sind in ihm, die er nie weinen durfte? Objektiv mögen Kriege geführt werden, um Länder zu besetzen, um Menschen zu beherrschen, um Macht zu gewinnen und um Geschäfte abzuschließen; doch all diese Gründe wirken wie Hohn auf das, was im Krieg wirklich geschieht. Der Krieg ist eine Wunde in der Seele der Menschen, deren Schmerz nach immer grausameren Taten ruft, doch kein Krieg schließt die Wunde, jeder neue Krieg macht sie von Mal zu Mal nur noch tödlicher.

Das Problem des *Terrorismus* bezieht sich auf eine Sonderform der Kriegführung und stellt sich spezieller.

George W. Bush hat nach dem Anschlag vom 11. September 2001 gesagt: „Das ist Krieg." Damit hat er Recht. Und er hat Unrecht. Terroraktionen unterscheiden sich nicht nur deutlich vom

Krieg, sie sind auch anders motiviert. Von Krieg redet man, wenn eine Staatsmacht im Rahmen internationaler Auseinandersetzungen den Frieden aufkündigt und Aggression als Mittel der Politik definiert. In gewissem Sinne findet Krieg zwischen – zumindest relativ – gleichstarken Partnern statt. Er besteht in aller Regel in dem Ringen um Ziele, die zwischen staatlich organisierten Gebilden nicht mehr verhandelbar zu sein scheinen und durch das Diktat der überlegenen Gewalt durchgesetzt werden sollen. Terror findet in aller Regel aus der Position der Unterlegenheit statt. Er ist im Grunde die Sprache der an die Wand Gedrückten, der Verzweifelten. Diese Gruppen sind in sich zwar zumeist äußerst straff organisiert, aber in ihren Interessen – je nach geschichtlicher Lage – nicht deutlich abzugrenzen, sondern über Raum und Zeit miteinander verbunden. Man muss nur vor Augen haben: Die Waffe des Terrors hat über lange Zeiträume hinweg in den Ländern der heute so genannten Dritten Welt eine zentrale Rolle gespielt – genauer: in den Freiheitsbewegungen dieser Länder während der gesamten Ablösungsphase des westlichen Kolonialismus und Imperialismus im 19. und 20. Jahrhundert. Die Zielsetzung dieses Terrors war und ist – auch im Rückblick – unbezweifelbar die Befreiung bestimmter Völker und Kulturgruppen von der ausbeuterischen Unterdrückung durch Länder, die in der jeweiligen Region legitimerweise nichts verloren hatten. Man wollte diese Unabhängigkeits- und Freiheitsbewegungen aber nicht anerkennen und glaubte, politische Unterdrückung und ökonomische Ausbeutung fortsetzen zu können, nur weil man der Überlegene war. In den Guerillakämpfen und in den Sabotageakten der Freiheitsbewegungen wurde Terror gezielt und mit System eingesetzt. Jede andere Sprache der Auseinandersetzung wäre nicht nur überhört, sondern wohl auch niedergedrückt worden. Die einzige erkennbare Ausnahme stellt der Freiheitskampf der Inder unter dem außerordentlichen *Mahatma Gandhi* dar. Von allen anderen Staaten, ja fast von der Hälfte der Welt, kann man sagen, dass sie sich das Recht auf Selbstbestimmung und Freiheit nicht erkämpfen konnten, ohne lange Zeit durch den Blutsee des Terrors zu waten.

Das Entsetzlichste im 20. Jahrhundert in diesem Zusammenhang sind womöglich die jahrzehntelangen Terrorakte, die in Algerien gegen die französische Kolonialregierung durchgeführt und umgekehrt vom französischen Mutterland mit barbarischer Härte beantwortet wurden. Der Spielfilm von *Gilo Pontecorvo „Die Schlacht um Algier"* aus dem Jahre 1966 führt die Logik der Guerilla und des Terrors vor. Man weiß durchaus, was geschieht, wenn man eine Bombe in einem Café deponiert, in dem vergnügt sitzende, lachende Frauen, Männer und Kinder in wenigen Minuten oder Stunden zerfetzt sein werden. Man weiß, wie viel Hass ein solches Attentat säen wird. Die Logik ist klar: Die Terroristen brauchen gewissermaßen diese Hassreaktion, damit die Gegenseite bewusst hart zurückschlägt – schon damit die Frontlinie eindeutiger wird, die zwischen den Sympathisanten der Franzosen, den Kollaborateuren, den Widerstandskämpfern und den neutralen Bevölkerungsteilen zunächst einmal undeutlich verläuft.

Aber sind denn in dem Konflikt, der im Jahr 2001 ausbrach, die Fronten klar?

Lassen Sie uns noch ein wenig bei der Geschichte des Terrors bleiben, um seine Struktur zu begreifen. Die Franzosen haben in den 50er Jahren bei der Jagd nach den Terroristen nicht davor zurückgeschreckt, bei Vernehmungen *die Folter* einzusetzen – so wenig wie israelische Polizisten oder Soldaten das heute noch tun, wenn sie Palästinenser verhören – und die USA wollen dieses Mittel sogar offen wieder einführen. Foltern bedeutet nichts anderes, als einen Menschen in ein schmerzempfindendes, zuckendes Fleisch zu verwandeln, nur um eine bestimmte Information zu bekommen. Die Franzosen haben teilweise die Fremdenlegion mit der Folter befasst, also Söldnertruppen, die für Geld alles taten – und auch tun mussten. Man wollte sich – so die Argumentation – mit dieser barbarischen Methode an den Kopf des Drachens heranquälen, um ihn dann abzuschlagen. Das hat eine große Vergleichbarkeit mit dem, was jetzt zur Bekämpfung des Terrors weltweit geschieht. Und es geschieht mit neuen Rechtfertigungen und mit einer Routine von bisher unbekannter Skrupellosigkeit. *Jean-Paul Sartre* schildert in seinem Bühnenstück *Die Eingeschlossenen von Altona* einen Mann, der im Kampf gegen russische Partisanen im Zweiten Weltkrieg vor dem vermeintlichen Zwang, die Folter anzuwenden, innerlich nicht mehr weiter konnte. Wir heute können scheinbar weiter.

Wir stellen fest, in welch überdimensionierter Form sich sowohl der Terror wie auch der Krieg gegen den Terror bis heute weiterentwickelt haben. Es geht derzeit in Afghanistan ja nicht mehr darum, bestimmte Einzelverdächtige zu fangen oder zu vernehmen, wir nehmen gleich ein ganzes Volk der Dritten Welt in Haft. Wir schlagen flächendeckend drauf, nennen das aber nicht Staatsterror, sondern „Kampf gegen den Terrorismus". Der Guerillakrieg, der Terrorkrieg von unten, hat durch seine bedenkenlose Entwicklung wie von selbst dazu geführt, dass von oben her alle Bedenken, alle menschlichen und moralischen Grenzziehungen fallen gelassen werden. Was wir derzeit erleben, ist, ganz entsprechend der Theorie von *Clausewitz,* dass es überhaupt keine Skrupel mehr gibt, weder in der Anwendung von Gewalt noch in der Auseinandersetzung mit Gewalt. Das gilt für beide Seiten. Denn was am 11. September 2001 geschehen ist, stellt ohne Zweifel eine neue Dimension des Terrors dar. Terror als bewusst intendierten Massenmord hat es in dieser Form noch nie gegeben. Womöglich war Terror bis dahin individuell grausamer. In der Mau-Mau-Bewegung der 50er Jahre in Kenia gegenüber den Briten zum Beispiel haben die Eingeborenen nach der Mentalität von Steinzeitkriegern agiert. Sie überfielen ganz gezielt und bewusst Frauen, massakrierten sie, töteten Vieh auf unvorstellbar grausame Weise. Man kann zwar nicht sagen, dass die Barbarei von Krieg und Terror sich substantiell geändert hätte. Dennoch gibt es einen qualitativen Sprung ins Negative. Man hat bis zum 11. September 2001 Flugzeuge entführt, um in zynischen Verhandlungen politische Ziele zu erpressen. Aber man hat noch nie ganze Flugzeuge in Bomben verwandelt, um damit Tausende zu töten. Das Entsetzliche und zugleich Bedenkliche ist, dass diese Akte eine symbolische Sprache enthalten. Treffen wollte man die Wirtschafts- und Militärmacht USA in ihren symbolischen Repräsentanzen, dem World Trade Center und dem Pentagon. Spekulieren darf man, ob nicht auch Atomkraftwerke und chemische Anlagen am gleichen Tage auf ähnliche Weise zur Detonation gebracht werden sollten.

Vorweg aber noch dies: Auf der Ebene der Terroraktionen geschieht nichts, was nicht wir im Status der westlichen Überlegenheit – in der Art, im 20. Jahrhundert in Europa und von Nordamerika aus Krieg zu führen – all den Ländern oder Gruppen vorgeführt, beigebracht, ja, sogar en detail mit ihnen trainiert haben, die wir jetzt kritisch ins Visier der Terrorfahndung nehmen. Selbst wenn wir die Taliban für mitschuldig an den Anschlägen erklären und sie jetzt bekämpfen, muss man nur daran erinnern: Wir selbst sind es gewesen, die sie aufgebaut haben, wir selbst haben sie in der Art der Kriegführung gegen die Besatzungsarmee Sowjetrusslands in Afghanistan auf alles vorbereitet, was sie jetzt tun. Wir sind die Lehrmeister. Inzwischen rühmt sich der ehemalige amerikanische Sicherheitsberater *Brzezinski*, die Russen nach Afghanistan gelockt und dann die Mudschaheddin aufgerüstet zu haben. Wenn wir derart zynisch mit ganzen Völkern um den Preis von Millionen Menschen spielen, was erwarten wir dann? Die Situation ist ähnlich obskur wie bei der Schlacht im Teutoburger Wald, wo ein römischer Legionsoffizier, *Armin* der Cherusker, die Mittel seiner Zeit und seines Volkes anwandte, die er im römischen Strategiekurs gelernt hatte: Er brauchte nur seine Kenntnisse der Denk- und Kampfweise Roms gegen Rom zu kehren, um zwei Armeen des Varus in einer Guerilla-Aktion vernichtend zu schlagen.

Jemand wie Osama bin Laden nimmt auf Menschen überhaupt keine Rücksicht, auch nicht auf unschuldige Menschen. Man kehrt im Grunde wieder zurück zum archaischen Prinzip der Menschenopfer.

Da sind wir wieder bei dem Problem, das der Krieg selber ist.

Osama bin Laden hat, jedenfalls nach Presseberichten, einen Satz gesagt, der ganz offensichtlich nur aus einer kulturellen Zeitverschiebung heraus verstehbar ist. „Dies ist ein Heiliger Krieg", hat er aus seiner Sicht erklärt, „in dem keine Gefangenen gemacht werden und der sich unterschiedslos gegen Soldaten *und* Zivilisten richtet." Genau dies, dass ein Unterschied zwischen Kombattanten und Zivilisten zu machen sei, ist aber eine alte Forderung aller Völkerrechtslehrer im Umgang mit dem

Krieg. Um die Furie Krieg wenigstens ein Stück weit zu zivilisieren, hat man versucht, die Kriegshandlungen zumindest auf die unmittelbar Kämpfenden einzugrenzen. Diese vor allem im Abendland vorangetriebenen Versuche haben sich wegzubewegen versucht von dem, was als Tendenz dem Krieg eigentlich viel tiefer innewohnt: genau diesen Unterschied nämlich *nicht* zu machen. Es ist das Alte Testament, das den *Heiligen Krieg,* den von Gott befohlenen Krieg, mit dem sogenannten Banngebot, dem *chäräm,* verbindet. Saul zum Beispiel in 1 Samuel 15 darf von seinem Feldzug gegen die Amalekiter nichts mitbringen, keine Gefangenen, keine Frauen, keine Kinder, kein Vieh, nichts, was lebt, es muss alles niedergemacht werden. Es ist dieser archaische Bann aus der Zeit und Mentalität des Alten Testaments, also die offensichtlich altorientalische Ordnung, die *Osama bin Laden* vorschwebt, wenn er von Heiligem Krieg spricht.

Dahinter steckt die allerdings auch im „totalen Krieg" enthaltene Vorstellung, dass man die Trennung zwischen Kämpfenden und Nichtkämpfenden tatsächlich nur fiktiv machen kann. Denn die Kämpfenden werden vom sogenannten friedfertigen Hinterland versorgt. Wie will man aber gegen einen Gegner kämpfen, der immer wieder regenerationsfähig ist? Man muss ihn von seiner Logistik abschneiden, man muss ihn, je länger der Krieg dauert, sogar von der Möglichkeit der biologischen Reproduktion abschneiden. Man führt Krieg zum Schutz sicherer Grenzen, biologisch gesprochen: zur Sicherung von Revieren, zum Schutz von Frauen und Kindern. Indem man das tut, wird dem Gegner, wie immer man ihn definiert, das gleiche Recht abgesprochen. Der Krieg richtet sich also mittelbar stets auch gegen die Frauen und Kinder des Feindes. Demnach sind die Kämpfenden gewissermaßen nur die Vorderseite, die man durchstoßen muss, um an das eigentliche Ziel heranzukommen: die Ausschaltung der technischen, biologischen und wirtschaftlichen Regeneration und Reproduktion des Gegners. Das alles war und ist seit alters immer wieder zu beobachten gewesen: Der Krieg enthemmt die Menschen, die ihn führen. Der Dreißigjährige Krieg war dafür ein schreckliches Beispiel in ganz Europa. Der moderne Krieg hebt sogar ganz bewusst alle Grenzen auf. Der Zweite Weltkrieg begann damit, die Totalisierung geradewegs anzustreben, die am Ende dann in jeder Weise erfolgt ist, beginnend mit Rotterdam und Coventry und endend mit Dresden, Hiroshima und Nagasaki.

Das Furchtbare am Krieg ist also, dass er eine Dynamik aufweist, die es unmöglich macht, immanente Grenzen zu setzen oder einzuhalten. Nehmen Sie nur derzeit den wie selbstverständlichen Einsatz von Kassetten- und Streubomben, den die USA im Irak schon praktiziert haben und der von der Nato im Kosovo weitergeführt wurde. Bei diesen Anti-Personen-Waffen verbrennen Menschen bei 1200° Celsius im Napalm, werden ihre Körper zerfetzt, bleiben explosive Reste am Boden weiterhin gefährlich. In der Zeit des Vietnamkrieges, 1968, konnten *Bertrand Russell* und *Jean-Paul Sartre* in einem eigenen Tribunal diese ganze „Waffen"-Sorte als unmenschlich brandmarken! Heute gehören diese militärischen Terrorinstrumente zum selbstverständlichen Standard des Nato-Equipments. Und das ist nur ein kleines Beispiel unter tausend möglichen anderen. Der Krieg ist in seinem ganzen Wesen die Zerstörung und die Aufhebung aller menschlichen Gesetze. Ich wiederhole also: Um so aberwitziger und monströser ist es, ihn in irgendeiner Weise zur Erreichung von vermeintlich humanen Zielen zu rechtfertigen oder zu instrumentalisieren. Genau das geht nicht. Man kann nicht durch einen See von Blut hindurch die Friedenstaube rufen. Aber das ist es, was in der politischen Option des Krieges immer noch enthalten ist. Es gibt keinen Staat rund um den Globus, in dem nicht 18-Jährige, weil sie jung genug sind, dazu herangezogen werden, das Töten auf Befehl möglichst „effizient" zu lernen, mithin den Krieg als führbar zu erlernen. So lange wir uns diese Möglichkeit des Rückfalls in den Abgrund als politische „Option" offen lassen, wird kein wesentlicher Fortschritt der menschlichen Kultur zu erzielen sein.

Der Terror und die moderne Technik

Mit jedem vermeintlichen Fortschritt der Kultur, mit jedem vermeintlichen Fortschritt von Wissenschaft und Technik geht immer auch ein Fortschritt der Waffenproduktion einher. Das Vernichtungspotential in den staatlichen Arsenalen wird immer größer, und jetzt erleben wir, dass Terroristen die technischen Möglichkeiten zum Massenmord handhaben.

Henry Kissinger hat vor Jahr und Tag den Zynismus seiner Rede wohl selbst nicht bemerkt, als er erklärte, dass es ihm nicht einleuchten wolle, was für ein moralischer Vorteil darin liege, mit Napalm verbrannt zu werden, gegenüber der Möglichkeit, mit atomaren Waffen zerstrahlt zu werden. Wenn doch getötet werden solle, so der ehemalige Außenminister der Vereinigten Staaten von Amerika, sei die effizienteste Methode den Umständen entsprechend wohl die beste. Es gibt offensichtlich keine institutionell organisierte Skrupelhaftigkeit des moralischen Empfindens mehr gegenüber dem, was Militärs heute tun. Vom Giftgas von Verdun 1916 bis hin zur Atombombe 1945, von der Wasserstoffbombe 1952 bis hin zur Neutronenbombe, die man als „Perversion des Denkens" bezeichnete, weil sie „nur" die Menschen tötet, die Gebäude aber und die Waffen des Gegners verschont, hat es immer wieder sogar Verteidiger dieses „Fortschritts" gegeben, die im Kampf gegen „das Böse" jedes Mittel heilig sprachen.

Dies gilt natürlich auch für Terroristen. Sie sind objektiv, wie gerade gesagt, die Schwächeren, aber sind sie deswegen auch schon die moralisch Unterlegenen? Historisch gesehen, ganz im Gegenteil! Die politische und soziale Freiheitsgeschichte des 19. und 20. Jahrhunderts zeigt, dass die größere moralische Berechtigung ganz häufig, sogar fast regelmäßig, auf der Seite derer stand, die mit einfachsten, das heißt brutalsten, Mitteln in die Auseinandersetzung gingen. Sie konnten sich die Moral bzw. die Heuchelei einer „zivilisierten" Kriegsführung ganz einfach nicht leisten; ihnen musste von Anfang an jedes Mittel recht sein. Und natürlich war es ihr Ziel, auch an jene Waffen heranzukommen, die die Herrscher oder die Mächtigeren längst in ihren Händen hatten. Darin liegt geschichtlich ein Ungleichgewicht, auch eine Ungleichzeitigkeit, in dem, was wir Gewalt nennen. Wir haben im Verlauf der Geschichte die Grenzen, innerhalb derer Gewaltfreiheit herrschen soll, immer mehr erweitert. Von den Stadtstaaten im alten Sumer über die Stadtvereinigungen in Mesopotamien bis hin zu den Machtblöcken des Kalten Krieges haben wir die Ausübung legaler Gewalt ständig weiter an die nächsthöhere Autorität delegiert. Das zivile Zusammenleben setzt im Grunde das Gewaltmonopol des Staates voraus: Nur der Staat soll im Stande sein, physische Gewalt auszuüben, nicht der Privatmann, weder zu seinem eigenen Vorteil noch zur Vergeltung, allenfalls in Notwehr.

Gleichzeitig haben wir damit das Problem der Gewalt aber nicht aus der Welt geschafft. Wir haben lediglich an den Rändern hoch gerüsteter Gemeinschaften ein immer größeres Potential möglicher Gewalt geschaffen. Die rekrutierbare Mannschaftsstärke eines Heeres konnte auf diese Weise ständig wachsen, das zivile und logistische Niveau der Auseinandersetzung permanent gesteigert werden. Kurz, wir wollten den Krieg eigentlich nie abschaffen. Wir haben seine Möglichkeiten nur ständig erweitert und ausgedehnt.

Gleichzeitig bewegen wir uns dabei ganz offensichtlich in einer Falle. Wir kennen bei der UNO zwar ein Selbstbestimmungsrecht der Völker, in Wirklichkeit haben wir aber keinen internationalen Gerichtshof, der das Selbstbestimmungsrecht der Völker wirksam durchsetzen würde. In jedem Zweifelsfall halten wir uns an das Nichteinmischungsprinzip in die inneren Angelegenheiten fremder Staaten. So hätten die Tschetschenen zum Beispiel natürlich – vor allem nach dem, was *Stalin* ihnen in den 40er Jahren angetan hat – ein Recht auf Selbstbestimmung. Es wird ihnen aber von der russischen Zentralregierung unter *Putin* verweigert, es wird Krieg geführt. Und dabei gelten diejenigen, die für ihre Rechte streiten, als Terroristen. Und in der Anti-Terror-Koalition, die geschaffen wurde, wird Russland offensichtlich für die nächste Zukunft von der Völkergemeinschaft jedes Recht zugestanden, auf brutalste Art gegen die „Terroristen“ in Tschetschenien vorzugehen. Zu fürchten ist überhaupt, dass unter dem Deckmantel der Terrorbekämpfung nun eine Reihe höchst zweifelhafter Regime ihre ethnischen, sozialen, religiösen oder verfassungsrechtlichen Probleme mit den Mitteln militärischer Gewalt als Teil ihrer Innenpolitik zu „lösen" sucht – und wir, also die USA und ihre Verbündeten, darüber einfach hinwegsehen. Die Frage lautet: Wieso sind nur *die* Kriege „legitim", die von Staaten erklärt und geführt werden, und wieso ist es von vornherein „Terror", wenn nicht- oder noch-nicht-staatliche Gruppierungen Krieg führen? Krieg ist in sich selber Terror, so wie Terror in sich selber Krieg ist. Der Unterschied liegt eher in der Größenordnung als in der Legitimation.

Es gibt beispielsweise ungefähr 17 Millionen Kurden, verteilt auf drei Länder im Nahen Osten: Iran, Irak, den südanatolischen Teil des Nato-Staates Türkei, und wir erleben mit, dass nicht einmal am Selbstbestimmungsrecht von etwa 17 Millionen Menschen mit einem Kulturerbe von mindestens 3000 Jahren irgendjemand das nötige Interesse aufbringt, um es mit friedlichen Mitteln durchzusetzen.

In diesem Durcheinander wird Gewalt immer wieder geboren werden, und es hilft nichts, dass wir gewöhnt sind, die staatlich organisierte Gewalt von vornherein für legal zu halten und damit auch schon mit dem Schatten des Legitimen zu versehen, während wir die noch nicht staatlich gebundene Gewalt prinzipiell als das Zügellose und Anarchische begreifen. Auf diese Weise äußern wir nicht Rechtsempfinden, sondern den Respekt vor faktischen Organisationsformen; dieses Denken steht aber von vornherein auf Seiten der Herrschenden. Macht und Recht sind indessen zweierlei.

Es herrscht international weitgehend Konsens, dass Terroristen als Verbrecher gejagt und gefasst werden müssen, tot oder lebendig. Hat die internationale Gemeinschaft ein Recht darauf, einen Menschen so zu bestrafen?

Wir müssen grundsätzlich fragen, wie wir den Begriff der Strafe handhaben. Es ist kein Zufall, wenn die Bergpredigt Jesu im 7. Kapitel des Matthäusevangeliums mit dem Verbot endet, über Menschen überhaupt zu Gericht zu sitzen. Weil es nicht geht, ehrlicherweise! *George W. Bush* hat davon gesprochen, dass er jetzt einen *„monumentalen Krieg gegen das Böse"* führen wird, und er hat das nicht nur anfangs in der ersten Reaktion auf den 11. September gesagt. Er hat es später auf der internationalen Konferenz im chinesischen Shanghai erneut erklärt: „Es geht um den Kampf gegen das Böse." Das ist übrigens ein fast wörtliches Zitat aus dem Munde seines Vaters aus der Zeit des Golfkrieges 1991; da wurde genauso Krieg geführt. Auch *Bush senior* erklärte nicht einen Krieg zwischen Christentum und Islam, sondern er sagte: „Dies ist ein Kampf zwischen Gut und Böse. Ein Krieg also um das, weswegen immer wieder Krieg geführt wird. Und das Ergebnis dieses Krieges kann nur der Sieg des Guten sein."

Nebenbei bemerkt, dieser „Sieg des Guten" im Irak ist bis heute nicht abgeschlossen. Das durch Briten und Amerikaner aufrechterhaltene Handelsembargo führt nach unabhängigen UNO-Einschätzungen dazu, dass allein durch die Mangelversorgung im Irak etwa 3 000 Menschen pro Monat sterben. Das waren in den letzten zehn Jahren also mehr als eine Million Tote in einem schweigenden Krieg. Dieser Krieg nach dem Krieg ist weder offiziell erklärt worden, noch wurden oder werden diese Fakten der Öffentlichkeit mitgeteilt. Keine Zeitung nennt das einen Staatsterror, keine Zeitung nennt das einen sinnlosen Genozid, einen brutalen Sadismus. Aber er findet statt, Tag für Tag, um einen einzigen Mann, den Diktator in Bagdad, *Saddam Hussein,* von seinem Volk zu trennen. Das Mittel ist erkennbar untauglich; die Unterdrückten scharen sich wie eine Herde verängstigter Tiere nur umso enger um ihren Führer; uns aber hindert das nicht, in bürokratischer Manier und Gleichgültigkeit fortzufahren.

Das Kernproblem aller Strafen und Strafaktionen ist, dass wir mit „gut" und „böse" abstrakt das bewerten, was Menschen tun. Wir gehen sehr grobschlächtig vor in dieser Einteilung, und letztlich können wir die konkret lebenden Menschen mit diesen Kategorien nicht bemessen. Sie lassen sich nicht auf diese Weise abstrakt nach Art einer polaren Zuordnung auseinander dividieren: hier die guten Menschen und da die bösen Menschen. Selbst wenn die Nomenklatur von *dem* Bösen (im Neutrum) und *dem* Guten (im Neutrum) Sinn machen würde, diente sie ja nicht dem Verstehen dessen, was Menschen wirklich tun, sondern bestenfalls der äußeren Bewertung ihres Handelns. Wir haben also im Sprechen von gut und böse eine Nomenklatur vor uns, die allerhöchstens dazu dienen kann, eine Art diagnostischer Übersicht in der Symptombeschreibung zu liefern. Ganz sicher hilft sie nicht dabei, die Hintergründe zu verstehen. Und auf gar keinen Fall haben wir damit das Instrumentarium in der Hand, durch eine entsprechende Therapie etwas zu verändern.

Hinzu kommt: Die Vorstellung vom Strafen gibt vor, genau zu wissen, wo die Guten und wo die Bösen sind. Das aber bedeutet, den Zusammenhang der Menschen durch eine ideologische Fiktion, durch eine künstliche Isolation zu kappen. Man muss dann nicht mehr schauen, was hinter der Sprache der Gewalt steht, man muss nicht mehr fragen, welche Dialoge ausgefallen sind oder gar: wie viel Mitschuld an dem besteht, was wir als Schuld anklagen und jetzt per Strafe einfordern.

Der Schock, der in dem, was wir das Böse nennen, liegen könnte, die Chance, nach dem Grund und den Ursachen zu fragen, die uns selbst in Frage stellen könnten, wird durch eine bis ins Mythologische reichende Schwarz-weiß-Malerei ersetzt. Wir selber werden am Ende vor dem Richterstuhl Gottes stehen. Und doch exekutieren wir bereits jetzt mit absolutem Urteil im Raum des Relativen. Es war nicht nur ein sprachlicher oder psychologischer faux pas, dass der Krieg, den *Bush junior* gegen *Osama bin Laden* eröffnet hat, mit dem militärischen Codewort „infinite justice", als „unendliche Gerechtigkeit" definiert wurde. Der Begriff wurde dann zwar zurückgenommen, weil – bezeichnenderweise – amerikanische Muslime darauf hinwiesen, dass es wohl einzig Gott zustehe, eine unendliche Gerechtigkeit zu exekutieren. Es waren nicht die christlichen Kirchen, die sagten: Hier vermisst man sich, hier spielt jemand den Racheengel Michael im Himmel, um den Teufel zu stürzen, hier politisiert jemand die Apokalypse. Man hat das Wort dann einfach ausgetauscht durch „dauerhafte Freiheit", die man bringen wollte. Aber man begreift offensichtlich nicht, wie sich eine Welt fühlt, die zu zwei Dritteln im Elend liegt. Vor dem Hintergrund von so viel sozialem Leid ist zu fragen: Wer hat denn da Freiheit und wozu?

Ein Teil des Problems liegt für mich darin: Wir haben in den Vereinigten Staaten von Amerika eine Kultur vor uns, die bis heute trotz vieler Diskussionen bereit ist, die Todesstrafe – im Übrigen mit wachsender Akzeptanz – einzusetzen. Allein im Staate Oklahoma sind im Jahr 2001 bis zum Oktober 16 Menschen hingerichtet worden. Man kann dort also das Schauspiel, wie ein Mensch aus dem Kontext der Lebenden herausgerissen wird, durchschnittlich alle paar Wochen miterleben. *George Bush jun.* hat selbst in Texas 130 Menschen in die Gaskammer geschickt, letztlich aus einer populistischen Motivation: um Präsident der USA zu werden. Sogar sein Vorgänger *Clinton*, eigentlich ein Gegner der Todesstrafe, beugte sich dem Druck der öffentlichen Meinung. Doch wer sind die Leute, die erklären, dass ein Mensch nicht mehr das Recht hat zu existieren? Wie immer er dazu kam, ein Verbrechen zu begehen, was in ihm vor sich ging, in welcher Familie und unter was für sozialen Bedingungen er aufwuchs, wie seine Psychologie war, nicht einmal, ob er psychiatrisch krank war, spielt bei dieser Art des Rechtssystems irgendeine Rolle. Er hat etwas getan, das „böse" war, und dafür wird ihm jetzt nach gleichem Maß „Böses" angetan. Nur so nivelliert sich nach diesem absurden Gerechtigkeitsbegriff die Waagschale der Justitia wieder. Das ist das uralte Prinzip des „Auge um Auge" (Lev 24, 20). Und es hat außer dem großen *Mahatma Gandhi* niemanden gegeben, der gesagt hat, dass dieses Prinzip die ganze Welt blind macht – blind vor Hass, vor Rache, vor Vergeltungsideen. Der Krieg, der 2001 begonnen wurde, ist nichts weiter als die ins Universelle, ins Internationale und Grenzenlose ausgedehnte Todesstrafe.

Hinzu kommt speziell in diesem Falle die eklatante Umgehung des Rechtsweges. Wenn es wirklich Beweise gegen *Osama bin Laden* gibt, so müssten sie der UNO offen unterbreitet werden, sie hätten vor allem den Taliban zugänglich gemacht werden müssen, und dann hätte ein internationaler Gerichtshof die weitere Vorgehensweise festlegen müssen. Stattdessen erklärt *George W. Bush:* „Im Wilden Westen steht ein Schild: Gesucht – tot oder lebendig." Mehr noch: Er setzt ein Kopfgeld aus und gibt *Osama bin Laden* zum Töten frei, so als sei er der ganzen Erde oberster Gerichtsherr. Er hat die CIA angewiesen, mit ausdrücklicher Tötungserlaubnis *Osama bin Laden* zu jagen, nachdem *Jimmy Carter* seinerzeit die *licence for killing* ausdrücklich der CIA entzogen hat. Nach der Ermordung *Allendes* in Chile, weil er die Kupferminen verstaatlichen wollte, nach acht Mordanschlägen allein gegen *Fidel Castro* in Kuba, sollte es keine Killeraufträge seitens der Regierung mehr geben. Alles Makulatur. Wieder wird die CIA mit den Profikillern der Mafia zusammenarbeiten. Merkt man eigentlich nicht, dass man bei dieser Art, den Rechtsstaat zu verteidigen, die Rechtsstaatlichkeit selber aufhebt?

In unserem Zusammenhang lässt sich auch über den Krieg generell etwas lernen: Als eine international exekutierte Form der Todesstrafe wird er immer mit bestem Wollen und Gewissen gerechtfertigt, und ein Teil seiner „Motivation" als eines „gerechten" (oder „heiligen") Krieges ist stets auch die „Bestrafung" des Gegners – das simple, archaische, aber moraltheologisch und juristisch verbrämte Rachebedürfnis, das dann auch während der Kriegshandlungen die wechselseitig zugefügten Grausamkeiten ständig steigert. Der Gegner hat Frauen vergewaltigt, Kinder aus den Brutkammern geholt (so 1990 der Vorwurf von *George Bush sen.* an die irakischen Soldaten in Kuwait; der „Beweis" für diese Anklage war nachweislich in New York montiert worden, aber er dämpfte weltweit den internationalen Widerstand gegen diesen ersten globalisierten Krieg der Industrienationen gegen ein Land im Grunde noch der Dritten Welt um die Erdölressourcen), der „Gegner" hat abscheuliche Waffen eingesetzt (die man selbst nur noch nicht hatte), er hat unsägliche Verbrechen begangen (zu denen man selber ihn genötigt hat, als man ihn in die Knie zwingen wollte) usw. Es gibt einen weisen Satz aus dem Munde von *Bismarck,* und es wäre äußerst wünschenswert, dass alle, die sich jetzt von der Notwendigkeit einer militärischen Selbstverteidigung der „westlichen Wertegemeinschaft" überzeugt geben, ihn beherzigten: „Die Politik hat nicht zu rächen, was geschehen ist, sondern dafür zu sorgen, dass es nicht wieder geschieht."

Es macht sich ein neues Sicherheitsdenken breit, das viele bürgerlichen Freiheiten einschränkt mit der Begründung, die Sicherheit machte es notwendig, eine größere Kontrolle des Staats über den Einzelnen zu stülpen. Was bedeutet die potentiell allgegenwärtige tödliche Bedrohung durch den Terrorismus für das Leben des Einzelnen und die gemeinsame Kultur?

Die Grundfrage ist letztlich ein Zielkonflikt: ob wir Freiheit und Sicherheit für vereinbar halten. Bei den wachsenden Turbulenzen, die wir inner- und außerhalb unseres Wirtschaftsraumes schaffen, ist es unvermeidbar, dass soziale Destabilisierung und politische Unruhen irgendwann auch uns erreichen werden. Es gibt keine andere Form der Sicherheit, als dass wir den Ursachen potentieller Gewalt nachgehen und sie nach und nach abgraben durch solidarisches Handeln, indem wir aufeinander zugehen, oder wir müssen riskieren, dass wir eine Form der Sicherheit gewinnen, die unsere Freiheit einschränkt. Entweder also wir gebrauchen die Freiheit so, dass sie sich solidarisch mitteilt und dem anderen erlaubt, mit uns zu leben, oder aber wir müssen uns auf eine Weise gegen ihn schützen, dass wir unsere Freiheit aufgeben; und man muss sogar sagen, wir verdienen sie dann auch nicht mehr länger, denn gebrauchen wir Freiheit nur zum persönlichen Egoismus oder zum Gruppenegoismus, bestraft sich diese Art des Umgangs mit uns und mit anderen irgendwann von alleine.

Was ich dennoch fürchte und deutlich sehe, ist die bereits angesprochene Dialektik des Begriffs des Terrors. Wir erleben im Kampf gegen den Terrorismus, im Kampf also gegen aggressive Akte, die von nicht staatlich organisierten Gruppierungen ausgeübt werden, derzeit den Versuch, zwischen den Staatengemeinschaften eine einheitliche Front zu bilden. Amerika ist plötzlich befreundet mit Russland, das sogar den Beitritt zur Nato nicht ausschließt. Man sieht den amerikanischen Präsidenten Hand in Hand mit dem Staatspräsidenten von China, man gibt sich befreundet mit Staaten wie Ägypten, sogar Syrien ist im Gespräch, Libyen meldet sich zu Wort, Pakistan wird plötzlich entschuldet, während es vor kurzem noch als eine unverantwortliche Atommacht galt, die mit Terrorakten im Kaschmirgebiet Indien unter Druck zu setzen suchte; drei Viertel der Staaten der neuen Anti-Terror-Koalition werden von Militärdiktatoren oder Quasidiktatoren regiert. Das alles scheint mir darauf hinauszulaufen, dass wir den an so vielen Stellen zu beobachtenden Staatsterrorismus legalisieren und den Terror von unten in seinem Anspruchsrecht und in den Zielsetzungen, für die er eigentlich geradesteht, nicht mehr hören wollen oder können.

Als Verbündeter gegen den Terrorismus hat etwa *Putin* neuerdings das Recht, in Tschetschenien zu machen, was er will, und die Rechte der Bevölkerung dort zu zerschlagen. Als solidarischer Kämpfer gegen den Terrorismus kann China seinen Staatsterror in Tibet jederzeit beliebig weiterführen und seine eigenen Minderheiten unterdrücken. Die Frage der Menschenrechte, die massive Exekution der Todesstrafe in China, 10 000 Tote in *einem* Jahr, das alles spielt jetzt scheinbar keine Rolle mehr. Nicht einmal die Vorstellungen der Festlandchinesen bezüglich der Formosafrage sind im Moment Teil der amerikanischen Wahrnehmung.

Es möchte sein, dass wir uns augenblicklich eine ganze Menge von Freunden schaffen, die in Wahrheit sehr gefährlich sind, etwa weil wir ihre Art der Terrorausübung, der strukturellen Gewalt, der politischen Unterdrückung von Minderheiten und Menschenrechten akzeptieren, wieder nur um instrumentell mit ihnen in einer Art zusammenzuarbeiten, dass wir unsere eigenen Interessen optimal durchsetzen können. Diese Vorgehensweise halte ich für sehr kurzsichtig und für außerordentlich riskant. Im Schatten dieser Politik kann jetzt etwa die Türkei im Natogebiet die Kurden niedermachen, kann sie, Menschenrechte hin, Menschenrechte her, Müttern verbieten, ihre Kinder auch nur in der eigenen Muttersprache zu unterweisen und zu erziehen. Das alles sind unglaubliche Dinge, die den Anspruch der Menschlichkeit, den wir erheben möchten, wie von selber untergraben.

Das Feindbild der Terroristen

Auch die Terroristen haben ja von einem Kampf zwischen gut und böse, zwischen Glauben und Unglauben gesprochen. Offenbar brauchen auch die Terroristen ein klares Feindbild, um Menschen mobilisieren zu können. Was geht denn da vor?

Um Menschen zu töten, braucht man allezeit eine absolute Entschuldigung. Man braucht eine Ideologie, die alles rechtfertigt. Der Terrorist hat die gleiche psychologische Struktur wie der aus dem Status der Überlegenheit heraus Krieg Führende. Die Einsicht am gegebenen Beispiel gilt wieder generell: Auch *Osama bin Laden* arbeitet mit absoluten apokalyptischen Begriffen. Genau deswegen kann man den Terrorismus nicht widerlegen, indem man sich von ihm das Gesetz des Handelns diktieren lässt. Auch dies ist ein bitter wahres und großartiges Wort der Bergpredigt: „Antwortet auf das Böse gar nicht", erklärt Jesus in Mt 5, 34; man müsste, um den Satz überhaupt in seiner Paradoxität zu verstehen, hinzufügen: Reagiert nicht auf das Böse – „indem ihr euch von der Aktion die Gegenreaktion vorschreiben lasst, denn dann bleibt ihr innerhalb der Gefangenschaft des gleichen Handlungsniveaus, ihr kommt aus der Blutmühle von Gewalt und Gegengewalt niemals heraus." *Paulus* kann im 12. Kapitel des Römerbriefes auf seine Weise diese Stelle, die er nicht zitiert, aber offensichtlich doch vor Augen hat, dahingehend auslegen: „Überwindet das Böse durch das Gute. Vergeltet nicht das eine mit dem anderen". Das heißt: Nehmt endgültig Abschied von einer solchen Vorstellung bloßer Vergeltungs-Gerechtigkeit.

Man hat sich im deutschen Idealismus, vor allem in der Philosophie *Hegels,* ein solches justiziables Automaton ausgedacht, wo das Recht als positive Ordnung existiert und das Verbrechen als Negation gegenüber dem Recht aufgehoben werden muss durch die Negation der Negation, die in der Strafe liegt, um dann in einer höheren Synthese sich in seiner Reinheit wiederherzustellen. Das Ganze ist ein solch abstrakter Ansatz, dass er mit lebenden Menschen überhaupt nichts zu tun hat. *Immanuel Kant* hatte bereits ein paar Jahrzehnte vor *Hegels* dialektischer Staats- und Rechtsphilosophie in ähnlicher Weise erklärt, dass der Gerechtigkeit in jedem Falle Genüge getan werden müsse, weil sie an und für sich bestehe und gelte. Dies bedeutete zum Beispiel: Wenn Menschen in der Gefängniszelle auf die Todesstrafe warten, muss dieselbe auch in dem Fall, dass der Staat sich heute Nachmittag selber auflöst, am Vormittag noch ausgeführt werden. Die Gerechtigkeit ist nach diesem Konzept menschen-, staats- und zeitunabhängig. Sie muss unter allen Umständen durchgesetzt werden. Wer so abstrakt denkt, hat es nicht mehr mit lebendigen Menschen zu tun, schon gar nicht in dem Sinn, dass er etwas von dem zu verstehen suchen würde, was in den Menschen vor sich geht. Deswegen wäre es wichtig, all die absolut gesetzten Ideen von gut und böse, von Recht und Unrecht überhaupt aus der Welt zu schaffen und stattdessen genauer zu beobachten, was Menschen wirklich tun. Ein solches Vorgehen wäre eine Lehrstunde gegenüber dem Terrorismus gewesen.

Ein wunderbares Beispiel dafür bietet Südafrika unter *Nelson Mandela.* Er und sein Freund Erzbischof *Desmond Tutu* riefen 1995 eine Wahrheits- und Versöhnungskonferenz aus: Opfer wie Täter aus den Jahrzehnten von Hass und Gewalt sollten öffentlich einander sagen, was sie erlebt hatten; es würde keine Strafen geben, denn sonst würde Südafrika nach dem Ende der Apartheid in Blut versinken; man würde miteinander leben lernen; alle Beschuldigten mit ihren zum Teil monströsen Vergehen würden sich auf den Weg machen müssen, um gütlich zusammenzuleben, die Leute der weißen Sicherheitskräfte genau so wie die Schwarzen aus den Ghettos. Nur so verhinderte man eine drohende Explosion von Massaker, Terror und Lynchjustiz. „Sage die Wahrheit. Bitte um Vergebung. Vergib!" Das waren die geradezu biblischen Spielregeln. Kürzlich sagte Bischof *Tutu:* „Wir haben in Südafrika gelernt, dass ein Gewehr nie Sicherheit bieten kann. Nie! Vergebung ist keine nebulöse, spirituelle Vorstellung, sondern ein Teil von Realpolitik." Und er fügte hinzu: „Sehen Sie sich den nahen Osten an: Ein Selbstmordattentäter tut den Israelis etwas an, und sie zahlen es den Palästinensern dreifach heim. Das müsste doch reichen, um weitere Attentate zu verhindern. Aber stattdessen bereitet man den Boden für weitere Selbstmordattentäter. Der einzige Weg, um Konflikte endgültig zu lösen, ist, Feinde zu Freunden zu machen." – Stellen Sie sich vor, ein Mann wie *George W. Bush* würde nach dieser Devise denken und handeln, bei seiner Machtfülle! Das Problem ist, dass Politiker nur politisch, niemals wirklich religiös denken; drum verwalten sie nur alle alten Konflikte, statt sie zu lösen. Doch die Schuld daran liegt nicht zuletzt auch bei den Religionen.

Bezeichnenderweise ist der Einzige, der vorgeschlagen hat, auf Versöhnung hin zu denken, kein Christ, sondern ein Buddhist gewesen, der *Dalai Lama.* Er erklärte am 13. September 2001 in CNN: „This is a big chance for non-violence, a big chance." Das war eigentlich das Einzige, was er der verwirrten Interviewpartnerin zu sagen hatte: „eine große und einzigartige Chance für Gewaltfreiheit". Er wollte sagen: Wenn wir jetzt angesichts dieser Furchtbarkeit der Attentate in New York und Washington nicht begreifen, wohin wir Menschen drängen, die zu Terroristen werden, und was sie uns sagen wollen, indem sie so handeln, wenn wir jetzt nicht begreifen, dass wir Menschen zusammengehören, gerade weil das Angerichtete so furchtbar ist, dann können wir doch eigentlich nur in eine neue Eskalation weiterer Schrecknisse eintreten.

Was heißt diese Sicht des Dalai Lama in der Konsequenz? Was würde das für das politische und gesellschaftliche Handeln heißen, was hätte es für die betroffenen Menschen, für den betroffenen, aufs Äußerste verletzten Staat Amerika bedeutet?

Es hätte bedeutet, dass wir eine an sich ganz verständliche menschliche Reaktion nicht länger mehr politisch instrumentalisieren würden. Wenn jemand Schmerz empfindet, wird er versuchen, den Schmerz in irgendeiner Weise wieder aus sich herauszusetzen. Wenn jemand etwas fühlt, das ihm weh tut, ist es, wie wenn sich ein Tier in den Zähnen eines Beutegreifers gefangen fühlt: Es wird alles versuchen, um diese Zähne auseinander zu brechen und den Beutegreifer zu vernichten. So wirkt Schmerz. Er richtet das Handeln auf eine Gegenaggression, wie im Kampf zwischen einem Beutegreifer und einem Beutetier. Sich so zu verhalten ist natürlich. Aber ist es auch menschlich?

Menschen, die einen geliebten Partner an ihrer Seite verloren haben, leiden darunter, dass sie ihn nicht haben schützen können. Die Aggression, nach der sie dann rufen, dient psychologisch gesehen dem Zweck, diesen Schutz, den sie im Moment der Tat nicht leisten konnten, dann doch zumindest in die Zukunft projiziert nachzuholen. Hinzu kommt das Prinzip einer vermeintlich ausgleichenden Gerechtigkeit. Das, was mir angetan wurde, soll auch dem anderen angetan werden. Auch in diesem Zusammenhang hat *Mahatma Gandhi* gesagt: „Es ist nicht erkennbar, wieso es mich erleichtern soll, wenn ein anderer den gleichen Schmerz empfindet wie ich. Es gibt dann doch niemanden, der weniger leidet. Es gibt lediglich zwei Menschen, die gleich viel leiden. Wem aber hilft das?"

Wir müssten daher vermeiden, dass psychologische Reaktionsmuster das politische Denken bestimmen. Es wäre für die Entwicklung der Menschheit von unglaublichem Vorteil gewesen, wenn die einzige nach dem Ende des Kalten Krieges verbliebene Großmacht der Erde die Größe gehabt hätte, wirklich etwas Neues zu wagen. Alle Zeitungen und alle Fernsehanstalten schrieben und sagten, dass nach dem 11. September 2001 nichts mehr so sei wie vorher. Aber furchtbarerweise ist alles so geblieben wie vorher. Nur noch dramatischer, nur noch ausgedehnter. Es hat sich in Wirklichkeit gar nichts verändert.

Was wäre denn gewesen, wenn man gesagt hätte: Diese Tat erschreckt uns derart, dass wir begreifen: Wir müssen miteinander reden! Es gibt keine Sicherheit mehr – weder durch Kontrolle noch durch maximale Tötungskapazität. Sicherheit gibt es nur, wenn wir lernen, miteinander auszukommen. Also, was wollt ihr? Warum habt ihr das gemacht? Erklärt uns das! Wir können es ahnen, aber wir wollen es von euch hören, und dann lasst uns verhandeln. Offensichtlich habt ihr Ziele, die euch heilig erscheinen, mag sein. Uns erscheinen sie vollkommen absurd und völlig verrückt, aber irgendetwas muss euch das ja wert gewesen sein. Was war euch den Mord von 6000 Menschen wert? Bitte, sagt uns das, wir müssen und wir wollen es verstehen, denn es soll so etwas auf keinen Fall mehr vorkommen. Nie mehr. Deshalb erklärt uns, was euch einen solchen Massenmord wert war. Und dann werden wir darüber reden, wie sich das, was euch so viel wert ist, mit dem vereinbaren lässt, was uns etwas wert ist.

So vorzugehen hätte Größe gehabt, und es hätte wirklich die Welt verändert.

Tatsächlich standen offenbar im Hintergrund der Attentate Forderungen, die seit langem des Gesprächs bedürftig gewesen wären und die zweifellos sehr wichtig sind. 2,5 Millionen Palästinenser zum Beispiel klagen das Recht auf einen eigenen Staat und einen eigenen Lebensraum ein. Das ist seit vielen Jahrzehnten so, und es wendet sich an die Ordnungsmacht der Region, die Vereinigten Staaten von Amerika. Die USA hätten seit langem die Pflicht, sich in dieser Region so zu engagieren, dass auf beiden Seiten, auf seiten von Juden wie Palästinensern, Frieden herrscht. Wer den Staat Israel liebt, muss gerade diese Lösung, einen eigenen Palästinenserstaat, wollen. Wer mit Menschen leben will, Palästinenser sind auch Menschen, der muss den Palästinensern ein Recht auf Selbstbestimmung zubilligen. So lange diese Frage ungelöst bleibt, kann man nicht erwarten, dass es keine Folgen hat, wenn man ganze Generationen in die Verzweiflung treibt.

Eine andere Forderung geht dahin, dass die USA ihre Militärbasen in Saudi Arabien am Ende des Golfkriegs hätten auflösen sollen. Auch das ist eine absolut legitime Forderung. Die Amerikaner haben kein Recht, die Kolonialpolitik der Briten mit der Erdölplattform Kuwait und Saudi Arabien durch militärische Observation und entsprechende Einflussnahme weiter zu verlängern und aufrechtzuerhalten. Für Muslime ist die Militärpräsenz der Vereinigten Staaten in dem Gebiet der heiligen Stätten von Mekka und anderer Wallfahrtsorte verständlicherweise skandalös. Über solche Dinge müsste man verhandeln können und hätte man längst verhandeln müssen. Es rechtfertigt im Ganzen am Vorgehen der Terroristen gar nichts, aber es hilft, Menschen vor Menschen zu schützen und vor allem die Betreffenden vor sich selber zu schützen.

Friedrich Schiller hat in der Geschichte von einem *Verbrecher aus verlorener Ehre,* einer Novelle, die nun schon über 200 Jahre alt ist, einmal geschrieben, dass man von dem Unglück eines Menschen mehr über den Menschen lernen könne als von seinem

Glück. Das Attentat in New York und Washington ist so eine Tat, aus der man unendlich viel über den Zusammenhang lernen könnte, in dem wir politisch, wirtschaftlich, sozial, religiös, kulturell und historisch stehen. Stattdessen wollen wir anscheinend überhaupt gar nichts lernen, wir wollen offenbar uns nur in den alten obsoleten Praktiken selbst bestätigen.

Lassen Sie mich, was ich meine, einmal mit den Worten des griechischen Gottsuchers, Dichters und Politikers *Nikos Kazantzakis* sagen. Seinen *Alexis Sorbas* kennt jeder nach dem Film von *Michael Cacoyannis* aus dem Jahre 1964; wer aber kennt das Buch? Darinnen steht eine äußerst bemerkenswerte Passage. Sorbas schildert da, wie er einen bulgarischen Popen ermordet hat um der Sache der Freiheit Griechenlands willen; er hatte sogar dem Toten noch die Ohren abgeschnitten – Krieg als Kopfjagd und Trophäensammlung, auch das zeigt, womit wir es zu tun haben. (Natürlich stehen die Ohren für die Hoden und das Glied des „Gegners". Es geht um die Kastration des „Feindes", so wie Schimpansen, wenn sie kämpfen, einander zeugungsunfähig zu machen suchen. Krieg als „Männersache". Krieg zur Durchsetzung der eigenen Gene. Ich glaube wirklich, das ist der tiefste Hintergrund von allem. Man schaue sich nur *Goyas* Bilder der *Desastres de la Guerra* an. „Kann man noch Ärgeres tun?" heißt eines dieser Schrecknisse; es zeigt, wie man mit dem Säbel einem nackten Gefangenen die Geschlechtsteile abhackt – auch das, Verstümmeln, ist natürlich stets die zu rächende Untat des „Gegners". Ähnlich fordert man auch jetzt den „Kopf" des Gegners. Aber nun.) Tage danach findet Sorbas fünf bettelnde Kinder, die ihm sagen, sie gehörten zu dem Popen, den man erschossen habe. Sorbas gibt ihnen alles Geld, das er besitzt. Doch der Vorfall ändert seine ganze Einstellung. Terror zugunsten der Freiheit Griechenlands? Fortan denkt Sorbas anders darüber: „Es gab eine Zeit, in der ich sagte: Das ist ein Türke, das ist ein Bulgare oder ein Grieche. Wenn Du wüßtest, Chef, was ich für das Vaterland alles getan habe, stünden Dir die Haare zu Berge. Ich habe gemordet, gestohlen, Dörfer in Brand gesteckt, Frauen vergewaltigt, ganze Familien ausgerottet ... Nur weil es Bulgaren und Türken waren. Du gemeiner Halunke, Du Mistvieh, schimpfte ich mich oft selber. Heute sage ich: Der ist ein guter, jener ein schlechter Mensch.

Ob Bulgare oder Türke, ist nebensächlich. Aber ob er gut oder böse, das ist die Frage. Ja, ich glaube, je älter ich werde – beim Brot, das ich esse – ich sollte auch noch *das* Fragen lassen. Ob gut oder schlecht – sie tun mir alle leid. Es kann mir durch Mark und Bein fahren, wenn ich mir einen Menschen ansehe, auch wenn ich tue, als ob ich mir einen Dreck aus ihm machte. Ich sage mir: auch dieses arme Luder isst, trinkt, liebt und hat Angst. Auch er muss eines Tages antreten und liegt steif und still unter der Erde, und die Würmer fressen ihn auf. Armer Schlucker! Wir sind alle Brüder! Und Fraß für die Würmer! – Und handelt es sich um eine Frau, dann könnte ich mir die Augen ausweinen ... Herrje, alter Knabe, sagte ich mir, das ist eine Frau, das ist ein Mensch! Was sie sonst sein mag – Bulgarin, Griechin, Hottentottin – ist einerlei. Sie ist ein Mensch, ein menschliches Wesen, mit einem Mund, einem Busen, und liebt. Du aber mordest und plünderst. Schäm Dich, Halunke! – Du sprichst noch vom Vaterland? ... Du glaubst an all die Albernheiten ... Du solltest mir lieber glauben! Solange es Vaterländer gibt, drohen die Menschen Tiere zu bleiben, wilde Tiere ..."

So viel scheint mir festzustehen: wenn wir nicht jenseits aller Gruppenzugehörigkeiten, ethnisch, staatlich, religiös, juristisch, wie auch immer, beginnen, überall nur Menschen zu sehen, wird selbst die „Menschlichkeit" sich in eine Propagandawaffe zum Kriegführen verwandeln. In dem soeben zitierten Film von *John Madden* wird Corelli sagen: „Es geht doch nicht um Wissenschaft. Es geht um Moral. Ich sehe, wie ein Mensch einen anderen Menschen angreift, und ich stelle mir vor, der Angegriffene wäre mein Bruder – das ist die ganze Moral." – Was uns hindert, ist die Neigung, immer noch gruppenbezogen zu denken. In diesem Fall haben wir immer etwas zu verteidigen, haben wir etwas durchzusetzen, haben wir etwas zu „eliminieren", wie *Condoleezza Rice,* die amerikanische Sicherheitsberaterin, sich in Bezug auf *bin Laden* ausdrückt. Vielleicht, ja, ganz sicher sind aber auch Terroristen „nur" Menschen. Man lese *Dostojewskis „Schuld und Sühne"!* Was ging und geht in ihnen vor sich, in den *„Dämonen"*, die *Dostojewski* schon 1875 schilderte? Wenn wir in Raskolnikow, dem jungen Werchowjenski oder – ja, wer kennt jenseits der Fahndungsfotos eigentlich *bin Laden* – nicht Menschen erblicken mit Gefühlen, die wir als Menschen verstehen können, mit Motiven, an denen wir vielleicht schon deshalb beteiligt sind, *weil* sie sich gegen uns richten, solange ein offenkundiges Verbrechen uns nicht fragen lässt, was wir selbst *falsch* gemacht haben, wird allein schon die Mischung aus Selbstgerechtigkeit und Rachebedürfnis alle vorhandenen Konflikte nur verschärfen. „Wenn sie dich zum Richter bestimmen", sagt *Dostojewskis* Starez Sosima in den *„Brüdern Karamasow"* einmal, „so sage als erstes: Ich selber bin schuld an dem Verbrechen dieses Schuldiggewordenen. Denn wenn ich selber ein anderer Mensch wäre, könnte es denn dann sein, dass er eine solche Tat begangen hätte? Erst wenn du so denkst, magst du Richter sein über deinen Bruder."

Nur: Die andere Seite erklärt: „Rechnet mit weiteren Attentaten". Die Terrorakte werden sich steigern. Wie ist dieser Zustand des Wahnsinns zu therapieren? Kann man aus einem Wahnsinnigen wieder einen klar denkenden Menschen machen? Oder muss man den Wahnsinnigen, bildlich gesprochen, nicht wirklich in Fesseln legen?

Die moralische Möglichkeit einer wirklichen Verbesserung kann nur von dem Überlegenen ausgehen. Man kann nicht erwarten, dass die am Boden Liegenden von sich aus großzügig werden. Aber wir in der westlichen Welt befinden uns in jeder Hinsicht wirtschaftlich, sozial und militärisch in einer Position so grandioser Überlegenheit, dass es an uns läge, neue Wege der Befriedung zu erkunden. Sehen wir einmal von der genannten religiösen und menschlichen Dimension ab. Um es simpel zu sagen: Es scheint nicht einmal in der jetzigen Situation irgend jemanden die Unverhältnismäßigkeit der Partner wirklich zu erschrecken. Aus der Luft konnten die USA mit den Taliban in Afghanistan machen, was sie wollten. Im Vergleich: Nehmen wir einmal an, dass auf irgendeinem Pausenhof ein Junge aus der 11. Klasse sich einen Jungen aus der 2. Klasse schnappt, weil dieser irgend etwas angestellt hat, das ihm sehr weh tat. Der Elftklässler prügelt daraufhin nach Strich und Faden auf den Zweitklässler ein. Der Augenblick wäre gekommen, in dem jeder Lehrer augenblicks dazwischengehen müsste, egal, was passiert ist. Übertragen auf unsere Weltsituation aber ist es so, als ob derzeitig alle sagen: Wir müssen dem aus der 11. Klasse helfen. „Unbedingt" sogar. Nach 50 Jahren Wartezustand muss etwa jetzt auch unsere Bundeswehr dabei sein. Wir müssen den Starken noch stärker machen gegen den Schwachen. So lösen wir den bestehenden Konflikt natürlich nicht, wir vergrößern ihn nur. Für jeden auf diese Art getöteten Terroristen werden zehn andere aufstehen. Wir werden den Hass weitersäen und die Motive des Terrors nicht ausdünnen, sondern im Gegenteil, wir werden sie akkumulieren.

Was mich dabei geradezu empört, ist die Reklamation des Begriffs der Verantwortung im Sinne der „Realpolitik", die den Krieg als politische Option halt unausweichlich mache. Pazifisten demgemäß sind blauäugige Tagträumer, betroffenheitsethische Wirrköpfe oder einfach neurotische Weicheier, Drückeberger, Weggucker, Eskapisten, Romantiker, unerbittliche Rigoristen – diesen ganzen Unsinn kann man inzwischen fast täglich lesen.

Nehmen Sie nur den Fall des Lehrers *Bernhard Nolz* im sauerländischen Siegen: Er leitete seit Jahren ein Zentrum für Friedenskultur, und so lud er im September 2001 wie selbstverständlich seine Schüler dazu ein, über die Zeitereignisse zu diskutieren. „Krieg bekämpft nicht den Terror, er ist nur die andere Seite des Terrors" – so seine These, wenn ich sie aus den Medien richtig verstanden habe. Dieser verantwortungsbewusste, wohlmeinende Lehrer wurde von dem Bürgermeister des Ortes *Paul Breuer,* einem CDU-Mitglied und Mitglied des Bundestages, wegen Störung des Schulfriedens einstweilen vom Dienst suspendiert. Da gilt es also als Bildungsaufgabe, Friedenserziehung den Kindern als Wehrertüchtigung zu buchstabieren. So weit sind wir! „Stell Dir vor, du bist Kind und musst töten!" – dieses Plakat hängt derzeit in vielen Bahnhöfen noch aus von der Zeit *vor* dem 11. September 2001. Aber die Frage drängt sich auf: Wieso wird man „erwachsen" oder „verantwortlich" erst, wenn man bereit ist, Menschen zu töten? Es war *Albert Camus,* der 1952 in seinem Essay *Der Mensch in der Revolte* schon in der Einleitung gegen die dialektische Interpretation der Verantwortung (als Bereitschaft zum Unverantwortlichen) schrieb: „In unseren Tagen sitzt die Unschuld auf der Anklagebank und muss sich den Vorwurf anhören, dass sie nicht genug gemordet hat."

Das ganze 20. Jahrhundert ist in gewisser Weise das Opfer jener Schizophrenie, die 1919, kurz nach dem Ende des Ersten Weltkriegs, *Max Weber* in einem Aufsatz *Politik als Beruf* grundgelegt hat. Demnach gibt es eine Ethik der Gesinnung – das mag der Pazifismus sein, die Bergpredigt, die Moral der „Kinder des Hauses" in *Schillers „Wallenstein"*, das mag die blaue Blume der Romantik sein, in deren Duft der Krieg nur noch im Schachspiel seine historische Erinnerung hinterlässt, das ist gewiss die Sonntagspredigt irgendeines bigotten Frömmlers, Pfaffen oder Popen –, daneben aber gibt es die Ethik der Verantwortung: das ist die Haltung derer, die aufgehört haben, politische Kinder zu sein, der Leute, die wissen, dass aus guten Taten keinesfalls immer nur gute Folgen und aus bösen Taten keinesfalls immer nur böse Folgen entstehen, sondern dass es manchmal nötig sein kann, die Arme in Blut zu tauchen, um Menschenleben zu retten, um der Wahrheit und Gerechtigkeit zum Sieg zu verhelfen oder ganz einfach, um den Sieg des Vaterlandes zu befördern. Es ist dies in meinen Augen immer eine Zentralfrage: Wieso eigentlich ist nur der Tötungsbereite verantwortlich? Wieso nicht der Friedfertige? Die ganze „Verantwortungsethik" dieser Couleur hat stets den einen Krieg nur schlimmer gemacht als den vorhergehenden; längst aber sollte sich zeigen, dass der Krieg selbst das Unverantwortliche, das Monströse, das Barbarische ist, das in keine zivilisierte Welt hineinpasst. Verantwortlich ist die Bergpredigt – was denn sonst! Wir gucken nicht weg, wir gucken hin, und da sehen wir 1,4 bis 2 Millionen Afghanen durch die kriegerischen Auseinandersetzungen in bitterer Not; wir versprechen, ihnen zu helfen und ihnen ein Leben nach unseren Vorstellungen zu ermöglichen – mit einer Erdölpipeline, ohne Kopftuch für die Frauen und mit billigen Fernsehapparaten zum Empfang von CNN-Programmen auf Paschtunisch, oder so. In Wahrheit aber sehen wir nichts weiter als leidende, gequälte Menschen, welche die Hilfsorganisationen in den Wintermonaten bei 20° minus in schneeverwehten Regionen kaum erreichen. Wir sehen, dass man Humanität wieder einmal nur zur Lackierung der grässlichen Fratze von *Goyas Koloss* benutzt. Man beklebt die Steinzeit mit Reklamebildchen, mit Reklamelügen der Neuzeit. So führt man Krieg. So täuscht man sich selbst. So löst man nicht ein einziges Problem der menschlichen Geschichte. So schafft man sich die unverantwortliche Pose von Stärke, Macht, Moral, Charakterfestigkeit und Zuverlässigkeit. Am Ende führt man Krieg aus Bündnistreue und Verlässlichkeit. So weit sind wir offenbar wirklich, dass uns die Option des Krieges als ein alternativloser Teil einer rein als Funktion der Macht verstandenen Politik erscheint und nur das, was in dieses monomane Bild von Geld und Macht hineinpasst, als „real" gilt.

Was aber wäre, wir Deutschen hätten aus der Katastrophe des so genannten Dritten Reiches eine neue, wirklichere Form von Verantwortung gelernt? Was wäre, wir nähmen den Satz wirklich ernst: Von deutschem Boden wird nie wieder Krieg ausgehen? Selbst das Bundesverfassungsgericht erlaubt es inzwischen, deutsche Truppen sogar unter Umgehung des Parlamentes weltweit einzusetzen, wenn der „Bündnisfall" es erfordert. Doch dieser „Bündnisfall" ist offenkundig die Durchsetzung der Interessen der westlichen Welt gegen die restliche Welt. Verantwortlich? Nur für uns selbst? In einer Welt, die alle Menschen zu Ertrinkenden auf demselben versinkenden Schiff macht? Wenn etwas zukunftweisend, modern und „verantwortlich" ist, so ist es die Haltung der Bergpredigt. Und wenn etwas unverantwortlich ist, dann ist es der Hochmut, in ihr nichts weiter zu sehen als die Gesinnung weichlicher, weibischer Seelen, die sich einer „männlichen" Tat nur nicht getrauen. Statt der „Lösungen" der Politik, die nichts weiter sind als das Machtkalkül des Augenblicks, glaube ich nach 2000 Jahren des so genannten Christentums, dass die Bergpredigt ihre Wahrheit hat und bewahrheitet. Natürlich höre ich schon wieder die Redner gerade der „christlich" sich nennenden und doch nur konservativ-kapitalistisch denkenden Parteien, die Welt sei kein Paradies, und wer verspreche, ein Paradies zu schaffen, der mache die Welt zur Hölle – eben dies sei das Wissen verantwortungsbewusster Realpolitiker. Ich sage: eine „Realität", in die man nur gelangt, wenn man das Töten akzeptiert, *ist* schon die Hölle. Eine solche Welt bedarf dringend der Erlösung, der „Therapie", des „Umdenkens". Wir sind am Ende! So sieht es aus. Keineswegs stehen wir an einem neuen Anfang deutscher Außenpolitik in Weltverantwortung.

„Wir müssen aber den Amerikanern dankbar sein. Wir sind zu unbedingter Solidarität ihnen gegenüber verpflichtet." Auch das ist heute ein „Argument" politischer Vertragsverlässlichkeit anstelle ethischer und religiöser Grundsatzreflektion. Kein Sonderweg – als wären wir bei *Coubertins* Motto für die Olympischen Spiele: „Dabei sein ist alles." Nein, die Überwindung von Krieg und Terror durch Friedfertigkeit und Dialog ist kein Wegschauen, sie ist im Gegenteil ein genaueres Hinsehen auf die Gründe unserer geschichtlichen Verwicklungen; es ist ein geduldigeres Engagement im Abarbeiten der Hintergründe der Gewalt und Gegengewalt, es ist ganz einfach ein Postulat der praktischen Vernunft: Krieg ist niemals ein Mittel der Menschlichkeit. Krieg ist nichts weiter als das Ziel der Verzweifelten. Darum liegt es an uns, die wir wirtschaftlich und politisch mächtig sind, den Sog in die moralische Kapitulation zu vermeiden und den Schwachen dieser Erde, den „Verdammten dieser Welt", wie *Sartre* sie bereits vor 40 Jahren nannte, eine Alternative anzubieten. Was die „Dankbarkeit" der Deutschen gegenüber den USA angeht, so meinte *Rolf Hochhuth* vor einer Weile ganz richtig: „Die Amerikaner haben nach 1945 Care-Pakete an das zerbombte Deutschland geschickt. Tun wir dasselbe. Schicken wir Hilfsgüter an Afghanistan." Das wär's. Deutsche Krisenspezialkommandos brauchen wir nicht und wollen wir nicht. Wir müssen nicht immer noch reicher und mächtiger werden, um den Armen und Ohnmächtigen zu „helfen". Umgekehrt: Wenn wir aufhören, reich und mächtig sein zu wollen, haben wir eine gute Chance, um zu verhindern, dass sehr viele Menschen auf dieser Erde arm und ohnmächtig bleiben.

Der Islam – die Religion der Armen?

Fühlen sich die islamistischen Terroristen wirklich schwach? Sagen sie nicht in Wirklichkeit: Wir sind euch moralisch überlegen, weil wir Gott auf unserer Seite haben, ihr seid die Gottlosen, und wir werden euch wieder zu dem hinführen, was eigentlich Qualität, was Leben ausmacht, nämlich die Hingabe an Gott. Ihr habt euch von dem eigentlichen Ziel, Gott zu dienen, entfernt. Das ist doch die Sprache, und das sind die Denkmuster der radikalen Muslime.

Wir werden über die Besonderheiten des Islam noch sprechen müssen. Zunächst einmal: Ich bezweifle nicht, dass *Osama bin Laden,* oder wer auch immer in diesen Kreisen, wirklich so denkt, wie Sie es skizzieren. Nur sollten wir nicht überheblich reagieren. Denn das Hauptproblem ist: Wir selber denken – in säkularen Begriffen – durchaus ähnlich. Wir reden mittlerweile nicht unmittelbar mehr von Gott, selbst wenn die amerikanische Rhetorik den Nationalismus und das „God bless America" an jeder Stelle und bei jeder hochgezogenen Fahne auf den Lippen führt – als „God's own country" ist man eben auch religiös und ganz besonders, wenn man Krieg führt. Aber jeder Dummkopf begreift, dass wir nicht um Gottes willen Krieg führen, sondern zur Durchsetzung von geostrategischen Zielen, von machtpolitischen Vorteilen und für den Zugriff auf die der technisierten Welt wichtigen Ressourcen Erdöl, Bauxit, Aluminium, Kupfer oder was Sie wollen. Die Sicherung von Handelsrouten und Absatzmärkten erscheint uns zudem existentiell wichtig. Wir wollen die Welt neu verteilen, *das* sind im Grunde unsere Götter – markorientierte Zielsetzungen, die für uns absolute Geltung haben. Tatsächlich stoßen da zwei sehr verschiedene Denksysteme und Einstellungen zur Welt aufeinander.

Wenn wir wie *George W. Bush* von „unendlicher Gerechtigkeit" reden, sind auch wir wieder beim gerechtfertigten Krieg, lediglich das ideologische Schema hat gewechselt, und allein das führt jetzt zu neuen Formen der Unvereinbarkeit. Wenn jeder an seinen Gott glaubt, hat man immerhin noch eine religiöse Auseinandersetzung, innerhalb derer man klären könnte, dass vermutlich keine Seite Gott wirklich begriffen hat, solange jede Gott für sich reklamiert. In den Tagen der Kreuzzüge regierte in Ägypten *Melek Al Kamil.* Es wird berichtet, dass im Jahre 1219 der heilige *Franziskus* als Begleiter des Kreuzfahrerheeres zu ihm kam. Dieser größte Heilige der Christenheit wollte den Kreuzzug vermeiden, indem er den Führer der Ungläubigen zum Christentum bekehrte; dann wäre die Menschen-Schlächterei sinnlos, so der friedfertige Poverello von Assisi. Es war *Al Kamil,* der zu ihm sagte: „Lasst uns gemeinsam zu Gott um Erleuchtung beten." Wer dieses Ansinnen ablehnte, war *Franziskus;* er kannte als Christ ja die Wahrheit. Die Idee eines Muslim aus dem 13. Jahrhundert aber war absolut richtig: So lange man *um Gott* kämpft, könnte man sich im Namen Gottes einigen, denn niemand ist der Besitzer Gottes, und Gott ist immer größer als das, was Menschen sich darunter vorstellen. Man hätte unter diesen Umständen immerhin noch eine Diskussionsbasis, eine gemeinsame Vernunft der religiösen Sprache.

Die wirkliche Gefahr in unserer gegenwärtigen Konfrontation liegt darin, dass auf der einen Seite subjektiv glaubwürdig von Religion die Rede ist und auf der anderen Seite eigentlich doch nur noch zum Schein von Religion gesprochen wird. Man verfolgt in der säkularen Welt, selbst wenn man von Gott redet, ganz andere Ziele, die den „Gläubigen" als minderrangig gelten. Infolgedessen hält man einen ernsthaft religiös Motivierten leichthin für einen Fanatiker, und der wiederum hält den anderen buchstäblich für einen Ungläubigen, weil heilige Werte, die ihm evident sind, im Denken und Handeln des anderen erkennbar eine untergeordnete Rolle spielen. So entstehen durch kultur- und zivilisationsgegebene Unterschiede schwere Übersetzungsprobleme.

Eine ganz große Gefahr sehe ich darin, dass der Islam in der Nachfolge des Marxismus die Religion der Armen werden könnte; er würde dann eine neue Art der Zusammengehörigkeit stiften, die zu einer neuen globalen Frontstellung führen könnte, indem die ohnedies vorhandenen enormen sozialen Unterschiede religiös aufgeladen würden. Die Gefahr für das Christentum besteht darin, dass es zwar nicht ohne weiteres die Religion der Reichen werden wird, aber im Schatten der Reichen versucht sein könnte, sich weiter auszudehnen, um im Gefälle militärischer und wirtschaftlicher Überlegenheit missionarische Vorteile zu erwerben. Die christlichen Kirchen sind an keiner Stelle wirklich konsequent gegen den Krieg in Afghanistan oder wo er sonst bald ausgetragen werden wird. Sie monieren, reagieren, aber akzeptieren doch im Grunde, was militärisch gerade passiert.

Ist nicht jede Polarisierung gefährlich? An Amerika ist doch nicht alles böse oder falsch. Amerika ist nicht das inkarnierte Böse, die bösen Anteile liegen doch auch auf der anderen Seite.

Natürlich. Die Amerikaner wären nicht die mächtigste Nation der Welt, wenn sie nicht außerordentlich viel an Wissen, an Einsicht und an funktionalen Zusammenhängen aufgebaut und geschaffen hätten. Es gibt nichts, was Sie über den Menschen lernen können – ob Medizin, Psychologie, Soziologie, Bioneurologie – was Sie nicht aus amerikanischen Büchern lernen müssten. Das Paradoxe ist nur, dass dieses gesammelte Wissen offensichtlich nicht in die politischen Strukturen zurückwirkt. Ich habe mich oft gefragt, wie es möglich ist, so viel über die Vernetzung von menschlichen Handlungsweisen zu wissen, wie Amerikaner es in ihren Büchern niederlegen – und dann zum Beispiel die Todesstrafe zu akzeptieren. Da besteht doch ein offensichtlicher Bruch zwischen dem, was man weiß, und dem, was man traditionsbedingt immer noch tun zu können glaubt. Oder nehmen Sie die unglaublichen sozialen Spannungen. Aufgrund derartiger Brüche wird Amerika in größte Krisen geraten und auch sozial in die Gefahr schwerer Instabilitäten kommen. In den USA liegt in den Händen von knapp einem Prozent der Bevölkerung ungefähr das Kapitalvolumen von 95 Prozent der restlichen Bevölkerung. Die Amerikaner erleben inzwischen, dass man sich nicht nur nach außen, sondern bereits mitten im eigenen Lande schützen muss, in kostbaren Villen sitzend, die man mit Elektrozäunen, mit einer Privatarmee von Bodyguards, gegenüber denen sichert, die an all dem Wohlstand nicht teilhaben. Pro Jahr bringen Amerikaner rund 25 000 Amerikaner mit Handfeuerwaffen um. Dieser Zustand permanenter Gewalt, übertragen auf die internationale Welt, ist ein Albtraum. Und dieser schreckliche Albtraum kann eigentlich nur von den Besitzenden, den Mächtigen und den Wissenden verhindert werden. Es geht nicht darum, dass die Amerikaner die Erzbösewichte sind. Aber bei ihnen liegt der Schlüssel zur Lösung der Probleme, die mit ihnen selbst verbunden sind. Umgekehrt ist am Terrorismus in meinen Augen vieles verständlich, aber deswegen ja nicht zu rechtfertigen. Auch Terror ist eine furchtbare Form von Gewalt, und ich möchte, dass wir aufhören, Gewalt in irgendeiner Weise zu exekutieren, gleich auf welcher Seite. Deswegen rede ich – sozusagen seitenverkehrt – in unseren Bereich hinein, weil da *unsere* Verantwortung liegt.

Bill Joy, Mitglied des ehemaligen Beraterstabs von Bill Clinton, hat bereits viele Wochen vor dem Attentat vor dem Missbrauch der modernen Technologie gewarnt. Er sagte: „Ich denke, es ist nicht übertrieben, wenn ich sage, wir stehen an der Schwelle einer weiteren Perfektion des Bösen in seinen extremsten Ausprägungen, und dieses Mal werden die so geschaffenen schrecklichen Möglichkeiten nicht nur Nationalstaaten zur Verfügung stehen, sondern auch einzelnen Extremisten." Eine richtige Analyse?

Absolut richtig. Das Schlimme ist, dass wir den Begriff des „Bösen" aus dem Bereich des Militärs vollkommen herausgenommen haben. Wir haben nach 1917, nach den Gaskriegen von Verdun, nach dem Töten von Hunderttausenden von Menschen je nach Winddrehung mit chemischen Mitteln, im Völkerbund eigentlich zum ersten und zum letzten Mal im 20. Jahrhundert darüber diskutiert und sogar durchsetzen wollen, ob und dass es bestimmte Mittel, mit Menschen zu verfahren, egal aus welchem Grunde, nicht geben dürfe. Es kann unter keinem Umstand richtig sein, planquadratweise Menschen auszurotten, wie wenn man es mit einer Entlaubungsaktion oder einer Ungezieferbekämpfung zu tun hätte. Das, was man im Ersten Weltkrieg die Materialschlacht genannt hat, dass man ganze Divisionen in die Massenindustrie des Tötens hineinpumpte, in die große Boucherie, wie *Kurt Tucholsky* das genannt hat, war ein entsetzliches Grauen, das allen die Augen hätte öffnen können und müssen. Aber ein tieferes Nachdenken hat sich offensichtlich nicht durchsetzen können, weil 1918 der Wille dazu auf politischer Ebene nicht bestand. Es wäre politisch außerordentlich wichtig gewesen zu sagen: „Es kann nach diesen vier Jahren des Tötens, bei dem wir nicht einmal statistisch wissen, ob das jetzt 10 Millionen oder 12 Millionen Tote gewesen sind – wir wissen nicht einmal in der sechsten 10er Potenz, um was es sich bei diesem Massenmord gehandelt hat – keinen Sieger geben. Wir haben bei dem, was wir getan haben, alle gemeinsam unsere Menschlichkeit verloren. Wir haben Menschen befohlen, aufeinander loszugehen, mit keinem anderen Willen und Befehl, als zu morden und zu morden. Das war der Frontbefehl: Tötet, tötet, so viel wie es geht und egal womit, mit Handgranaten, Bajonetten, Maschinengewehren, Panzern – mit allem, was zur Verfügung steht, hinweg über Menschen. Es gab keine Menschen mehr, es gab nur noch Frontabschnitte, die auf der Gegenseite von Menschen gesäubert werden sollten. Das war der Krieg, den wir geführt haben. Wenn wir überhaupt die Menschlichkeit wiedergewinnen wollen, müssen wir dies für einen kollektiven Irrtum, für einen Wahn erklären, der schon deshalb nie wieder vorbereitet werden darf, weil wir ihn gemeinsam so begangen haben. Jedem ist zuzutrauen, dass er weitermachen wird, wenn wir ihn in Zugzwang bringen. Darum darf es diesen Zugzwang nicht mehr geben. Wir alle haben uns vertan, als wir glaubten, auf diese Weise siegreich sein zu können. Wir erklären uns deshalb allesamt zu Bankrotteuren der Humanität."

Hätte man 1918 so gesprochen, hätte man den Einsatz der im Ersten Weltkrieg verwendeten Waffen für alle Zeiten ächten können. Es wäre Schluss gewesen. Man hätte sich die Tragödie des 20. Jahrhunderts erspart. Stattdessen wollte man gesiegt haben, man wollte auf französischer Seite die Reparationen von 1871 an die Deutschen nun spätestens 1919 zurückgezahlt bekommen. Das war der Anfang, alles Grauen zu verbreitern. Dass man einzelne Flugzeuge in Bomber verwandelte, die die feindlichen Frontabschnitte mit Sprenggranaten belegten, war künftig noch zu wenig. Der Zweite Weltkrieg begann mit der Sammlung von Bomberpulks, von Hunderten von Maschinen, von Tausenden von Maschinen – wie man Rotterdam bombardierte, wie man Coventry bombardierte, wie man die „Operation Gomorrha" 1943 gegen Hamburg flog …

Es ist mir zudem sehr wichtig, an dieser Stelle das geradezu fatale *Hitler*-Argument zur Rechtfertigung des Krieges auszuschalten: „Wir Deutsche konnten von *Hitler* nur durch Krieg befreit werden, also muss Krieg eine erlaubte, ja mitunter notwendige Vorgehensweise sein und bleiben." So war das in der ganzen zweiten Hälfte des 20. Jahrhunderts: Immerzu jagte man *Hitler:* Ob *Ho Chi Minh,* ob *Saddam Hussein,* ob *Milosevic,* ob *Osama bin Laden*, ständig jagen wir *Hitler* – und werden moralisch besiegt von *Hitler!* Wir nehmen diesen Wahnsinnigen aus Braunau als Ursache, statt als Symptom; wir verbieten geradezu, darüber nachzudenken, wie *Hitler* möglich wurde, angeblich, weil dann „das Böse", das er verkörpert, relativiert würde. Aber ein Arzt, der den Krebs erforscht, relativiert den Krebs nicht, er bekämpft ihn lediglich mit den richtigen Mitteln, statt am Ende reihenweise seine Patienten im Operationssaal töten zu müssen.

Solange wir es ablehnen, das Unbegreifbare zu begreifen, werden wir ihm ausgeliefert bleiben, und das Denken in den Kategorien des absolut Bösen wird uns am Ende selber zum Bösen zwingen. Wir haben es aber nicht mit Teufeln, sondern mit Menschen, mit uns selbst und unseresgleichen, zu tun. Und so scheint es mir klar, dass *Hitler* nie etwas anderes geworden wäre als Postkartenmaler in Wien, wenn man 1918 so gesprochen hätte, wie wir es gerade geschildert haben. Der ganze Nationalsozialismus war und ist ein Gebräu von Hass, Rache und Unterlegenheitsgefühlen.

„Weh dem, der schwach ist." Dieser Satz *Hitlers* von 1938 war seine Lektion aus dem Ersten Weltkrieg. An dieser Stelle hätte man ihn sich ersparen können, ihn verhindern können.

In der gegenwärtigen Auseinandersetzung ist „Gerechtigkeit" ein ebenso zentraler wie häufig missbrauchter Begriff. Was verbirgt sich hinter dieser Chiffre „Gerechtigkeit"?

Im Jahre 1559 hat *Pieter Bruegel* in einem Kupferstich einmal „die Tugend" der Gerechtigkeit dargestellt, und sie erscheint schlimmer als jedes Laster – lauter gequälte, misshandelte, gefolterte, verstümmelte, hingerichtete Menschen. Tatsächlich sollte

Gerechtigkeit darin bestehen, jedem zu geben, was er in seiner Not notwendig braucht. Stattdessen missbrauchen wir den Begriff, um mit ihm das Gegenteil zu etablieren.

Die hohe Akzeptanz der derzeitigen Militarisierung der Außenpolitik wurde in Deutschland dadurch erreicht, dass wir vorgeblich gar nicht mehr um die alten Kriegsziele: Landbesitz und koloniale Ausbeutung, kämpfen. Wir tun so, als würden wir uns gar nicht zur Verbesserung unserer gruppenegoistischen Vorteile international einmischen, egal wie diese nun wirtschaftlich oder politisch aussehen. Wir intervenieren angeblich jetzt, um Minderheiten vor Unterdrückung zu bewahren, um Menschen zu schützen, um Krieg zu vermeiden. Im Grunde führen wir, recht verstanden, überhaupt keinen Krieg mehr, sondern wir exekutieren nur noch friedenerzwingende Maßnahmen. Wir definieren das Militär auf der höchsten Schwelle seiner Kriegsrüstung in eine internationale Polizeitruppe um und machen damit der Bevölkerung klar, dass wir nur etwas Gutes tun, wenn wir gegen Verbrecher das Militär einsetzen. So wie man im Innenraum der Gesellschaft die Polizei als Ordnungsgröße des Staates akzeptiert, so möchten wir jetzt die anerkannten Weltpolizisten sein, die als Sheriffs überall einen wichtigen und sinnvollen Dienst tun müssen, um den Verrückten der Welt auf die Finger zu schlagen.

Die Verlogenheit des Ganzen ist deutlich zu erkennen. *George Orwells* Roman *1984*, der den Missbrauch der Sprache als Mittel der Verführung vorausgesagt hat, wird durch die jetzt verwendeten Begrifflichkeiten, die er vor einem Vierteljahrhundert bereits kommen sah, bei weitem übertroffen. Im Reich des Großen Bruders, schreibt er, herrscht nicht Krieg, sondern nur der permanente Friede, der geschützt sein will. „Krieg ist Friede." Das ist die Grundlage aller Kampfhandlungen. „Freiheit", schreibt *Orwell,* ist „Unwissenheit"; sagen wir, sie ist identisch mit der propagandistisch erzeugten kollektiven Verblendung. Auch das trifft zu.

Was machen denn die Medien, die derzeit über die Wahrheit und über die verantwortliche Verwendung der Sprache wachen sollten? Wer protestiert dagegen, dass wir unter dem Begriff der Gerechtigkeit oder der Verteidigung von Menschenrechten lediglich eine neu verbrämte Façon der Rechtfertigung von Krieg vor Augen haben?

Wie zynisch wir uns in diesem Bereich inzwischen bewegen, zeigen zwei Beispiele. Erstens: Als vor ungefähr sieben Jahren, 1994, in Ruanda und Burundi ethnische Auseinandersetzungen zu furchtbaren Pogromen führten und die Hutus über die Tutsis herfielen – nach unvordenklichen Zeiten der Unterdrückung und der Diskriminierung –, kam es zu Massakern, in deren Verlauf nach vorsichtigen Schätzungen über 700 000 Menschen ums Leben kamen. Nicht zu vergessen: Man muss für jeden Getöteten im Krieg etwa das Vierfache an Verwundeten jeden Schweregrades setzen. Es erlitten bei diesen Auseinandersetzungen also vermutlich mehr als zwei Millionen Menschen schwerste Schädigungen, rein psychisch und körperlich. Natürlich wäre dieser Genozid ein Fall für die UNO gewesen. Wenn ein Eingreifen zu Gunsten des Schutzes von bedrohten Minderheiten in jüngster Zeit je nötig gewesen wäre, dann in Ruanda und Burundi in diesem Moment. Die mediale Weltöffentlichkeit aber hat weitgehend nur zugeschaut. Schlimmer noch. Die Sache sollte vor die UNO, und sie sollte dort verhandelt werden. Das hätte aber bedeutet, dass die zentrale Ordnungsmacht des Westens, die einzige verbliebene Großmacht der Welt, die Vereinigten Staaten von Amerika, in irgendeiner Weise in Afrika hätte in Erscheinung treten müssen. Und natürlich waren auch die ehemaligen Kolonialstaaten der Region gefordert: an der Spitze Frankreich, aber auch England, Belgien, Portugal, Deutschland ... Die USA indessen hatten ein großes Interesse, gar nichts zu tun. Man stornierte einfach die Weitergabe der Relationen an die UNO. Der Mann, der dafür gesorgt hat, dass die Sache nicht vor die UNO kam, war übrigens *Kofi Annan,* der sich auf diese Weise vermutlich die Eintrittskarte für seine spätere Designatur als Vorsitzender der UNO durch die amerikanische Außenministerin *Madeleine Albright* verschafft hat. Nach Ablösung des ägyptischen UNO-Präsidenten *Boutros Ghali* wollte sie, dass *Kofi Annan* zum Vorsitzenden der UNO wird, und so kam es denn auch. „Die Afrikaner müssen vernünftig sein", sprach sie. *Kofi Annan* hat den Friedensnobelpreis 2001 bekommen. Er ist ein ehrenwerter Mann, und er weiß offensichtlich vor allem, wie gering der Spielraum der UNO gegenüber den Vereinigten Staaten von Amerika ist.

Was lernen wir daraus? Zunächst einmal erkennbar *das Eine*: Es kann keine Rede davon sein, dass wir in irgendeiner Hinsicht Minderheiten, Menschenleben und humane Rechte wirklich schützen wollten. Wollten wir das wirklich, hätten wir eine Menge zu tun.

Ein zweites Beispiel: Im Nato-Staat Türkei müssten wir die kurdischen Minderheiten unbedingt schützen. Das aber findet nicht statt. Demgegenüber haben wir im Kosovo bei einer Bevölkerungszahl, die um ein Drittel unter dem liegt, was in Ruanda und Burundi für gefährdet gehalten werden musste, sofort interveniert, einfach, weil wir der strategischen Logik nach das Einflussgebiet der Nato bei der Osterweiterung im Süden auf dem Balkan arrondieren wollten und nun für beliebig lange Zeiten dort stationiert bleiben möchten. – An jeder Stelle werden ersichtlich Menschenrechtsgründe herangezogen, um am Ende machtpolitische Ziele zu verfolgen. Der ehemalige Brigadegeneral *Heinz Loquai* hat in dem Buch *Wege in einen vermeidbaren Krieg* über den Kosovo-Krieg gezeigt, wie fadenscheinig die Begründung des ersten „Fronteinsatzes" deutscher Bomber über Belgrad war; er wurde von Verteidigungsminister *Scharping* augenblicklich des Dienstes enthoben. Das moralische und politische Problem aber bleibt.

Ein weiterer wichtiger Gedanke hat mit ordnungspolitischen Aspekten zu tun. Wenn es denn überhaupt so kommen sollte, dass das Militär zur internationalen Polizei umfunktioniert werden könnte, so bräuchten wir dafür zwei Voraussetzungen: Das Gewaltmonopol des Staates in den Händen der Polizei funktioniert nur, so lange wir einen Staat als Ordnungsmacht zur Verfügung haben. Eine internationale Polizei setzt logischerweise eine internationale Weltregierung voraus. Nur sie alleine wäre dann befugt, international Gewalt auszuüben. Es gäbe dann ein Gewaltmonopol für eine solche Weltregierung, und erst unter dieser Voraussetzung könnte logischerweise das Militär analog zur Polizei als Ordnungsgröße im Inneren der Staatenverbände interpretiert werden. Das aber würde voraussetzen, dass wir einen Zustand der vollkommenen Entwaffnung der Nationalstaaten herbeiführen. Damit das Militär als Polizei interpretierbar ist, brauchen wir folglich eine vollkommene Abrüstung auf allen nationalen Ebenen. Das ist die logische Voraussetzung für die Durchsetzung eines internationalen Gewaltmonopols in den Händen einer zentralen Ordnungsgröße. Genau das Gegenteil aber passiert. Wir rüsten heute einen einzigen Militärblock, den der USA und ihrer Verbündeten, bis zum Unvorstellbaren auf und schwächen die UNO an jeder Stelle, wo es geht. Die USA strangulieren die UNO alleine schon durch das Schuldenvolumen, über 30 Milliarden Dollar, das sie nicht zahlen. Sie benützen die UNO über den Weltsicherheitsrat lediglich als Legitimationsbühne für ihre Absichten; ansonsten kann in der UNO gesprochen werden, was will. Die Verurteilung Israels etwa zum dutzendsten Mal im Umgang mit den Palästinensern hat nicht die mindesten Konsequenzen, oder sie scheitert mal wieder am Veto der USA. Kurz, wir haben gerade nicht das, was wir befürworten sollten, dass nämlich die UNO gestärkt wird als Vereinigung eines Weltparlaments, gewissermaßen als die Appellationsgröße und als der internationale Gerichtshof zur Durchsetzung von Minderheiteninteressen. Wir erleben ganz im Gegenteil die Durchsetzung der Vormachtstellung einer einzigen Großmacht, die selbst die neue Weltordnung herbeizuführen verspricht. Der Begriff der „neuen Weltordnung" stammt schon von *George Bush senior* 1991 im Golfkrieg, und offensichtlich glaubt man in den USA nach wie vor daran.

Damit hängt noch etwas anderes zusammen: Wir brauchen natürlich nicht nur eine Ordnungsmacht, wir brauchen auch Vorstellungen über das, was Ordnung ist. Wir brauchen Vorstellungen, die von der internationalen Gemeinschaft akzeptiert werden. Nur: Davon sind wir gleichermaßen weit entfernt. Wir leben in einem Weltzustand, in dem selbst wichtige moralische und rechtliche Begriffe durchaus umstritten sind. Wie definieren wir Gleichberechtigung? Wie definieren wir das Recht auf Eigentum in einer Welt, in der über fünfzig Millionen Menschen jedes Jahr verhungern? Wie definieren wir Mitverantwortung? Die Vorstellung der Briten nach 1920 jedenfalls, wir könnten dem Rest der Welt ein bestimmtes Verwaltungssystem wie die royalistische Westminster Democracy aufzwingen, ist ganz sicher illusionär, sie wird und kann nicht funktionieren. In weiten Teilen von Südamerika, Afrika und Südostasien gibt es überhaupt keine Tradition, die ohne Gewalt von außen zur „Demokratie" führen könnte, und was man im Nahen Osten an anachronistischen Monarchien wie in Kuwait und Saudi Arabien installiert hat, um gesicherte Erdölgeschäfte abschließen zu können, spottet unter dem Aspekt der politischen Kultur jeder Beschreibung.

Mit anderen Worten, wir befinden uns in einer Situation, in der wir im Sinne des Weltfriedens gerade das nicht machen sollten, was wir machen. Statt unsere eigenen Interessensphären – mit dem Anspruch, Ordnung zu schaffen und Ordnungsmacht zu sein – immer mehr zu expandieren, sollten wir im Gegenteil zurückhaltend sein und die Entstehung einer möglichst großen Vielfalt regionaler Ordnungen fördern, die in Toleranz und Dialogfähigkeit miteinander zum Austausch und zur Bereicherung der Weltfamilie Mensch beitragen könnten.

Pazifismus – eine Utopie?

Notwendig ist also die Auseinandersetzung mit den Grundsatzfragen Gewalt, Frieden, Pazifismus. Sie selbst sind ein erklärter und überzeugter Pazifist. Fühlt man in dieser gegenwärtigen Situation nicht die Ohnmacht des Einzelnen?

Wenn es nur die Gegenwart wäre! Ich fühle diese Ohnmacht, seit ich Pazifist bin – und das ist seit spätestens meinem 15. Lebensjahr der Fall. Im Jahr 1955, als die Bundeswehr aufgebaut wurde (übrigens nachdem die *Adenauer*-Regierung 1952, sieben Jahre nach dem Ende des Zweiten Weltkriegs, mit dem Plan, Westdeutschland wieder zu bewaffnen, in der so genannten Europäischen Verteidigungsgemeinschaft (EVG) am Widerstand der Franzosen, die so bald dem deutschen Friedenswillen nicht glauben wollten, gescheitert war), war man endlich so weit, dem Druck der Amerikaner nachzugeben und Westdeutschland als Aufmarschgebiet im Kalten Krieg gegen den Ostblock zur Verfügung zu stellen. Deutschland wurde verteidigt in Korea, so hatten wir zu lernen. Damals gingen Millionen Menschen, die die Hitlerzeit in den Knochen und vor Augen hatten, auf die Straße, und sagten: „Mit uns nicht mehr." Es war eine Zeit, in der man in den Schulen *Wolfgang Borcherts „Draußen vor der Tür"* las. Das Theaterstück schildert die Geschichte des Spätheimkehrers Beckmann, der keine Nacht mehr schläft, der Albträume hat wegen der elf Mann, die von seinem Stoßtrupp nicht mehr wiederkamen, der seine Schuldgefühle abgeben möchte an den General, der das alles befohlen hat. Er sieht ihn im Traum vor sich, einen blutüberströmten General, vor einem Knochenxylophon, mit blutroten Streifen an den Hosen. Dieser General schläft wunderbar, er sieht den Mond nachts wie eine Honigscheibe am Himmel, aber Beckmann sieht ihn fahl und bleich; er will nur eine Nacht mal richtig pennen. Kurz: All die Schuldgefühle der Massenmorde im Krieg lagen in den Seelen von Millionen Deutschen. Sie sind nie exkulpiert, nie ausgesprochen worden. *Adenauer* aber konnte einfach erklären: Die deutsche Wehrmacht hat ihre Pflicht getan. Aber diese Wehrmacht war in alle Verbrechen involviert. Wie denn auch nicht? Und wenn nicht direkt, so wusste doch jeder, dass im Schatten dessen, was er als Soldat tat, diese Verbrechen passierten. Aber man durfte sich nicht schuldig fühlen, damit man beim nächsten Mal wieder dabei sein konnte.

In dieser Zeit der ausgebliebenen moralischen Klärung gab es Millionen, die sagten: „Wir haben die Schnauze voll, wir machen das nicht mehr. Nicht mit uns, nicht mit unseren Kindern." Das war es, was *Wolfgang Borchert*, lungenkrank in Basel, noch in den letzten Tagen, bevor er starb, geschrieben hat. Sein Testament: „Pfarrer, wenn sie wieder kommen und sagen, du sollst die Waffen segnen und den Krieg heilig sprechen, Pfarrer auf der Kanzel, sag nein. Und Mann an der Werkbank, wenn sie wieder kommen und sagen, du sollst statt Kochtöpfen und Stahlrohren Kanonen und Handgranaten herstellen, Mann an der Werkbank, sag nein. Und Mutter, wenn sie wieder kommen und sagen, du sollst Kinder gebären, Jungen für den Schützengraben, Mädchen für das Spital, Mutter, sag nein." Es gab damals Millionen, die wollten Bundeskanzler *Adenauer* beibringen, dass ein neues Training zum Massenmord auf den Kasernenhöfen mit Deutschen nicht mehr zu machen wäre.

Aber es war wieder zu machen. Als die Bundeswehr im Jahr 1956 entstand, war die Zahl der Wehrdienstverweigerer gleich Null. Das heißt, alle 18-Jährigen, die damals eingezogen wurden, waren auch bereit, sich einziehen zu lassen. Dass es so kam, dafür sorgte nicht zuletzt die katholische Kirche. *Martin Niemöller* nannte damals nicht ganz zu Unrecht die so genannte Bundesrepublik einen Bastard, der in Washington gezeugt und im Vatikan zur Welt gekommen sei. Papst *Pius XII.* jedenfalls erklärte damals in seiner Weihnachtsbotschaft, kein Katholik habe das Recht, sich auf sein Gewissen zu berufen und den Kriegsdienst zu verweigern. Und das sagte nicht nur der Papst, das sagte damals jeder Bischof, jeder Ortskaplan. Und dass es völlig richtig sei, das so zu sagen, konnte man im Deutschen Bundestag hören. Man diskutierte dort über die Möglichkeit der Kriegsdienstverweigerung aus Gewissensgründen. Wenn der Bundestag je eine Sternstunde hatte, dann war es diese lange, ernst geführte Auseinandersetzung. Wohlgemerkt, in Frankreich gab es das Recht auf Wehrdienstverweigerung nicht. Es war möglich, dass man in den algerischen Bürgerkrieg einberufen wurde und dadurch zu jemandem wurde, der Algerier folterte, es war möglich, dass man zu jemandem wurde, der Städte bombardierte, es war möglich, dass man zu jemandem wurde, der für *de Gaulle* das Testgebiet für die Atombomben in Algerien aufbaute, und man konnte sich nicht wehren. Wehrdienstverweigerung war in Frankreich mit Gefängnisstrafe belegt. Über die rechtliche Erlaubnis der Wehrdienstverweigerung aus Gewissensgründen in Deutschland überhaupt diskutieren zu können, war also ein großer Vorteil. Damals aber schickte die katholische Kirche die prominenten jesuitischen Moraltheologen *Gundlach* und *Hirschmann* als Berater in den Bundestag, um dort die Meinung der katholischen Kirche darzulegen. Und sie erklärten genauso wie *Pius XII.*: Nach der Lehre vom gerechten Krieg gibt es – vorausgesetzt, der Fall des gerechten Kriegs liegt vor – keine Erlaubnis zur Wehrdienstverweigerung. Und da dieser Fall jederzeit vorliegen kann, muss die Bereitschaft, Krieg zu führen, jedem Bürger Pflicht sein, dem Katholiken insbesondere, ohne Ausnahme. Die Moral war: Verantwortlich ist man, wenn man auf Befehl zu töten lernt. Zum Überleben als Mensch gehört die Fähigkeit zu töten. „Warum hast du noch keinen Mord begangen?", fragte damals ironisch *Max Frisch*, um die Idiotie dieser Art von „Verantwortung" bewusst zu machen.

In der protestantischen Kirche gab es damals Leute wie *Helmut Gollwitzer* und die Vertreter der Barmer Erklärung, die feststellten: Wer A sagt, muss auch B sagen; wer Soldat wird, kann sich nicht mit der Möglichkeit herausreden, im Ernstfall den Befehl zu verweigern. Alles, was man ihm beibringen wird, ist, das zu tun, was man ihm befielt. Er hat unter Eid Gehorsam gelobt, der Ernstfall beginnt deshalb mit dem Eintritt in das Militär, es gibt kein moralisches Splitting nach der Devise: „Wir machen das mit, das Training, den Drill und das Tötenlernen, wir geloben Gehorsam, aber wir behalten uns die Möglichkeit des Nachdenkens im gegebenen Einsatzfall noch vor." Diese Position war erkennbar eine Selbsttäuschung. Das Nachdenken sollte früher beginnen. Es gab im Protestantismus zudem Leute wie *Martin Niemöller*, die aus dem Zweiten Weltkrieg mit der Erkenntnis zurückgekommen waren, dass alles, was sie da gemacht und gelernt hatten, falsch war, und zwar nicht durch Zufall und im Einzelfall, sondern im Prinzip.

Der Bundestag also stand vor dem Problem, wie er bei je nach Konfession offensichtlich kontroversen christlichen Stellungnahmen abstimmen sollte. Alles hing an den Stimmen der CDU. In diesem Moment war es für den katholischen Teil der CDU im Bundestag wichtig, dass der Münsteraner CDU-Abgeordnete *Peter Nellen* versuchte, dem Parlament begreifbar zu machen, warum es *doch,* auch nach der Lehre der katholischen Kirche, ein Recht auf Wehrdienstverweigerung geben sollte. *Nellen* sagte: Die von den beiden Jesuiten vorgetragene Position ist in der Tat die Meinung der katholischen Kirche. Sie hat in ihrer Geschichte den Krieg unter bestimmten Bedingungen immer gerechtfertigt und hält auch heute noch unverändert daran fest. Nur: die katholische Kirche hat auch all die Zeit über gelehrt, dass ein Mensch seinem Gewissen folgen muss. Selbst wenn es irrig ist, muss er dennoch seinem Gewissen folgen. Also muss es Katholiken geben dürfen, die irrig sind im Sinne des Moralanspruchs der katholischen Kirche, die aber doch der Pflicht unterliegen, ihrem irrigen Gewissen zu folgen. Das anerkennt die katholische Kirche auch, und das ist es, was uns jetzt einzig interessiert. Wir wollen nicht wissen, ob es richtig oder falsch ist, den Wehrdienst zu verweigern. Wir diskutieren über die Gewissensfreiheit. Und die wird auch von der katholischen Kirche anerkannt. – An diesem dünnen Seil der Argumentation von dem irrigen Gewissen hing eines der wichtigsten Gesetze Westdeutschlands, das die Möglichkeit der Wehrdienstverweigerung aus Gewissensgründen festlegte.

Ich habe dies damals sehr genau verfolgt, weil ich bei der ganzen Debatte wusste: Ich werde nie lernen, auf Befehl Menschen zu töten, ich werde überhaupt nicht lernen, wie man Menschen tötet. Aber die Welt sah und sieht sehr eigenartig aus, wenn man eigentlich an jeder Stelle hört, dass man gar keine Legitimation hat, so zu denken.

Mir war es wichtig, Ihnen diese Geschichte ausführlich zu erzählen, denn als Pazifist stand man damals ja sofort im Verdacht, die fünfte Kolonne Moskaus zu sein. Man verteidigte ja nicht mit militärischen Mitteln die Freiheit. Da half es nichts zu sagen: Ich will diese Art von wehrhafter Freiheit überhaupt nicht. Meine Freiheit wird nicht verteidigt, indem man Menschen tötet. Ich behalte und behaupte meine Freiheit auch unter einer Diktatur. Es ist mein Kopf, der frei ist. Dazu bestimmt ihr Killerspezialisten und Zyniker vom Militär ihn nicht – schon gar nicht durch euern Drill- und Gehorsamszwang.

Für mich gilt auch heute noch: Sollte sich etwa zeigen, dass Sicherheit auf den Flughäfen neuerdings durch Air-Marshalls definiert wird, durch Killerpersonal, das dafür sorgt, dass Terrorattentate in einer Lufthansa-Maschine nicht vorkommen, so werde ich nie mehr mit einer Lufthansa-Maschine fliegen, so wenig wie ich heute mit einer EL-AL-Maschine fliegen würde. Auf eine solche Art möchte ich nicht geschützt werden. Ich sehe nicht, dass mein Leben wichtiger ist als dasjenige, das man in Gestalt eines anderen Menschen zur Zielscheibe erklärt.

Aber ich entsinne mich auch des umgekehrten „verantwortungsethischen" Vorwurfs. In der Kommission, die über meinen Antrag auf Wehrdienstverweigerung zu entscheiden hatte, wurde ich 1960 gefragt: „Was würden Sie tun, wenn Sie sehen, wie eine Frau im Stadtpark vergewaltigt wird?"

„Dann würde ich ihr zu helfen versuchen", antwortete ich.

„Aber dann müssten Sie selber bewaffnet sein und mit Waffen umgehen können, um hilfreich zu sein. Also: was haben Sie gegen den Wehrdienst?"

Ich antwortete damals sinngemäß: „Gleich dreierlei. 1.) Ich habe noch nie gesehen, wie eine Frau vergewaltigt wird, außer in Kriminalfilmen vor allem des amerikanischen Kinos, einer Mischung aus puritanischer Triebunterdrückung und sadistischen Strafphantasien. In jedem Fall wäre jemand, der eine Frau vergewaltigt, ein armes Schwein; ein solcher Mensch steckt voller Probleme; er verdient nicht, dass man ihn tötet; ein Polizist, der es dennoch täte, handelte nur aus Hilflosigkeit, er exekutierte keine höhere Gerechtigkeit. 2.) Ihre Fragestellung geht von einer Ausnahme aus, deren Möglichkeit ich nicht leugne; doch die Folgerung, auf die Sie hinaus wollen, macht aus der Ausnahme den Regelfall – ein logischer Salto mortale. Und wenn Ihnen Logik schon egal ist: Ihr logischer Fehlschluss dreht die gesamte Welt auf den Kopf und macht sie zu einem paranoischen Horrorszenario, in dem jeder, am besten mit dem Colt unterm Kopfkissen, sich hüten muss vor dem Menschen an seiner Seite. In meinen Augen lebt das Militär von einer permanenten Angst, es könnte einem angetan werden, was man selbst trainiert, um es noch frühzeitiger, grausamer und „effizienter" anderen anzutun. Wohlgemerkt: Polizei und Militär sind keinesfalls dasselbe. Ihr Beispiel aber, als Prinzip gesetzt, erklärt den Menschen für „böse", und es macht damit die Menschen, selbst die gutwilligen, wirklich böse. Die Widerlegung von Vergewaltigung ist nicht Gewalt, sondern Liebe. Wie überliebt man die Sexualangst eines „Triebtäters"? Ich glaube, die „Ausschaltung" eines „Kriminellen" ist nicht identisch mit der Verringerung der Kriminalität. Und 3.) Das Militär, der Wehrdienst, besteht in nichts anderem, als im Kampf gegen die (internationale wie innenpolitische) Kriminalität das Kriminelle im Menschen selber zu aktivieren, zu instruieren und zu instrumentalisieren. So aber wird man es nicht los, so verewigt man es. Es ist möglich, dass man ein Buschfeuer lokal bekämpft, indem man Feuer legt; aber das gilt doch nur, wenn man nicht weiter weiß. Feuer löscht man nicht mit Feuer, sondern mit Wasser. Hass überwindet man mit Güte, wenn Sie verstehen, was ich meine. Im Übrigen: das, was die Soldateska tut, besteht nicht darin, dass sie eine Frau beschützt, die im Stadtpark vergewaltigt zu werden „droht"; was sie tut, besteht bildlich gesprochen darin, in das Haus dessen einzudringen, den man für den Täter hält oder erklärt, um dessen Frau dazwischen zu nehmen, seine Kinder mit Benzin zu übergießen und ein Streichholz anzuzünden und hernach eine Siegesparade abzuhalten, bei der man verkündet, tapfer das Gute gegen das Böse verteidigt zu haben. Ich schwöre Ihnen, ich werde dieser Posse der bürgerlichen ‚Verantwortung' niemals zustimmen."

Diese Auseinandersetzungen, damals und heute, waren und sind für mich verbunden mit einer grandiosen Einsamkeit. Wenn ich aber zurückdenke und die Welt von damals mit der heutigen vergleiche, so muss ich sagen: Damals war die Einsamkeit einer pazifistischen Position sicher größer. Gelernt habe ich immerhin, dass es unbedingt wichtig ist, auf meine innere Stimme zu hören. Im Jahr 1963, sieben Jahre später, konnte sogar die katholische

Kirche im 2. Vatikanischen Konzil feststellen, dass es angesichts einer dialektischen historischen Situation nicht möglich ist, eindeutig zu antworten. Plötzlich durfte man sogar als Katholik denken, dass ein Atomkrieg vielleicht doch nicht das Mittel sei, die Gerechtigkeit Gottes auf Erden zu demonstrieren. Man durfte auf einmal die Position vertreten, dass man alle demokratischen Werte verrät, wenn man Ja zum Krieg sagt, dass man in jedem Krieg und bei jeder Kriegsvorbereitung mit Mitteln arbeitet, die mit Selbstbestimmung, Freiheit, Menschlichkeit, Rücksichtnahme, Mitleid, Toleranz, mit all dem, was menschlich ist, nichts zu tun haben, nur schon, um die militärische Maschinerie überhaupt anwerfen zu können. Kurz, man erklärte jetzt 1963 im Konzil, dass es möglich sei, auch ohne Waffen Friedensdienst zu leisten. „Friedensdienst mit der Waffe" – dieses hölzerne Eisen blieb selbstverständlich immer noch bestehen. Die ganze Dialektik des Militärs wurde akzeptiert, aber man öffnete immerhin ein Loch für Alternativentscheidungen. Selbst wenn es politisch nicht wünschenswert erschien, dass alle Pazifisten würden, so konnten die Pazifisten jetzt doch als das Zeichen einer wünschenswerten Zukunft gelten. Und plötzlich konnten auch die Moraltheologen so reden. Die Welt hatte sich überhaupt nicht geändert, es war gerade zwei Jahre nach dem Mauerbau und der Kuba-Krise. In den Bibliotheken stand alles noch genau wie vorher. Aber plötzlich hatte der Papst erlaubt, dass man in diesem Punkt dialektisch und alternativ denken konnte, das Konzil hatte dem zugestimmt, und plötzlich war die Alternative denkbar: Friedensdienst mit Waffe und Friedensdienst ohne Waffe. Wir waren plötzlich alle Brüder. Alles schien wunderbar. Nur es hatte geistig keine Konsequenz. Die Kopenhagener Deutung der Quantenphysik von den komplementären Aspekten der Wirklichkeit der Elementarteilchen als Korpuskeln und Wellen funktioniert nicht in der Moral. Als Mensch muss man sich entscheiden. Individuen sind keine Neutronen.

In den 60er Jahren dann gab es eine vollkommen andere Entwicklung. Durch die 68er-Bewegung, durch die Auseinandersetzungen in Persien, in Abessinien und an anderen Orten und vor allem durch den Vietnamkrieg entstand überall in der Welt ein Anti-Amerikanismus, der stark politisiert wurde. Es gab eine

Friedensbewegung, die Hunderttausende erfasste. Aber man argumentierte wesentlich mit der Angst und dem Überlebensvorteil der Deutschen, nicht mit dem Prinzip der Gewaltlosigkeit. Und darum war ich nie wirklich in dieser Art der Friedensbewegung zu Hause. Ich wollte natürlich die SS 20 oder die Pershing 2 auch nicht. Und ich sah natürlich auch nicht ein, weswegen wir in Deutschland unbedingt Atomwaffen brauchten oder warum wir es den Amerikanern erlauben sollten, im Hunsrück biologische und chemische Waffen zu lagern, ohne dass überhaupt bekannt war, worum es sich da handelte. Aber für mich stand das moralische Problem im Vordergrund, das ganz simpel darin besteht: Soldat-Sein heißt Menschen töten. In nichts anderem besteht die Aufgabe eines Soldaten, als dies tun zu können und unter Umständen auch wirklich zu tun. Man kann nicht Soldat werden, ohne die Bereitschaft zum Töten von Menschen. Und dann kommt noch etwas hinzu, das mir psychologisch außerordentlich wichtig erscheint: die Deformation des Menschlichen beim Militär.

Vor einer Weile hat ein amerikanischer Militärpsychologe darüber nachgedacht, warum die Gewalt bei Jugendlichen erstaunlich zunimmt, und zwar insbesondere in den Ländern, in denen das Fernsehen sich verbreitet. Es ist natürlich schwierig, statistisch eine Korrelation zwischen beiden Tatsachen festzustellen. Aber seine Argumentation ist in unserem Zusammenhang interessant. Er meinte nämlich, dass die Ausbildung des amerikanischen Militärs vor allem bei den Eliteeinheiten, von denen jetzt wieder so viel die Rede ist, bei den Seals, den Green Baretts, bei den Special Forces eben, so verläuft, dass die Tötungshemmung systematisch abgebaut wird. Man hatte unter den amerikanischen Soldaten am Ende des 2. Weltkriegs festgestellt, dass im Falle eines „Du oder Ich" – ein Soldat steht vor einem feindlichen Soldaten – nur fünfzehn Prozent der GIs ohne Zögern ihre Maschinenpistole durchzogen. Ein solches Zögern aber war gefährlich und ineffizient. In der Zeit des Koreakriegs, fünf, sechs Jahre später, wurde das schon durch den entsprechenden Drill auf dem Kasernenhof verbessert: Über fünfzig Prozent der Soldaten schossen jetzt ohne Zögern, ohne Skrupel, ohne Hemmung. Heute erreicht man in der Ausbildung des amerikanischen Militärs eine Quote von ungefähr neunzig Prozent an Bedenkenlosen. Dieses Ergebnis lässt sich durch verbesserte Visualisierung erreichen. Sie können die Gefechtssituation so nachstellen, dass zwischen Realität und Fiktion kein Unterschied mehr besteht. Sie schießen auf Personen, die sich bewegen, die zurückzielen können, selbst das Mündungsfeuer, all das lässt sich visuell so einspielen, dass im Hinblick auf die Dramatik des Erlebens nicht mehr zwischen Fiktion und Wirklichkeit unterschieden werden kann. Mit anderen Worten: Das gesamte Ausbildungssystem besteht in der Brutalisierung, in der Enthemmung der angeborenen Tötungshemmungen, und genau das will man. Die Fernsehindustrie führt heute schon bei den 12-Jährigen zu gleichen Effekten, meinte jener Psychologe.

Wie wird man so brutal und bedenkenlos? Und warum lassen Menschen so etwas mit sich geschehen?

Stanley Kubrick hat 1986 (nach *Wege zum Ruhm* von 1957 über den Ersten Weltkrieg) einen beeindruckenden Film über den Vietnamkrieg gedreht: *Full Metal Jacket*. Darin wird anschaulich gezeigt, wie man ein *American Soldier* wird.

Der *erste Aspekt*: Menschen sind als Personen vollkommen zu entwürdigen. Sie werden buchstäblich zusammengeschrien, zusammengebrüllt, zusammengetreten, zusammengeschissen – und zwar permanent. Sie dürfen nicht zur Ruhe kommen, sie sind nichts. Sie sollen erleben, dass sie ein Haufen – man muss so reden, wie es bei dieser Art von Ausbildung geschieht – ein Haufen Scheiße sind, der überhaupt nur in der Uniform der Vereinigten Staaten von Amerika zum Menschen wird. Nur wer dieser Art von Gehirnwäsche unterzogen wurde, ist bereit, mit dem System einer gewalttätig verinnerlichten Gewaltbereitschaft so zu verschmelzen, dass er als Teil desselben seine Identität und Selbstachtung, was immer das dann sein mag, wiedererlangt.

Es ist daher nicht nur die Frage: Warum lassen Menschen das mit sich geschehen? Die Frage lautet auch: Wie kann eine Gesellschaft, die sich als Verteidigerin demokratischer Werte versteht, eine solche Ausbildung zu ihrer Selbstverteidigung akzeptieren? Es ist ja nicht so, als wäre all das in den USA selbst nicht bekannt. Es gibt zahlreiche Filme über die Green Baretts, über die Special Forces, über die Navy Seals. Die Methoden der Ausbildung sind allerorten bekannt. Schlimmer noch: Man hat diese Ausbildungsverfahren inzwischen in den sogenannten Boot Camps sogar in den Strafvollzug integriert. Sie können dieselben Verfahren heute zur Besserung von 14-jährigen straffällig Gewordenen in Spezialkursen von sechs bis acht Wochen angewandt sehen. Die Militarisierung des Denkens wird also bis in die zivile Ordnung hinein ausgedehnt. Aber wenn Sie fragen, warum Menschen das mit sich machen lassen – Menschen lassen das mit sich machen, weil sie keine Hoffnung haben. Sie kommen aus irgendeinem Schwarzen-Ghetto, sie haben keine beruflichen Aufstiegschancen. Die Mentalität des Sich-selbst-Wegwerfens macht Ansprachen möglich, wie der Gründer der Fremdenlegion im 19. Jahrhundert sie hielt: „Ihr seid bereit zum Sterben, und ich will euch zeigen, wo ihr sterben könnt."

Dies zeigt einen *zweiten Aspekt* der militärischen Ausbildung: Nicht nur der Abbau der Selbstachtung, sondern auch der Abbau der Tötungshemmung ist wichtig. Auf Befehl wird alles Befohlene getan, und zwar bedingungslos. Es ist eine Illusion zu sagen: Ein Soldat ist ein Bürger in Uniform, ein demokratisches, mit der Gesellschaft in ihrer zivilen Größe identisch gebliebenes Subjekt. So will man ihn durchaus nicht. Er ist Teil des Räderwerks des Todes. Er wird auf schizophrene Weise paralysiert. Unter der Maske der zivilisierten Persönlichkeit lauert fortan die Grimasse der andressierten Tötungsbereitschaft, der anerzogenen Killerinstinkte, des angewiesenen Mordreflexes. Und da dieser Zustand überall auf der Welt so besteht, stehen wir mit einem Fuß immer noch in der Steinzeit. Das Militär ist eine archaische und barbarische Männerhorde, ein Hindernis aller Kultur.

Den schlimmsten Beweis für die These des *Kubrick*-Films liefert in meinen Augen ein Gespräch, das *Günther Jauch* 1995 in RTL mit Major *Charles Sweeney* führte, jenem Bomberpiloten, der am 9. August 1945 den Pulk über Nagasaki gelenkt hat. Dieser Mann hat zusammen mit Oberst *Paul Tibbets*, dem Bomberkommandanten über Hiroshima, mehr Menschen getötet als jeder andere in der menschlichen Geschichte. *Günther Jauch* also fragte ihn nach genau 50 Jahren, was er seitdem, nach mehr als zwei

Dritteln seines ganzen Lebens, gedacht, gefühlt und gemacht hat, wie er in seinem Alltag mit jener Erfahrung umgegangen ist. *Sweeney* wurde sehr ärgerlich, er verbat sich die Frage. Seine Antwort: „Ich bin Soldat, und Befehl ist Befehl, ich habe gemacht, was ich tun musste." Offensichtlich wusste er nicht, dass in Deutschland der Ausspruch „Befehl ist Befehl" spätestens seit dem Nürnberger Tribunal grell in den Ohren schreit. Genau das hatte man den Nazi-Schergen und -Soldaten zum Hauptvorwurf gemacht, dass sie sich dauernd herausreden wollten: Befehl ist Befehl – als wenn es sie als Personen nicht gegeben hätte. „Der Führer hat gesagt, der Oberst hat gesagt, der Major hat gesagt." Ja wer sind all diese denn? Man wollte in Nürnberg auf amerikanischer Seite wissen, was denn das für Menschen waren, die sich nur als Marionetten des Führers definierten. Und jetzt sagt eine der wichtigsten amerikanischen Helden-Gestalten genau dasselbe! Er hat sogar noch hinzugefügt: „Jeder Soldat der Welt würde so handeln." Und er hat Recht. Genau das bedeutet es, Soldat zu sein: sich unter Gehorsam dazu zu verpflichten, einem gegebenen Befehl exakt und pünktlich zu folgen. Die Verantwortung des Soldaten liegt nicht in der Zielsetzung des Befehls, sondern lediglich in der Art seiner Ausführung. Diese instrumentalisierte (Un-) Menschlichkeit definiert alles Soldatische.

Der *dritte Aspekt* ist die sadistische Verbrämung der Gewalt. Es ist vermutlich in dieser Ausgeprägtheit spezifisch amerikanisch, dass aller Umgang mit der Waffe sexualisiert wird – und zwar bis in die obszönsten Gesten hinein: *Kubrick* macht das am Parademarsch deutlich, bei dem die Männer sich selber in den Schritt greifen, indem sie das Gewehr als ihr obszönes Sexualobjekt mit ihrem Geschlechtsteil gleichsetzen. Im Golfkrieg konnten amerikanische GIs, nachdem sie ihren Job getan hatten, ich zitiere das jetzt wörtlich, erklären, „dass sie nicht hier vier Wochen lang herumgevögelt haben, um jetzt nicht zum Abspritzen zu kommen". Das Morden wird mit Sexualgenuss verbunden, die Bedingungen des Tötens, die Vergewaltigung des Gegners, sein „Flachlegen", das „Eindringen" in sein Fleisch, in sein Land …

Der *vierte Aspekt* ist neben der Perversion der Gefühle die vollkommene Zerschlagung des Denkens. In dem *Kubrick*-Film wird den Soldaten befohlen, an Gott und an die Jungfräulichkeit

Mariens zu glauben. Sinngemäß heißt es da: „Gott liebt auf Erden nichts mehr als das American Marine Corps. Die US-Army braucht Gott nicht, aber Gott braucht die US-Army." Und so könnte ich jetzt fortfahren.

Man hat ein solches Bündel von seelischen Deformationen vor sich, dass ich mich an eine Erzählung erinnert fühle, die *Wolfgang Borchert* in einer seiner Kurzgeschichten einmal so dargestellt hat: Ein Soldat kommt nach Hause, er hat Hunger. Da sieht er jemanden, der Brot hat. Den bringt er um. Das darfst du nicht tun, sagt der Richter. Wieso nicht?, fragt der Soldat. – Wenn man erst mal jemandem beigebracht hat, dass der Kampf ums Leben und Überleben alle Mittel rechtfertigt, ja, sie sogar zur Pflicht erhebt, weil der Kampf ums Überleben zugleich auch für das Überleben des eigenen Staatsverbandes geführt wird, dann ist nicht zu sehen, wo es von innen her ein Halten gäbe. Dann hängt die Sittlichkeit nur noch am Diktat von oben. Mal wird Krieg erklärt, mal herrscht Frieden. Und dem entsprechend gelten konträre Spielregeln. Aber es gibt keine innere Ordnung mehr. Es gibt nur noch Hanswürste in den Händen der Mächtigen – Lakaien. Was ihnen befohlen wird, bestimmt ihr Gewissen.

Wenn Soldat zu sein das bedeutet, was ich eben beschrieben habe, dann bin ich für die Abschaffung der Soldateska zu allen Zeiten und an allen Orten. Ich bin fest davon überzeugt: Es gibt eine qualitative Weiterentwicklung der Humanität in der menschlichen Geschichte erst, wenn wir das Militär beseitigen. Ich stehe mit dieser Position übrigens nicht allein. *Mahatma Gandhi, Albert Einstein, Stefan Zweig, Romain Rolland, Albert Schweitzer* und andere haben im 20. Jahrhundert diese Meinung vertreten. Solange jede Generation von 18-Jährigen dieser entwürdigenden Diktatur der Gewaltbereitschaft im Militär unterworfen wird, ist für mich jedes Sprechen von Bergpredigt und christlichen Zielsetzungen korrupt und verlogen. Jeder begreift, dass die Bergpredigt genau das Gegenteil unserer politischen Normalität will. Meine feste Überzeugung als Christ ist: Eine Gesellschaft, die immer wieder für die Verstärkung des Faktors Militär plädiert und diese Strukturen und Mechanismen politisch und psychologisch immer neu reproduziert, wird aus der Spirale immer stärkerer Aufrüstung und aus der Totalisierung des Einsatzes von Waffen, die im Grunde verbrecherische Mordinstrumente sind, nie herauskommen.

Vor dem Hintergrund Ihrer Erfahrung nachgefragt: Mit welcher Hoffnung, mit welchem Realitätsanspruch kämpfen Sie weiter als Pazifist?

Wir haben zwischen 1970 und 1975, nach dem Ende des Vietnamkrieges, gedacht, wir hätten den Krieg im Grunde hinter uns. Wir glaubten, eine offene Gesellschaft, eine demokratisch verfasste Ordnung, würde das Militär und jedenfalls den Krieg nicht mehr akzeptieren. Das war die Illusion, die aus dem Vietnamkrieg hervorgegangen ist. Vor allem die amerikanische Friedensbewegung war damals etwas weltweit Wunderbares. Alles, was ich gegen die Vereinigten Staaten von Amerika sage, richtet sich ja gegen die Politik, die jetzt, seit *Reagan* und den *Bushs*, wieder betrieben wird. In den 70er Jahren war es die amerikanische Jugend, die der Welt die große Hoffnung gab, dass der Krieg ein für allemal überwunden sei, und zwar weltweit. Es gab Folksänger und Musiker, die diesen Gedanken verbreiteten, es gab Bands, die sich nach *Hermann Hesses* „Steppenwolf" benannten. Es gab Leute, die vor dem Kapitol ihre Ausweise verbrannten, weil sie sagten: „Wir wollen nicht amerikanische Bürger sein, wenn das bedeutet, Krieg führen zu müssen. Wir sind als erstes Menschen, nicht Amerikaner." Das war eine wunderbare Zeit, vor allem wenn sie nicht mit Illusionen, mit der naiven Phraseologie des „make love not war", einhermarschierte. Es war eine Menge an psychologischer, vor allem sozialpsychologischer Aufklärung getan worden. Es lag vor aller Augen, wie Kriege vorbereitet werden: Man polarisiert den Begriff der Menschlichkeit, fragmentiert die Zusammengehörigkeit der Menschen, projiziert alle Selbstablehnung der eigenen Person und Gruppe in den Gegner, man bildet sich ein positives Autostereotyp von der eigenen Gruppe und ein absolut negatives Heterostereotyp von der Gegnergruppe. Man benutzt heilige Begriffe der Religion, der Moral, der politischen Kultur als Waffe im Kampf der Aufrüstung gegen den anderen. Man partikularisiert absolute und universelle Begriffe wie Menschlichkeit im Dienst der relativen Interessen des eigenen Bezugssystems. Das alles war so klar, dass man dachte, wir seien dagegen gefeit, dass sie derlei jemals wieder mit uns machen würden. Wir dachten, es sei keine Illusion, zu sagen: „Stell dir vor, es ist Krieg, und keiner geht hin", wie es auf vielen Aufklebern an den Autos stand.

Inzwischen hat das Pentagon dabei gelernt. Man hat gelernt, dass man einer offenen Gesellschaft nicht jeden Abend im Fernsehen die Panzer der eigenen Army in brennenden Bambusdörfern zeigen kann. Auf diese Weise will niemand „verteidigt" werden. Daraus folgerte man aber nicht, die Panzer der US-Army abzuschaffen, sondern nur, die Kameras abzuschalten und nur noch zu senden, was dem Wehrwillen guttut.

Heute gehen nicht nur viele hin. Wir hatten nach den Anschlägen in Amerika die höchste Kriegsbereitschaft, die wir je in Deutschland hatten. In den USA sagen über 90 Prozent der Bevölkerung, selbst wenn jetzt Tausende von Afghanen krepieren würden, es sei nötig – das sei eben ein collateral damage, ein Kollateralschaden. Seit der Zeit des Golfkriegs 1991 schreitet die innere Aufrüstung der Deutschen voran. „Wir waren am Golf militärisch, aber noch nicht moralisch gerüstet", erklärte der damalige Militärbischof der katholischen Kirche, *Dyba.* Heute sind wir so weit, und zwar ohne Diskussion und Reflexion. Die *Kohl*-Administration hat uns einfach schrittweise, wie unbemerkt, an das herangeführt, was man in absurder Selbstgewissheit als „Realität" bezeichnet und was doch nichts ist als die vermeintlich alternativlose Permanenz und Penetranz des Schlachthofs. Das alles ist für mich viel schlimmer als die Einsamkeit der 50er Jahre. Denn jetzt dreht sich alles rückwärts in genau die Richtung, die wir vor drei Jahrzehnten hinter uns zu haben glaubten. Dass ganze lausige zehn Jahre seit 1989 genügt haben, um uns moralisch so fertig zu machen, dass wir wieder Gewehr bei Fuß stehen wollen, das ist unerhört. Noch einmal: Was wäre gewesen, wir hätten bei der Wiedervereinigung auf *Gorbatschow* gehört und wären aus der NATO ausgetreten? Wie anders wäre die Welt heute!

Die Schwächen der Friedensbewegung

Was ist mental in unserer Bevölkerung geschehen? Was ist aus der Friedensbewegung geworden? Warum ist von ihr so wenig zu hören?

Wenn ich ehrlich bin, zeigt sich nicht erst heute die Schwäche der so genannten Friedensbewegung. Zur Zeit des Golfkriegs habe ich viele Reden gehalten und immer wieder gesagt: „Ich nehme an, dass viele von Ihnen hier stehen, weil sie Angst haben." Es bestand damals die Option, Atomwaffen am Golf einzusetzen, 400 Atomwaffen lagerten in den amerikanischen Flugzeugträgern. Brennende Erdölfelder konnten die Umwelt schädigen, die Wirtschaft konnte in Krisen und Turbulenzen geraten, das alles machte Angst. Aber Angst ist nicht der Grund, Frieden zu wollen. Ganz im Gegenteil. Um friedensfähig zu sein, muss Angst positiv durchgearbeitet werden. Also sagte ich: „Wenn ich keinen Krieg will, weil ich Angst vor dem Krieg habe, dann will ich lediglich diesen Krieg nicht, der mich erreichen wird. Das ist aber noch keine Haltung gegen den Krieg als solchen. Ganz im Gegenteil: Wer Angst hat, wird aus lauter Angst um sich schlagen, wenn Gewalt ihn selber bedroht. Wir müssen gegen den Krieg sein, weil Krieg darin besteht, Menschen zum Morden zu präparieren. Was Menschen im Rahmen von Militär und Krieg mit Menschen machen können und machen sollen, das ist das Grauenhafte. Davor muss man Angst haben. Das, was die so genannten Gegner mit uns machen könnten, das ist das Sekundäre. Was unsere eigenen Führer aus uns machen, um dahin zu kommen, dass wir tötungsbereit werden, ist das Schlimme. Sterben müssen wir irgendwann alle, aber töten sollten wir niemals, und wir sollten uns nicht einreden lassen, es sei unverantwortlich, wenn wir es nicht lernen."

Ich muss zugeben: Dies ist der entscheidende Punkt. Aber er wurde in der Friedensbewegung nie ernsthaft artikuliert. Wir sagten schon: Dreihunderttausend Menschen haben sich damals in Bonn versammelt, um gegen die Dislozierung der Pershing 2 zu demonstrieren. Man sah ganz richtig: Ein Atomkrieg wäre natürlich auf mitteleuropäischem Boden, hier in Deutschland, geführt worden, nicht in Amerika. Schließlich war (West-)Deutschland nach 1945 für die USA als Erstes ein Glacis im Kalten Krieg, mit allen Konsequenzen. Davor hatte man begründete Angst, und dagegen hat man demonstriert. Das war vernünftiger Egoismus, aber auch nicht mehr als das. Es war kein wirklicher Pazifismus, es war der Friedenswille einer Art Angsthysterie. Die Akzeptanz des Krieges ist indessen offensichtlich problemlos bei denselben Leuten einzuholen, wenn eine militärische Überlegenheit besteht, die uns selber unerreichbar macht. Wenn wir Krieg wie im Kosovo oder wie in Afghanistan führen, indem wir aus zwanzig Kilometern Höhe Bomben ausklinken, ohne dass irgendeine Flugabwehr uns vom Himmel holen könnte, dann ist es möglich, dass sich auch deutsche Piloten – sogar Frauen – daran beteiligen. Es gehört allem Anschein nach inzwischen ja zur Emanzipationsbewegung der Frauen, wie vor allem die liberale Partei, die FDP, sie versteht, die Fehler der Männer aus den letzten Jahrtausenden nun auch in eigener Regie zu übernehmen. Und gewiss: Wenn das Morden ein rein technischer Vorgang ohne Skrupel ist – wie Brot backen und Schuhe putzen – dann besteht tatsächlich kein geschlechterspezifischer Unterschied zwischen Männern und Frauen mehr. Man hat das, was dann geschieht, so weit funktionalisiert, dass es von jeder Endhandlung abgekoppelt ist. Man sieht nicht mehr, was dabei herauskommt. Was dabei herauskommt, ist zweifellos ungeheuerlich, aber man darf es uns nicht zeigen; man richtet für CNN in Afghanistan gerade War Information Centers ein, die sämtliche Journalisten in Propagandisten des Pentagon verwandeln. Die reine Funktionalisierung des Soldatseins ist tatsächlich gegründet auf mutwillige Blindheit, aber diese Blindheit wird zur Bedingung der allgemeinen Akzeptanz des Militärs. Mach, was du musst, und denk nicht darüber nach …

Der wirklich springende Punkt der ganzen Friedensbewegung war: Sie hat mit der Angst der Menschen argumentiert, aber nicht mit einer verbesserten Form von Humanität durch Angstüberwindung. Und jetzt zeigt sich, dass die Furchtlosigkeit beim Kriegführen aufgrund einer militärisch totalen Überlegenheit mit der Realangst vor der möglichen Bedrohung durch Terrorismus einhergeht. Beide Komponenten wirken derzeit verstärkend zusammen und paralysieren das, was bisher die Friedensbewegung hieß. Sie denunziert oder decouvriert sich selbst nachträglich als „nicht realitätsgerecht". Kann man deutlicher zeigen, dass man den Frieden niemals wirklich, das heißt als ethische Grundlage betrachtet hat und dass man „Realität" als Machtbesitz begreift?

Woher muss – neben dem ethischen Impuls – die innere, psychologische Motivation für eine überzeugende, werbende, ernst zu nehmende Friedensbewegung kommen, wenn die Angst vor der Bedrohung durch Terroristen den Menschen offensichtlich so nahe geht?

Der 11. September 2001 hätte wirklich im Sinne des *Dalai Lama* und der Religion überhaupt eine Wende des geschichtlichen Denkens herbeiführen können und müssen. *Negativ* lässt sich natürlich weiter mit der Furcht argumentieren. Man kann darauf hinweisen, dass es keine Sicherheit in einer globalisierten Welt gibt, solange die Spannungen zwischen Arm und Reich, statt abgebaut zu werden, sich mit jedem Tag verstärken und solange die verschiedenen Kulturen, statt aufeinander hin zu reifen, sich dem Machtanspruch der westlichen Welt über die restliche Welt beugen sollen. Es ist relativ leicht möglich, wie sich gezeigt hat, mit einer Handvoll zu allem entschlossener Leute ein unbeschreibliches Desaster anzurichten: Man kann einen Menschen mit einer Stecknadel töten, und man kann mit einem Stein die kostbarste Vase zerschmettern. Zerstören ist immer einfacher als aufbauen. Sicherheit kann daher nicht produziert werden, indem wir immer irrsinnigere Waffensysteme perfektionieren, die Kontrolle von Fremden und Einheimischen immer weiter detaillieren und damit die Menschheit immer stärker auseinander dividieren. Sicherheit kann es nicht geben im Gegeneinander, nur im Miteinander.

Und dann bleibt natürlich die Frage, wie wir ernsthaft erwarten wollen, im Rahmen der permanenten Vernichtungskonkurrenz des aggressivsten überhaupt nur denkbaren Wirtschaftssystems am Ende den Frieden zu gewinnen. Der Gruppenegoismus als Systemzwang des wirtschaftlichen Umgangs miteinander kann doch nur Wirtschaftskriege zur Folge haben. Aber das sind angstgebundene, also, wie gesagt, keine wirklich friedensfördernden Argumente.

Positiv lässt sich darauf hinweisen, dass wir nicht ein globales Wirtschaftssystem etablieren können, ohne wirklich global, das heißt im Interesse aller Menschen der Erde, zu denken und zu handeln. Eben weil heute alle Menschen in *einem* Boot (dem Raumschiff Erde) sitzen, können wir nur gemeinsam miteinander leben oder gemeinsam im Kampf gegeneinander untergehen. Frieden ist nicht mehr eine Handlungsmöglichkeit der Politiker, der die Option Krieg nach Belieben gegenüberstünde, Frieden ist in den komplexen Strukturen des Zusammenlebens die Basisvoraussetzung des Überlebens. Es ist, wie Bischof *Tutu* sagt: Versöhnung, Vergebung, Frieden – das ist die einzige Form der „Sicherheit". Was das Militär stattdessen produziert, ist nicht Sicherheit, sondern eine realisierte Paranoia, ein apokalyptisches Hermageddon, die chronifizierte Welt von Kain und Abel. Also sollten wir aufhören, uns etwas vormachen zu lassen. Krieg ist nicht Frieden, schwarz ist nicht weiß, und Lüge ist nicht Wahrheit.

Wie kann, wie sollte man die Friedensbewegung wieder populärer machen? Sehen Sie derzeit überhaupt eine Chance zur Renaissance?

Es kommt in meinen Augen darauf an, die prinzipielle Unausweichlichkeit der Friedensforderung für alle Zukunft klar herauszustellen. Bisher war die Friedensbewegung eine Spontiszene der Angst. Hier wurden Raketen aufgestellt, dort wurde Krieg geführt, und so war man von Fall zu Fall gegen dies und das. Frieden aber ist kein Dagegen, sondern ein Dafür, und statt auf den Augenblick zu reagieren, sollte man in die Zukunft schauen. Die Spezies Mensch kann nur Zukunft haben, wenn sie die Hypothek der Vergangenheit abstreift. Das aber setzt voraus, dass wir das, was Politik und Geschichte geheißen hat, neu definieren. Bislang hieß Politik so viel wie Management der Interessen der jeweiligen Gruppe im Kampf gegen andere Gruppen; Machtgewinn und Machtausübung in der Gruppe war nur das Mittel zum Zweck der Machtausdehnung und Machtbehauptung gegenüber anderen Gruppen. Obwohl das Neue Testament in der Bergpredigt ausdrücklich ein solches Denken in Frage stellt, ja im Namen Gottes wie des Menschen untersagt, hat man bis heute, Christentum hin, Christentum her, immer noch geglaubt, sich das alte, steinzeitliche Denken leisten zu können. Wir können es uns aber nicht länger leisten. Es gefährdet uns alle, und es hält uns in dem Ghetto des „alten Menschen" gefangen. Solange wir so bleiben, werden wir niemals wirkliche Menschen. Nicht die aktuelle Politik, die Humanität sollte das Thema der Friedensbewegung sein. Erst dann könnten wir aus der Tret- und Blutmühle der bisherigen Geschichte heraus; statt weiter das politische Prinzip zu verwalten, könnten wir endlich die Grundlagen von Geschichte und Politik verändern.

Ein kleines Beispiel: Der amerikanische Präsident *George W. Bush* hat, nachdem er mit 120 Millionen Dollar im Wahlkampf gesponsert wurde, 120 Milliarden Dollar für das Nationale Verteidigungssystem gegen mögliche einfliegende Raketen freigegeben, die von „Schurkenstaaten" mit chemischen, biologischen oder sogar nuklearen Sprengköpfen gegen die USA und ihre Verbündeten abgeschossen werden könnten. Auf diese Weise hofft er oder macht er glauben, die Sicherheit verbessern zu können. Nun aber zeigt der 11. September 2001, dass wir uns mit Raketen nicht gegen Teppichschneider wehren können. Diese ganze Vorstellung, durch Höchstrüstung, durch maximale Tötungskapazität, Sicherheit zu gewährleisten, ist am Ende. Ein Umdenken aber ist nicht nur notwendig, es ist auch in seiner einfachen Menschlichkeit evident. Bislang hatten wir Geld für den Krieg stets in jeder Höhe bereit – 25 Milliarden Euro jedes Jahr allein in der BRD; für den Frieden aber, für effektive Hilfe für Menschen in Not, war noch niemals Geld vorhanden. Was aber könnten wir mit den unglaublichen Summen von 120 Milliarden Dollar oder 25 Milliarden Euro alles machen, nicht um Kriege führen zu können, sondern um den Blutsumpf der Kriegsgefahr auszutrocknen! Wir könnten endlich tun, was die Religion lehrt: das Böse überwinden durch das Gute (Röm 12, 21). Der Pazifismus ist nicht die Utopie von Blauäugigen und ewig Gestrigen, er war und ist die Antizipation der einzigen Form von Zukunft, die uns Menschen auf dieser Erde beschieden ist. Entweder lernen wir es, in Freiheit den Frieden wirklich zu wollen, oder wir werden uns die Notwendigkeiten des Stillhaltens, des Terrorfriedens, durch permanente Überwachung und durch das Diktat des jeweils Mächtigsten aufzwingen lassen müssen.

Aus welchen Quellen schöpfen Sie Ihre innere Kraft für das Engagement in der Friedensbewegung?

Ich glaube, dass wir das politische Prinzip als Ganzes durchbrechen müssen. Es geht nicht länger mehr um kurzfristige Erfolge mit Hilfe taktischer Spielchen, es geht ganz einfach um menschliche Wahrheit und Wahrhaftigkeit. Insofern war mein Motiv zum Frieden nicht primär an die Themen der Tageszeitung gebunden, sondern religiöser Natur. Anderenfalls hätte ich wirklich längst resigniert – wie im Übrigen auch in der Frage des Tierschutzes – und nur gesagt: Es kommt bei all dem doch nichts heraus, vergeude nicht deine Energien, genieße das Leben. So aber denke ich nicht.

Für die schlimmste Art der Resignation halte ich derzeit die der Grünen, die wie nichts sonst die Dialektik und das Scheitern eines nur politischen Denkens demonstrieren. Selbst die *Frankfurter Allgemeine* bescheinigt ihnen heute genüsslich, sie seien endlich in der Realität angekommen, weil auch sie jetzt, um an die Macht zu kommen und an der Macht zu bleiben, Militäraktionen innerhalb des Nato-Gebietes und sogar auch außerhalb davon, weltweit, in Solidarität zu den USA befürworten. Aber wo waren sie denn dann bislang? Hat man nicht auch in Korea, in Vietnam, in Panama – überall, wo die USA Krieg führten – „Unschuldige" zu „schützen" behauptet? Wer eigentlich definiert da, was „Realität" ist?

Was wir, politisch gesehen, brauchen, ist eine neue außerparlamentarische Opposition, nachdem die Friedensbewegung auf das Format der PDS geschrumpft scheint. Für mich war und ist das politische Prinzip nicht „Realität", sondern Wahnsinn – oder ist es nicht menschenmörderischer Wahnsinn, was in der ganzen Zeit des sogenannten Kalten Krieges geschehen ist? Wir rühmen uns heute, den Kalten Krieg „gewonnen" zu haben. *George Bush sen.* erklärte die USA deshalb für die Befreier der

Menschheit und erwartete globale Dankbarkeit; alles wartet scheinbar darauf, die NATO als die eigentliche Friedensbewegung im 20. Jahrhundert mit dem Nobelpreis auszuzeichnen, schließlich ist es ja gelungen, den Ostblock als das Reich des Bösen kaputtzurüsten. Aber was eigentlich hat man auf diese Weise erreicht? Die Verelendung der Dritten Welt, die Ruinierung der Umwelt, vor allem – die Skrupellosigkeit in jeder Form. Nur zur Erinnerung: 1954 fieberten die amerikanischen Soldaten auf den Flugzeugträgern im Pazifik in Vorbereitung auf den Angriffsbefehl gegen die Hydra des Kommunismus, gegen deren Haupt – das rotchinesische Peking. Millionen Tote standen beim ersten Atomschlag zu erwarten, und man war moralisch dazu „gerüstet"! Nennt man wirklich Menschen „Realisten", die mit der Drohung des Massenmordes von Millionen Menschen im Gleichgewicht des Schreckens „Frieden" definieren? In meinen Augen hat man es mit potentiellen Massenmördern, mit Kriminellen höchsten Ranges, mit Staatsterroristen zu tun, mit Irrsinnigen in jeder Form. Sind das „Realisten", die erklären, dass Pest und Cholera und Botulismus nicht länger Volksseuchen, sondern unter Umständen „Waffen" sind? Sind sie nicht genau solche Gangster wie diejenigen, die im 19. Jahrhundert pockenverseuchte Decken in der Prärie in Indianerreservaten hinterlegten, um damit ganze Stämme auszurotten? Seit 1975 diskutiert die UNO über die Kontrolle biologischer „Waffen" – abgelehnt noch im Sommer 2001 von den USA. *Augustinus* hat Recht, wenn er im *„Gottesstaat"* schreibt: „Die Staaten dieser Welt sind große Räuberbanden, deren Verbrechen nur ein Ausmaß erreichen, dass man sie nicht bestrafen kann."

Deshalb ist für mich seit eh und je die religiöse Motivation entscheidend. Man kann das Programm des Kaisers *Augustus* mit militärischen Aktionen nur bestätigen, muss *Jesus* gedacht haben, als er die Bergpredigt formulierte. Und man darf sich von den politischen beziehungsweise militärischen „Erfolgen" nicht täuschen lassen. Die Frage zum Beispiel, ob wir als Deutsche Truppen nach Afghanistan oder in Zukunft sonst wohin – in den Irak, in den Sudan – entsenden oder nicht, kann nicht davon abhängen, wie gefährlich die Taliban oder andere „Gegner" sind und wie beherrschbar ein Guerilla-Krieg zum Beispiel in schneeverwehten Bergen ist. Ich glaube durchaus, dass die USA die Fehler der Sowjetunion in Afghanistan militärisch vermieden haben; sie brauchten nur so lange zu bombardieren wie im Irak – wie wir gesehen haben, haben die Truppen der so genannten Nordallianz, die Mörderbanden der ehedem von den Sowjets und dann auch von den USA bekämpften Gruppen der Mudschaheddin, sehr schnell Kabul oder Kandahar erobert – dass allein schon die Bomben, die man dabei einsetzte, die Streubomben, völkerrechtswidrig waren, scheint seit langem niemanden mehr zu stören. Aber selbst wenn die Taktik der US-Militärs langfristig erfolgreich sein sollte, wird man nur umso rascher merken, dass man einen Krieg leichter gewinnen kann als den Frieden – vielleicht fällt das Land nach Vertreibung der Taliban nur in den alten Bürgerkriegszustand zurück, der vor der Machtergreifung der Taliban bestand.

Doch von solchen Fragen kann man nicht Grundsatzentscheidungen abhängig machen. Woran wir Deutsche niemals mehr uns beteiligen sollten, ist der Krieg im Prinzip. Man greift nicht ein ganzes Land an, um einen einzigen Terroristen zu fangen, man riskiert nicht tausende von Toten als „Kollateralschäden", wenn man wirklich Menschen helfen will, man nimmt nicht Millionen von Flüchtlingen im afghanischen Winter in Kauf, wenn einem ernsthaft Menschlichkeit ein Anliegen ist. All das sollte uns eine Lehre im Prinzip sein. Es ist immer wieder derselbe Widerspruch: Wer Frieden will, muss mit dem Frieden beginnen, nicht mit dem Krieg. Wie *Gandhi* sagte: „Der Friede ist der Weg, nicht das Ziel." Die möglichen „Erfolge" der USA im Kampf gegen ein anachronistisches Regime in einem Land der Dritten (oder Fünften) Welt, werden vielleicht in den Augen vieler die neue Führbarkeit „konventioneller" Kriege demonstrieren und damit ihre Akzeptanz fördern, aber wir sagten schon: Das politische Denken ist in seiner konventionellen Form noch niemals wahrhaft friedfertig gewesen. Dazu imstande ist nur eine religiöse Dimension der menschlichen Existenz. Und diese Dimension gilt unbedingt, so wie die Wahrheit, so wie die Liebe.

Rein politisch aber bleibt die Frage, was man wirklich will. Inzwischen hört man, dass schon im Juli 2001 in Berlin die USA und Russland in Korrespondenz mit den bald darauf so verhassten Taliban über den Bau einer Erdöl-Pipeline durch Afghanistan an den persischen Golf verhandelt haben. Aber natürlich macht eine solche Pipeline nur Sinn, wenn sie nicht sofort wieder von Terroristen in die Luft gesprengt wird; deshalb verlangte man schon im Juli 2001 die Auslieferung *bin Ladens,* was von den Taliban abgelehnt wurde. Vielleicht wird dieser Krieg ja gar nicht nur geführt, um einen Terroristen zu fangen, sondern um ein Regime in Kabul zu installieren, das den Wirtschaftsplänen von Amerikanern und Russen günstiger gesonnen ist. Wenn es nur um *bin Laden* gegangen wäre, hätte jede Katze uns zeigen können, wie man eine Maus fängt ohne Krieg. Alles spricht in meinen Augen dafür, dass wir dabei sind, in Zukunft uns auf Wirtschaftskriege aller Art und an allen Orten einzurichten und dabei unter dem Anschein der Wahrung von Menschenrechten weiter unsere Interessen mit militärischen Mitteln durchzusetzen. Klar ist jedenfalls, dass die Terroristen sich durch dieses Vorgehen in ihrer Einschätzung des Westens eher bestätigt finden werden. Sie werden sagen, dass arabisches Erdöl Arabern, nicht Amerikanern gehört, und sie werden weiter versuchen, mit den Mitteln des Terrors den Mitteln des Militärs Paroli zu bieten. In ihren Augen ist ihre Form von Terror allemal ein Krieg. Doch wie gesagt: Jeder Krieg ist in sich selber terroristisch.

Die entscheidende Frage lautet deshalb: Wie will man Recht schaffen mit unrechten Mitteln, wie will man Menschlichkeit bewirken mit unmenschlichen Methoden, wie will man dem Leben dienen durch Töten? Nur, wenn Recht, Menschlichkeit und Leben überhaupt nichts weiter als Verpackungsmaterial für Macht, Profit und Gruppenegoismus sein sollen, darf man sich nicht wundern, dass der Hass wächst.

Aber die Frage ist legitim: Verstehen Terroristen wirklich eine andere Sprache als die der Gewalt?

Sie werden an eine solche andere Sprache nicht glauben in einer Welt, in der das Recht vermutlich immer noch aus Revolvermündungen kommt. Ein Beispiel: Wenn wir von Terrorismus reden, dann tun wir das inzwischen sehr einseitig mit Blick auf die arabische Welt, als wenn es dieselben Probleme nicht auf Timor, auf Ceylon, im Süden des Sudan, in Irland, in Nordspanien, in Anatolien – in vielen Gebieten und Regionen der Welt gäbe. Es gibt Terror in Bolivien, in Chile – aus rein sozialen Gründen. Aber unser Blick hat sich im Wesentlichen auf die Auseinandersetzungen im arabischen Kulturraum verengt, und das nicht zu Unrecht. Nur, was ist dort Terror?

Erinnern wir uns daran, wie die Engländer 1916 die Araber im Krieg gegen die Türken und Deutschen mit dem Versprechen eines eigenen Staates zu ihren Bundesgenossen gemacht haben. Das Beispiel lohnt durchdacht zu werden, weil die politische Taktik eine beachtenswerte Parallele zur Gegenwart besitzt. Der Mann, der das britisch-arabische Bündnis damals organisiert hat, war *Thomas Edward Lawrence,* der berühmte *Lawrence von Arabien. „Die sieben Säulen der Weisheit"* heißt das Buch, in dem er beschrieben hat, wie das Ganze vor sich ging. Dieses Buch beginnt schon mit der Erklärung, Dinge getan zu haben, die nur Teufel tun können. Aber er hat all das Grauenhafte als britischer Soldat mit den Arabern gemeinsam getan, um durch eine Kette von Terrorakten das osmanische Reich in die Hölle zu katapultieren. Man hat Bahngleise gesprengt, Züge in die Luft gehen lassen, selbstverständlich gefüllt mit Zivilpersonen, man hat den Marsch auf Akaba durch die große Wüste, die Nefud, angetreten. Es war eine Mischung aus Guerillakrieg und Terrorkrieg, aber mit dem Versprechen, dass die Briten den Arabern am Ende die Freiheit geben würden. *Lawrence* saß 1918 schon mit den Arabern in Damaskus, um einen neuen arabischen Staat auszurufen. Tatsächlich sind die Wurzeln des so genannten haschimitischen Königreiches von Jordanien in dieser Zeit zu suchen. Aber die Briten (und ebenso die Franzosen) wollten die Region natürlich nicht verlassen, sie wollten die herrschende Kolonialmacht im Nahen Osten werden. Sie hatten herausgefunden, wie viel Erdöl es besonders im Irak gibt, und so einigte man sich 1920 im Vertrag von San Remo über die Neuverteilung der Mandatsgebiete im Nahen Osten. Es waren übrigens die Briten, die 1925 zum ersten Mal die Kurden aus der Luft bombardierten, nur um ihre Stellung im Irak zu stabilisieren. Man hat, mit einem Wort, die Araber benutzt – und verraten. Man hat sie zum Terror erzogen und dann gesagt: Es war ja schön, dass ihr uns geholfen habt, aber nun ist der Spuk vorbei. Nach der Deklaration des britischen Außenministers Lord *Arthur Balfour* von 1917 kamen die Israelis ins Heilige Land, um dort einen eigenen Staat zu schaffen, so als wenn dort keine Araber lebten. Zwar hielt die britische Kolonialregierung die Terrorgruppen der Israelis, die Hagana, die Irgun, die Stern-Gruppe, messianische Schwärmer mit Gewehren in der Hand, unter Kontrolle. Aber 1946, nach der Sprengung des King-David-Hotels durch *Menachim Begin* mit über 90 Toten, zogen die Briten sich zurück und übergaben 1947 Palästina der UNO; die Israelis riefen ihren Staat aus. So entwickelte sich der israelische Staat aus dem Terror gegen die britische Kolonialmacht, und das ist nur ein Einzelbeispiel. In der ganzen Region existieren Staatengebilde, die einen vergleichbaren Weg gegangen sind.

Vor diesem Hintergrund ist dann Ihre Frage natürlich berechtigt, welche Sprache außer Gewalt solche Menschen denn eigentlich verstehen sollen? Etwas anderes hat man sie doch nie gelehrt. Aber es liegt nicht in der Natur des Menschen, nur Gewalt zu verstehen. Ganz im Gegenteil: Normalerweise verstehen Menschen Mitleid, Güte und Zärtlichkeit sehr gut. Und man kann insbesondere mit Arabern hervorragend reden, wenn man ihren Stolz respektiert. Das war es, was *Lawrence* begriffen hatte.

König *Hussein* von Jordanien hat noch kurz vor seinem Tode in einem offenen Brief an *Benjamin Netanjahu* geschrieben, dass es in dessen Regierung keine Größe, keine Vision und keine Weite gebe. Das ist so arabisch ausgedrückt, wie es nur sein kann. Man kann mit einem Menschen sofort Frieden schließen, wenn er Größe besitzt. Die Lateiner hätten dazu Weitherzigkeit, magnanimitas, gesagt. An eine solche Haltung glauben Araber. Wenn man ihnen allerdings begegnet, als seien sie Schurken, die man bändigen muss, oder Läuse, die man zerdrücken muss, wird man bei ihnen nichts erreichen.

Israel und die Palästinenser

Nun sieht man aber gerade in dem Konflikt zwischen Israelis und Palästinensern etwas immer Wiederkehrendes: In Situationen, in denen eine Atmosphäre des Friedens geschaffen zu sein scheint, in denen es endlich ein Stück vorangeht, wird dieser Friede durch einzelne Terrorakte wieder zerstört. Ist dies in der Konsequenz nicht auf Dauer aussichtslos: Einzelne stellen sich immer wieder quer und torpedieren damit das Ganze?

Das ist natürlich möglich. Man kann die Milliarden Zellen unseres Körpers lahm legen, indem man einen ganz schmalen Bereich funktionsunfähig macht. Wir sagten schon: Eine Stecknadel genügt, um einen Menschen zu töten und alles, was in seinem Kopf, in seinem Blutkreislauf zirkuliert, in wenigen Sekunden zum Absterben zu bringen. Natürlich ist es viel leichter, etwas zu zerstören, als etwas aufzubauen. Und deshalb kann ein Einzelner wie eine Stecknadel in einem Gesamtorganismus wirken; richtig platziert kann er von immenser Zerstörungskraft sein. Das ist die Chance des Terrors. Darum ist er, man kann es nicht oft genug betonen, nicht anders auszudünnen als durch die Auseinandersetzung mit seinen Zielen. Zum Terror sind Menschen meiner Meinung nach nur imstande, wenn sie an Ziele glauben, die aus ihrer Perspektive jeden Einsatz rechtfertigen, und das müssen hohe Ziele sein. Man hat es bei diesen Terroristen nicht mit gewöhnlichen Kriminellen zu tun, sondern mit Idealisten, über deren Wertvorstellungen diskutiert werden muss und die nicht zu lange enttäuscht werden dürfen. Terror ist – zumindest auch – eine Form von Ungeduld oder von resignativer Enttäuschung. Nach langen Phasen der Unterdrückung gelangt man zu der Überzeugung, dass der andere nur die Sprache der Gewalt versteht. Da diese Überzeugung auf beiden Seiten besteht, muss man aus diesem gefährlichen Zustand heraus. Aber ich wiederhole: Nur von der Position des Stärkeren her kann sich eine positive Entwicklung ergeben. Den ersten Schritt kann nicht der Schwächere tun. Das ist in all diesen Verklammerungen das Entscheidende. Wenn diese Einsicht jedoch stimmt, dann ist es an den Amerikanern, auf den jetzt erlittenen Akt von Terrorismus durch einen neuen Schritt und mit bislang ungewohnten Maßnahmen kreativ zu antworten.

Ich gebe dafür ein Beispiel: Nehmen wir einmal wirklich an, die erwähnten 120 Milliarden Dollar für den Raketenschutzschirm gegen eine mögliche Bedrohung der Vereinigten Staaten von Amerika würden zur Beseitigung der Ursachen eingesetzt, die Hass, Krieg, Gewalt, Enttäuschung, die Deformation des Menschlichen in allen Bereichen nach sich ziehen, dann könnten wir im Dienst für Frieden und Sicherheit mit viel geringeren Anstrengungen sehr viel effizienter sein. Wenn wirklich deutlich gemacht würde, dass wir den arabischen Staaten gegenüber nicht nur als Kontrolleure der Erdölproduktion, sondern als wirkliche Partner auftreten wollen, hätten wir augenblicklich ein neues Klima. Dann müssten wir uns freilich für die vielfältigen Probleme in der jeweiligen Region interessieren, die im Übrigen sehr unterschiedlich sind. Ägypten ist nicht gleich Libyen, nicht gleich Marokko, nicht gleich Irak, nicht gleich Saudi-Arabien. Jedes Land hat seine eigenen historisch bedingten und auch aus der Gegenwart stammenden Sonderprobleme. Kurz, man müsste differenzieren. Aber wir könnten eine gemeinsame Sicht der Probleme entwickeln und mit relativ geringen Mitteln beispielgebend zeigen, dass uns tatsächlich am Wohlstand der Menschen gelegen ist und nicht an ihrer Ausbeutung auf einem unter Konkurrenzdruck sich ständig stärker rationalisierenden und profitabler orientierenden Markt. Wir könnten die Bedingungen des Zusammenlebens wirksam und folgenreich verändern. Denken wir daran, von wie vielen Hungerkatastrophen Afrika gezeichnet ist, und stellen wir dagegen, dass wir auf jedem amerikanischen Flugzeugträger über Möglichkeiten der Meerwasserentsalzung verfügen, dass wir auf Helgoland das Osmose-Verfahren der Pflanzen technisch so nachbilden können, dass die Nordseeinsel sich selbst mit Süßwasser versorgen kann, ohne dass das zu horrenden Kosten führt. Wir müssten die Technologie, die wir längst haben, doch nur einmal einsetzen, um eine ganze Region wie die Sahara in das Paradies rückzuverwandeln, die sie vor achttausend Jahren war. Wir hätten dann eine ganze Region mit dem Vertrauen erfüllt, dass solche Wunder der Menschlichkeit und der technologischen Fertigkeit auch andernorts möglich sind. Es wäre eine Großtat, die uneigennützig wäre, die ganz sicher keinen Schaden für die Umwelt nach sich zöge, die den Menschen entscheidend nützen würde, und ein für alle Mal würde klar, dass Großmacht zu sein bedeutet, Weltverantwortung in Richtung von mehr Menschlichkeit zu tragen. Der Westen hätte dann eine vollkommen andere Verhandlungsgrundlage. Sämtliche Gespräche würden anders verlaufen. Ich bin überzeugt: Kein Terrorist heutiger Prägung könnte dann noch auf die Idee kommen oder mit ihr Erfolg haben, dass die USA der Erzfeind der gesamten arabischen und islamischen Welt seien. Der Hintergrund der Gewalt, die wir heute erleben, würde von alleine ausdünnen.

Oder sprechen wir von Israel. Warum soll es eigentlich nicht möglich sein, zu sagen: Natürlich haben 2,5 Millionen Palästinenser ein Recht auf einen eigenen Lebensraum? Und stünde das erst einmal wirklich fest, hätte auch der Vorschlag, dass die Altstadt von Jerusalem und ein gewisser Korridor auf der Westbank den Arabern genauso gehört, eine Chance. Man sollte endlich zügig darangehen, den Palästinensern beim Aufbau des weitgehend verkarsteten, völlig entwaldeten Landes ebenfalls mit Meerwasserentsalzung, mit Bewässerung der Böden, mit Plantagenanlagen und mit dem Aufbau einer eigenen Agrarindustrie zu helfen. Es gäbe so viele Chancen zur friedlichen Zusammenarbeit. Freilich müssten auf beiden Seiten dann die Extremisten unter Kontrolle gebracht werden.

Palästina muss sein Problem mit den Terrororganisationen lösen, die den Staat Israel nach wie vor nicht wollen oder glauben, sie könnten immer noch davon faseln, wie man die Juden ins Meer treibt. Ebenso muss aber auch der Staat Israel seine Probleme mit den eigenen Extremisten lösen. Der Staat Israel ist ein legitimer, demokratisch verfasster säkularer Staat und kein Gottesstaat. Er kann sich daher auch nicht darauf berufen, dass Gott den Juden das Land gegeben hat – mit unklaren Grenzen im Übrigen; denn wenn er den Juden wirklich das Land gegeben hat, so wie er David Jerusalem gegeben hat, dann ist Jerusalem wohl ein Bezirk für 6000 Einwohner – nicht identisch jedenfalls mit dem, was wir heute Jerusalem nennen. Man hätte also, wenn man schon unhistorisch denkt, immer noch allen Grund, in historischer Bescheidenheit zu wandeln.

Zudem zeigt gerade die Tragödie im Nahen Osten, dass es nicht möglich ist, terroristische Aktivitäten militärisch zu bekämpfen. Seit rund 35 Jahren schlagen die israelische Armee und der Geheimdienst fast täglich auf Steine werfende Kinder und Selbstmordattentäter ein – ohne Erfolg! Der Gaza-Streifen ist nicht einmal so groß wie die Stadtfläche von Berlin. Wenn es nicht möglich ist, mit der mächtigsten Armee der Region den Terrorismus der Verzweiflung eines Kinderarztes wie *Georges Habbasch* bei der palästinensischen PLO oder Hamas zu unterdücken, wann eigentlich will man dann lernen, dass Gewalt gegen Gewalt nur die Quadratur der Gewalt, nicht deren Auslöschung bedeutet?

Palästina zeigt, wohin es führt, wenn unterschiedliche Kulturen gegeneinanderstehen. Drohen nicht im Zeitalter der Globalisierung, wo alle Grenzen wegfallen und Traditionen und Kulturen aufeinanderprallen, die Konflikte weltweit zu werden?

Es stoßen heute in der Tat weltweit und ohne lange Vorbereitungszeit Traditionen und Kulturen aufeinander, die darauf nicht vorbereitet sind. Merkwürdigerweise finden wir das im außerpolitischen Raum kaum bedauerlich. Wir denken gar nicht darüber nach, dass wir jeden Tag das Aussterben einer Vielfalt von Pflanzen und Tieren in der Natur miterleben, aber ganz genauso auch den Verlust der Vielfalt von Sprachen, Lebensformen und Kulturtraditionen im Raum der menschlichen Geschichte.

Ein simples Beispiel: Der gesamte nordamerikanische Raum ist sprachlich heute durch das Englische vereinheitlicht. In Teilen gilt das Französische in Kanada, und es gibt das Spanische in Mittelamerika. Drei europäische Sprachen bestimmen heute also diesen Großraum. Hunderte von Indianersprachen, mit einer unglaublichen Vielfalt der Ausdrucksmöglichkeiten, mit ganz verschiedenen Arten, die Welt zu betrachten, sind inzwischen so gut wie ausgestorben. Sprache ist indessen nicht nur ein Verständigungsmittel, sie legt auch die Formen des Umgangs mit der Welt fest. Ein Dakota-Indianer zum Beispiel kann nicht sagen: „mein Pferd". Er kann nur sagen: „ein Pferd in Bezug zu mir". In seiner Sprache lässt sich kein Eigentum definieren, also auch keine Ethik begründen, die, wie die unsere, nicht nur den Eigentumsbegriff kennt, sondern es sogar zur Pflicht macht, Eigentum zu verteidigen – ein Hauptgrund, warum wir Krieg führen. Es geht bei der sprachlichen Planifizierung, die wir derzeit miterleben, also auch um den definitiven Verlust menschheitlicher Erfahrungen und Werte.

Diese Vereinheitlichung der Welt erleben wir nicht zuletzt auch im Bereich der Lebensgewohnheiten, bis in die Formen der Kleidung und der Nahrung hinein. Nicht selten entzünden sich an so symbolischen Dingen wie einer anderen Kleidung oder einer anderen Nahrung Vorurteile, ja es laden sich schon an solchen Fragen unter Umständen enorme Konflikte auf. Nehmen wir die Bilder der verschleierten Frauen in Afghanistan. Einer der Gründe für die Akzeptanz des Kriegs gegen Afghanistan ist allen Ernstes, dass die Taliban die Männer zum Barttragen und die Frauen zum Tragen langer Gewänder nötigen. In der Tat lassen die Taliban die Frauen nicht zum Studium zu, und sie halten sie in der Burka verschleiert. Aber: Nur die wenigsten, die darin einen Kriegsgrund sehen, wissen, dass dies eine Ordnung der Paschtunenstämme ist, die von den Taliban lediglich koranexegetisch ideologisiert wurde und vor allem eine Antwort auf die Scheinemanzipation der Frauen unter dem Sowjetregime darstellte. Die UdSSR betrieb während der Besatzungszeit zwischen 1979 und 1988 die Destabilisierung des Islam in der Region gerade mit Hilfe der Frauenfrage.

Das Problem der Kulturbegegnung liegt in der Asymmetrie der Wahrnehmung. Die Verschleierung der Frau im Islam erscheint uns erniedrigend. Wir müssen uns aber nur das Umgekehrte einmal vorstellen. Es könnte doch ein afghanischer Koranschüler bereits sagen: „Der Vorwurf mag ja berechtigt sein, dass wir unseren Frauen zu viel anziehen. Aber schaut euch euer Fernsehprogramm an – es ist unglaublich, wie ihr die Frauen auszieht. Das ist für uns teuflisch." Und er hätte – aus seiner Perspektive mindestens – genauso Recht, vor allem, weil sich seine Optik mit einer Menge affektiver Gefühle verbindet, gegen die er sich wehrt oder die er zu bekämpfen versucht.

Kurz, wir stoßen aus ganz verschiedenen kulturellen Regionen, mitunter wie eine Kalt- und Warmfront in der Meteorologie, aufeinander, und es ist schwer vermeidbar, dass es ein Gewitter gibt. Was wir aber zumindest tun können, ist, Blitzableiter zu schaffen und uns besser vorzubereiten, damit nicht zu den kulturellen Konflikten in Zeiten der Globalisierung auch noch große soziale Konflikte hinzukommen, die sich dann am Ende womöglich sogar religiös reflektieren. Das ist es ja, was wir immer wieder sehen: Es werden Sozialkonflikte religiös unterfüttert. So beispielsweise in Irland, so auch im Kampf der Dritten gegen die Erste Welt. Diese Gefahr ist wirklich sehr groß.

Infolge der Globalisierung schreitet auch das Absterben ganzer Volksgruppen weiter fort: in Afrika, in Nordamerika, in Südamerika, in Südostasien, in Australien, in Sibirien ... Die Einebnung der kulturellen Vielfalt ist am Ende des 20. Jahrhunderts und am Beginn des neuen Jahrtausends offensichtlich eine der Haupttendenzen der geschichtlichen Entwicklung. Wir begrüßen das, weil es auch zu Formen neuer Gemeinsamkeit führt. Aber die Frage ist: Um welchen Preis der Gleichförmigkeit wollen wir Gemeinsamkeit? Das ist gleichzeitig die Frage nach unserer Fähigkeit zu einem differenzierten Dialog. Wie viele Sprachen können wir sprechen? Ich meine das nicht linguistisch, sondern geistig: Wie viele Möglichkeiten, die Welt zu betrachten, lassen wir in uns selber zu, empfinden wir als Bereicherung? Eine Einbahnstrasse definieren wir dadurch, dass es nur einen Weg gibt und kein Zurück. Am Ende der Einbahnstraße aber steht womöglich eine Sperrmauer, an der es nicht mehr weiter geht. Wir sollten die Vielfalt als ein kostbares Erbe des Weges zu uns selber sorgsam pflegen und Einbahnstraßen meiden.

Der Islam – eine versöhnende Religion?

Ist das nicht genau das Gefühl, das jetzt in der islamischen Welt aufzubrechen scheint: Es gibt nur noch ein Modell, einen Gegenweg zum westlichen Modell – und das ist der Islam?

Das kann eine Möglichkeit des muslimischen Selbstverständnisses sein. Der Islam hat eine großartige Zeit hinter sich. Man darf nicht vergessen, dass der Vergleich zwischen dem heute scheinbar toleranten abendländisch-christlichen Kulturraum und dem vermeintlich intoleranten und militanten Islam nicht nur eine Vereinfachung, sondern ein ganz grobes Unrecht darstellt. Der Islam hat sich in der Anfangszeit nach *Mohammed* mit Feuer und Schwert ausgedehnt. Aber der Gewaltfaktor war gering, verglichen mit der Schwertmission unter *Karl dem Großen* zur gleichen Zeit. Der Islam konnte gerade in den christlichen Ländern als eine Religion der Versöhnung auftreten, denn die Christen zerfleischten sich lange Jahrhunderte gegenseitig im Konflikt um theologische Fragen wie die nach der Zahl der Naturen in der Person Jesu oder der Anzahl der Personen in der Gottheit. Die Byzantiner, die Kopten, die Römer – alle konnten sich wechselseitig der Ketzerei beschuldigen. Nationale Fragen verbanden sich innerhalb der Christenheit mit politischen und dann mit konfessionellen Fragen. Unter diesen Umständen trat der Islam als eine Vernunftreligion auf, die keine Dogmen brauchte, die vielmehr einen ganz einfachen Glauben lehrte und es nicht nötig hatte, fremde Kulte zu unterdrücken. Das Einzige, was bei abweichendem Kult verlangt wurde, war, Steuern zu zahlen, sozusagen eine Luxussteuer. Das war das einzige „Zwangsinstrument" des Islam, der zu dieser Zeit seine Haupterfolge hatte und sich zum Halbmond über ganz Nordafrika, bis nach Spanien im Westen und in der Gegenrichtung bis weit in den Mittleren Osten und bis nach Ost-Asien hinein vorschieben konnte. Gemessen daran hat das Christentum eine sehr blutige Geschichte hinter sich. Die Kreuzzüge haben diese Gewalt nach außen hin fortgesetzt.

Dazu ein kleiner Kommentar aus der Dichtung: Man kennt *Novalis* als Dichter der Romantik und ist nicht gewohnt, ihn als Kommentator von politischen und historischen Ereignissen zu lesen. Aber im *„Heinrich von Ofterdingen"*, dem berühmten Buch über die Blaue Blume, lässt er seinen Romanhelden zur Zeit der Kreuzzüge auf eine Burg kommen, wo lauter heldische Schlagetots beim Weintrinken und Geschichtenerzählen versammelt sind. Es folgt ein langes Gedicht, das die Kreuzzüge rühmt: Wie man es muss genießen, sein Blut auf Erden zu vergießen, und so weiter. Fast möchte man glauben, *Novalis* wolle wirklich den Krieg romantisch verklären. Dann aber lässt er seinen Heinrich aus der Burg hinausgehen und eine arabische Kriegsgefangene finden, die Sklavin Sulima, die erzählt, wie sie sich fühlt, und die erklärt, dass all die Kreuzzüge gar nicht nötig seien: Jeder könne zu den heiligen Stätten, sie stünden unter islamischer Verwaltung allen offen, niemand müsse darum kämpfen, sie zu betreten, jeder könne dahin, wenn er nur wolle, und es gehe doch um Gottesdienst, und es sei doch möglich, dass alle Menschen miteinander lebten. Das ist die große Vision des *Novalis* bereits am Anfang des 19. Jahrhunderts: Die Menschen möchten die Liebe lernen. Die Szene endet übrigens damit, dass das Mondlicht am Himmel die Unterschiede auf der Welt fast einebnet und unsichtbar macht. Wenn die Menschen merken würden, welch einer Wirklichkeit sie tatsächlich gegenüberstehen und wie winzig die Unterschiede sind, um derentwillen sie in Streit geraten, dann ist es möglich, beides zu tun: differenziert zu sprechen und sich selber zu relativieren. Nicht ohne Zufall lässt *Novalis* diese Botschaft des kulturellen Friedens durch den Mund einer unterlegenen Frau formulieren. Wenn die Männer gerade wieder hochrüsten zu den nächsten Abenteuern, kann eine heimatlos gewordene Gefangene das prophetische Programm formulieren, das jedem Menschen seine Heimstatt schaffen würde.

Im heute anstehenden Gespräch zwischen den verschiedenen Kulturen gelten die gleichen Bedingungen, gilt das gleiche Programm. Voraussetzung ist natürlich, dass der Islam die Enttäuschung überwindet, die darin wurzelt, dass er als die definitiv letzte aller Offenbarungsreligionen angetreten ist. Der Kalif *Omar* soll, als er die Bibliothek in Alexandrien verbrennen ließ, aus diesem Verständnis heraus gesagt haben: „Entweder steht in all diesen Büchern dasselbe wie im Koran, dann sind sie überflüssig. Oder es steht in ihnen etwas anderes als im Koran, dann sind sie gefährlich." Wenn man so denkt, besteht zwischen Kultur und Barbarei eigentlich kaum noch ein Unterschied. Solche Züge finden wir im Islam in der Tat auch. Darum lautet die entscheidende Frage: Wie kann ein Dialog mit dem Islam aussehen, in dem er den Anspruch beibehalten kann, die letzte aller Religionen zu sein, ohne sich gekränkt zu fühlen?

Es ist, glaube ich, etwas Richtiges in dem Anspruch des Islam. Liest man den Koran, wird man bemerken, dass *Mohammed* immer wieder bestrebt war, keine neue Religion zu verkünden. Er wollte ganz einfach die uralte Menschheitsreligion verkünden, an die Noah bereits in den Tagen der Sintflut geglaubt hat, an die Abraham geglaubt hat, als es mit der Geschichte Israels begann, und an die *Jesus* geglaubt hat, auf den die Christen sich berufen. Die Religion, die alle Menschen angeht und die *Mohammed* im 7. Jahrhundert auf arabisch zu formulieren versucht, besteht in zwei einfachen Evidenzen. Die erste Evidenz: Die Wirklichkeit Gottes ist größer als alles, was einem Menschen begegnen kann. Alles ist relativ auf Erden, die Menschen sind winzig wie Ameisen unter der riesigen Glaskuppel des blauen Firmaments, und das Einzige, was sie leben lässt, ist, dass sie wie im Wind die Stimme Allahs hören, der sie aus dem Staub erhebt. Das ist das ganze Leben eines Menschen, wenn man es recht begreift: eine Staubgeburt, die im Atemwind Gottes lebt. Und die zweite Evidenz: Dieselbe Gewissheit gilt auch und gerade angesichts des Todes. Gott wird dies, was das ganze Leben über geschieht, auch im Tod bestätigen: Es gibt ein Gericht über den Menschen. Und Allah in seiner Barmherzigkeit wird den Menschen zu erkennen suchen.

Dieser *Islam* ist demnach eine ganz einfache Religion, die keine Mythologie mehr braucht, die keine Dogmen mehr benötigt, die keine Vermittlerdienste organisieren muss, die keine Priester mehr in Auftrag zu geben hat. Nur vom Wort her geleitet sie den Menschen bis in den Innenraum des Mystischen. Der Islam beansprucht, das Beste von dem, was *Moses* wollte, und von dem, was *Jesus* mochte, in sich zu vereinigen. Dieses Selbstverständnis sollte man akzeptieren. Dann kann man mit dieser großen Religion ins Gespräch kommen. Als christliche Theologen könnten wir im Islam vielleicht sogar das wichtigste Reformangebot der ganzen Christentumsgeschichte sehen. Der Islam wäre durchaus imstande, uns jenseits des ganzen Durcheinanders christologischer und trinitarischer Streitigkeiten endlich auf jenen Punkt zu konzentrieren, um den es *Jesus* wirklich ging: Wie ändert sich unser Leben dadurch, dass es *befriedet* wird in Gott. Genau das heißt auf arabisch *Muslim*, ein Partizip Passiv, verwandt mit *al-salam*, Friede – ein Mensch, der befriedet ist in Gott.

Im 8. Jahrhundert gab es in Basra, im Südirak, eine Prophetin, *Rabia* mit Namen – eine von den vielen wunderbaren Frauengestalten, die der Islam hervorgebracht hat. Ich erwähne sie, weil die Verbindung zwischen Islam und Frauenfeindlichkeit ein so verbreitetes negatives Heterostereotyp darstellt. Eines Tages also wurde beobachtet, wie *Rabia* mit einem Eimer Wasser und einer Feuerfackel durch die Gassen ging. Man fragte sie, was sie da tue, und sie sagte: „Ich möchte Wasser in die Hölle gießen und Feuer in den Himmel werfen." Sie wollte sagen: Die wahre Religion glaubt nicht aus Angst vor Strafe oder im berechnenden Spekulieren auf Belohnung an Gott, sondern nur um Gottes selbst willen. Hier offenbart sich ein so wunderbar tiefer Glaube, dass man im Christentum bis *Lessings „Erziehung des Menschengeschlechts"* warten muss, um einen ähnlichen Gedanken formuliert zu finden. Man tut das Gute nicht im Wahn einer Gerechtigkeit, die zwischen Lohn und Strafe immer hin und her pendelt, man tut das Gute, weil es in sich trägt. Man lebt aus Gott, mit Gott, in Gott – und das allein genügt.

Eine solche auf die göttliche Wirklichkeit ausgerichtete Religion könnte den Boden einer tiefen Gemeinsamkeit abgeben, einer Gemeinsamkeit, die uns transformieren könnte. Aber dann müssten wir aufhören, einander bekehren zu wollen.

Einem solchen tief verstandenen Islam erweisen Terroristen, die fundamentalistisch islamisch argumentieren, aber doch einen Bärendienst?

Keiner, der Gott zu einem schmierigen Götzen zum Blutvergießen stilisiert, erweist der Religion einen guten Dienst. Man hat es allerdings bei den islamischen Extremisten mit Menschen zu tun, die bei allem, was sie objektiv Schlimmes tun, subjektiv dem Islam helfen möchten und ihn verteidigen wollen. Und was wir – auf diesem Hintergrund – in der ganzen Diskussion nie vergessen dürfen: Wir leben in einer Welt, die regional sehr unterschiedliche Entwicklungsstufen und Entwicklungsgeschwindigkeiten aufweist. Manche Teile der islamischen Welt befinden sich hinsichtlich ihrer Reflexions- und Artikulationsmöglichkeiten nicht im 21. Jahrhundert, sondern im 14. oder 9. Jahrhundert, also irgendwo im Mittelalter. Die Produktionsbedingungen sind dementsprechend um Jahrtausende rückständig, man macht sich das nur schwer klar.

Ich habe Afghanistan vor genau 30 Jahren besucht. Ich vermute, damals war dieses Land in dem ökonomisch und sozial besten Zustand, in dem es sich je befunden hat, denn danach kamen die Russen, danach folgten ein Dutzend Jahre Bürgerkrieg. Damals konnte man in Afghanistan sehen, dass Touristen natürlich in den Enklaven leben, die der britische Kolonialismus hinterlassen hat. In Herat zum Beispiel stand ein Hotel mit Swimmingpool. Nur im Swimmingpool war kein Wasser. An den Decken waren Ventilationssysteme. Nur es gab keinen Strom. Das also war Afghanistan. Es stand da alles, was der Westen zu bieten hatte, nur, kein Mensch sorgte dafür, dass es funktionsfähig blieb – und warum auch? Denn gleich neben dem schönen Hotel drehten sich die Dreschschlitten wie vor 3000 Jahren. Es waren Frauen, die mit dem Esel ihr Korn mahlten und die mit der Wurfschaufel versuchten, das Korn von der Spreu zu trennen. Natürlich lebt eine Frau hinter dem Esel auf dem Dreschschlitten nicht im 21. Jahrhundert. Natürlich denkt sie entsprechend der Zeit, in der ihre Produktionsmittel angesiedelt sind.

Aus unserer Sicht mag das alles sehr rückständig erscheinen. Man könnte von solchen Menschen aber trotzdem sehr viel lernen. Afghanistan hat nie irgendein anderes Volk überfallen, es hat nie anderen Völkern vorgeschrieben, was sie tun sollten. Die Menschen Afghanistans hatten genug Probleme mit dem Vielvölkergebiet, in dem sie lebten; das hat sie völlig absorbiert. Sie waren jahrtausendelang Opfer der Großmachtsansprüche ihrer Nachbarländer, von *Alexander dem Großen* bis in die Kriege unserer Tage.

Noch einmal zurück zur religiösen Situation der Gegenwart: Immer wieder hört man, der Islam bräuchte so etwas wie eine Aufklärung oder eine Reformation. Ist das richtig?

Alle Religionen brauchen das. Der Islam nicht mehr als andere, aber ganz sicher *auch*. Die Probleme von Christentum und Islam sind – was diese Frage angeht – nicht nur analog, sie sind parallel und nahezu austauschbar. Das Christentum befindet sich mit seinem Dogmatismus in der Gefahr, unhistorisch zu denken, indem es die Inkarnationslehre absolut setzt: Jesus war darum die inkarnierte Gottheit. Wenn das als Dogma zu glauben ist, dann wird ein Absolutum in die Geschichte gesetzt, das nicht mehr überschritten werden kann und sich auch historisch nur noch approximativ vermitteln lässt. Im Hinblick auf den Islam spricht man analog von Inliberation: Hier ist gewissermaßen die Inkarnation Gottes in einem Buch zum Glaubensinhalt geworden, und damit ist ebenfalls die Gefahr entstanden, die eigenen religiösen Urkunden unhistorisch zu interpretieren. Da steht nun also etwas geschrieben, das im Himmel aufgezeichnet wurde und wie ein Meteor auf die Erde gefallen ist. Wenn Allah dies selber geschrieben hat, kann kein Mensch mehr auch nur das Geringste daran verändern.

Worin besteht nun das Problem zwischen Islam und Christentum? Ich sehe es darin, dass zwei auf unterschiedliche Weise, aber im Kern gleichermaßen unhistorisch denkende theologische Traditionen in Konkurrenz zueinander stehen. Beide verschwenden eine unglaubliche intelligente Potenz gerade der religiös Interessierten in all den Ausbildungsschulen dafür, sich und dem Rest der Welt zu beweisen, dass die eigene Religion die absolut richtige, zumindest die vergleichsweise jeder anderen überlegene Religion ist. Leider besteht zwischen ihnen kein Konsens darüber, dass das Sprechen von Gott alles, was über ihn gesagt wird, an Gott selber relativieren sollte. Bildlich gesprochen verhält es sich so, als ob man beim Blick aus einem Fenster, das uns die Sonne zeigt, die Glasscheibe mit der Sonne verwechselte. Jede Religion sagt natürlich etwas Absolutes. Aber sie sollte nie vergessen machen, dass sie wirklich nur *zeigen* kann, was das Absolute ist, dass sie es aber nicht selber *ist*. Das Fenster ist nicht die Sonne, auch wenn es nötig ist, um aus einem Haus heraus die Sonne zu sehen. Wohl gibt es dieses Fenster, aber im Nachbarraum gibt es ein anderes Fenster. Diese Relativierung der Aspekte ist Teil der Selbstreflexion einer Aufklärung, die allen Religionen ansteht und die unvermeidbar ist, wenn wir zusammenkommen wollen.

Historisches Denken ist übrigens auch der Schlüssel zur inneren Dynamisierung der islamischen wie der christlichen Lehrtradition. Es ist womöglich unvermeidbar, dass wir hier noch einmal auf die Frage nach der Stellung der Frau im Islam zu sprechen kommen. Was die wenigsten wissen: *Mohammed* war alles andere als ein Gesetzgeber, der im Namen Gottes Frauenfeindlichkeit und Frauenunterdrückung wollte. Das Problem liegt darin, dass aufgrund unhistorischen Denkens alle Gesetze, die *Mohammed* in dieser Frage hinterlassen hat, als unveränderbar angesehen werden und eine Abweichung sofort als Gefahr für den Islam betrachtet wird. Das aber ist durchaus nicht nötig. Man muss nur sehen, wie *Mohammed* in seiner Zeit versucht hat, die Situation der Frauen zu verbessern, und dann sollte man den Impuls, der in seiner Gesetzgebung liegt, weitertragen und ihn auf vergleichbare Situationen heute anwenden. Man muss den Koran lediglich kreativ weiterinterpretieren, dann wird man beispielsweise feststellen, welch einen unglaublichen Vorteil gegenüber der altarabischen Gesellschaft es darstellt, dass *Mohammed* einer Frau, die mit ihrem Mann nicht klarkommt, erlaubt, sich innerhalb von zwei Monaten scheiden zu lassen. Die offizielle katholische Moraldoktrin ist – im Vergleich dazu – bis heute außerstande, überhaupt zuzugeben, dass eine Frau, die mit ihrem Mann nicht klarkommt, sich scheiden lassen darf, egal nach wie viel Jahren Ehe, schon gar nicht auf

Grund dessen, dass sie einen anderen liebt. Im Islam ist dies seit über 1200 Jahren laut Koran erlaubt. Es sind die Ausleger, die selbst so einfache Gegebenheiten sehr erschweren, ja, nachträglich weginterpretieren können. Da wird vieles aus ganz anderen Traditionen gegen die eigenen Quellen gewendet – etwas, das wir aus der Geschichte des Christentums ja genauso kennen. Christliche Kritiker des Islam sollten also nicht vorschnell sein: Es gibt etwa im katholischen Kirchenrecht Einrichtungen und Ordnungen, die im offensichtlichen Widerspruch zu den Intentionen *Jesu* stehen. So zum Beispiel darf im römischen Katholizismus keine Frau Priesterin werden, weil *Jesus* zu Aposteln nur Männer, keine Frauen berufen habe; *Jesus* war historisch offenbar sehr frauenfreundlich, wie Lukas (8, 1–3) erzählt, aber die Kirche verewigt lieber die zeitgeschichtlichen Bedingtheiten als das Anliegen des Meisters.

Was für die Beziehungen zu und zwischen den Religionen des Weiteren ganz wesentlich ist: Wir müssen imstande sein, *symbolisch* zu denken. Ich bin davon überzeugt: Der Fortschritt der Religionsgeschichte, wenn es einen solchen gibt, liegt nicht in der Ausdehnung der Anschauungen, der Bilder und der Theorien, sondern in deren Verinnerlichung, das heißt in der Fähigkeit, die verwandten Symbole, die übrigens auch untereinander zwischen den Religionen eine hohe Übereinstimmung aufweisen, als Bilder zu erkennen, statt sie in ihrer projektiven Außenseite zu fixieren und zu dogmatisieren.

Der Rede vom „Heiligen Land" oder der Begriff von der „Heiligen Stadt" oder von einem „König" ist ein gutes Beispiel für das Gemeinte. Versteht man das *Heilige Land* unhistorisch als ein Terrain, auf das von Gott her ein Anspruchsrecht erhoben werden kann, ist Krieg im Grunde unvermeidbar, zumindest aber legitim. Ist hingegen das Heilige Land ein Symbol für einen Ort, den ein Mensch findet, wenn er sich in Gott mit dieser Welt verwurzelt oder wenn er lernt, durch die Liebe im Herzen eines anderen Menschen zu Hause zu sein, dann ist das Sprechen vom Heiligem Land, von einem Ort, wo ein Mensch durch die Berufung Gottes hingehört, etwas ganz Wunderbares.

So lässt sich beispielsweise der Auszug Abrahams aus Ur oder der Exodus des Stämme Israels aus Ägypten zugleich auch als die

Geschichte der ganzen Menschheit und jedes Einzelnen interpretieren. Begreift man das Ganze indessen historisch, objektiv, in die Geschichte hineinverlagert und vergegenständlicht in Raum und Zeit, so sehe ich nicht, wie man – mit diesen Bildern im Kopf – an einem Krieg vorbeikommen will. Dann ergibt sich die Konsequenz, dass der Alte Orient sich immer wieder in der Gegenwart aufführt.

Ich wiederhole aber: Das ist nicht das Problem allein von Judentum oder Islam. Der größte Teil der abendländischen Kulturgeschichte ging damit einher, dass man über die Bibel Begriffe wie „König" oder „Macht" aus dem Alten Orient ins Abendland übernommen hat. Man hat in Gestalt von Päpsten und Kaisern eine Theokratie eingerichtet, die, statt die Bilder von einem königlichen Menschen in der Botschaft Jesu zu entwerfen, umgekehrt die Allmacht eines Einzigen zur Repräsentanz über beliebig viele Untertanen erhoben hat. Nicht Freiheit entwickelte sich da, sondern Unfreiheit – bis hin zum Diktat der zugehörigen Religion durch Landesfürsten und Herrscher, Päpste und Kaiser – was man will. Eine solche Verzerrung entsteht, wenn man die religiösen Begriffe äußerlich versteht statt innerlich, wenn man sie verfestigt und vergegenständlicht, statt sie symbolisch zu begreifen – im Kern, und noch einmal zusammengefasst: wenn man sie unhistorisch nimmt, statt sie dynamisch aus jenem Impuls heraus zu verstehen, in dem sie sich selber geformt haben. Das aber ist eine Frage an die ganze Religionsgeschichte. In jeder Religion gibt es Menschen, die, je nach Bildungsstand, je nach Reflexionsniveau und Charaktereigentümlichkeit, sehr verschiedene Standards auch der Interpretation und der Aneignung ihrer Religion befolgen.

Das Beste wäre, wir hielten es wie die Hindus, die über eine Fülle von Bildern verfügen, die in ihrem Erfahrungsraum zu nutzen jedem frei steht. Der hinduistische Religionsphilosoph *Vivekananda* beschrieb das Problem folgendermaßen: Es ist wie in der heiligen Stadt Benares, wo verschiedene Stufen zum Ganges, dem heiligen Strom Shivas, führen. Keine Stufe darf übersprungen werden, sondern alle Stufen müssen einzeln beschritten werden, um der Gottheit zu begegnen.

Dieser Gang über die Stufen zum Ganges ist ein gemeinsamer Prozess in allen Religionen: Man sollte einem so genannten Fundamentalisten und Islamisten nicht die Tatsache vorwerfen, dass er nicht wie ein Universitätsabsolvent in London oder in Berlin denkt. Wie sollte er das denn auch können? Aber was wir können sollten, ist, mit ihm in einen Dialog zu treten, der ihn nicht bedroht. Ein einfacher Vergleich: Eine Mutter möchte ihr Kind religiös erziehen, dieses Kind aber hat Angst, wenn es dunkel wird und die Mutter nicht da ist. Es hält sich in seiner Not an seinem kleinen Teddybär fest. Würde die Mutter nun sagen: „Das darfst du nicht, du musst beten und an Jesus glauben, der hilft, nicht der Teddybär" – dann wird sie weder Religion noch Angstfreiheit lehren. Das Kind wird sich insgeheim noch viel mehr an sein Stofftier klammern. Wenn die Mutter aber klug ist, weiß sie natürlich: Das Kind braucht den Teddy jetzt, die Ablösung von diesem Stoffobjekt aber kommt von ganz alleine, wenn sie durch ihre Gegenwart Vertrauen vermittelt.

Nur durch einen solchen Prozess der Vertrauensvermittlung werden wir bestimmte regressive Formen von Religiosität von innen her auflockern können. Es sind Angstformen, bei denen sich die Menschen an etwas scheinbar Absolutes klammern, das aber erkennbar nur relativ ist. Das müssen sie erst einmal tun dürfen. Man kann es nicht verbieten, nicht verdammen – und auch nicht wegbomben.

Der Islam und die Ungleichzeitigkeit

Die Attentäter von New York und Washington waren gebildete Leute. Sie haben in Deutschland mit Stipendien studiert, sie haben die Freiheit gehabt, an der Universität ihren Glauben auszuüben, sie konnten eine Arbeitsgemeinschaft gründen: Wie kann man in einer solchen Ungleichzeitigkeit und Gespaltenheit des Bewusstseins leben und handeln, in einer modernen westlichen Gesellschaft – und offenbar doch von einem fundamentalistischen Wahn gefangen?

Die Antwort darauf hat zwei Seiten, eine politische und eine biographische. Zunächst einmal zur politischen Dimension: Wir im Westen akzeptieren allerlei Brechungen und Ungleichzeitigkeiten offensichtlich dann, wenn sie uns passen. Ein Beispiel: Angeblich wollten die Amerikaner 1991 Kuwait wieder von der irakischen Annexion befreien und in die Freiheit führen, dem Diktator *Hussein* also entreißen, was er sich zur Beute gemacht hatte. Aber das Regime in Kuwait ist selbst ein Anachronismus. Rechte von Frauen sind dort so gut wie unbekannt, demokratische Strukturen sollten nicht einmal dem Plan nach eingeführt werden. Man wollte die anachronistische Restauration in Kuwait – und die hat man nun.

Der reichste Staat der ganzen arabischen Welt und gleichzeitig derjenige, der am besten mit den Amerikanern befreundet ist, ist das saudische Königreich. Dieses saudische Königreich hat im Moment 130 Milliarden Dollar Schulden. Das ist der Zustand des reichsten Staates und des größten Erdöllieferanten der Welt! Dahin haben *wir* es gebracht. Zum anderen zeigt sich auch geistig ein unglaublicher Anachronismus, denn die Staatsreligion in Saudi-Arabien folgt einer speziellen Koraninterpretation, die von *Mohammed Abdul Wahhab* im 18. Jahrhundert begründet wurde. Der Wahhabismus ist der reine Fundamentalismus, und wenn es einen Weg gibt, den Islam in die Vergangenheit zu transportieren, ist es die wahhabitische Art der Koranauslegung. Doch genau diese Form des Islam ist bei dem wichtigsten Verbündeten der Vereinigten Staaten von Amerika Staatsreligion. Es hat uns doch nie interessiert, wie die Sozialorganisation oder der geistige Zustand von politisch oder wirtschaftlich vorteilhaften Verbündeten beschaffen ist. Wir wollten von ihnen nie mehr als billige Erdölpreise. Je anachronistischer sie sich verwalten, desto schwächer sind sie, desto weniger kommen sie ernsthaft auf die Idee, dass sie je selber Erdöl fördern könnten. Je mehr wir sie unmündig halten, desto mehr sind sie von uns abhängig. Und um Herrschaft auszuüben, brauchen wir das Machtgefälle in den arabischen Staaten. Da sich unsere Wirtschaftsform gegen die Menschen am Ort richtet, brauchen wir Diktatoren und Herrschaftseliten, um mit ihrer Hilfe unseren vermeintlichen „Vorteil" durchzusetzen.

Dieser Zusammenhang ist hochbrisant. Denn es gibt in dieser Region Herrscherhäuser wie in *1001 Nacht*. Aller Reichtum wird in bestimmte Familienclans hineingepumpt, und darunter haben wir den Pauperismus einer Masse, die das alles nicht mehr will. Islamismus in diesem Sinne entsteht aus einer Gemengelage von Unterdrückung, Elend, Aussichtslosigkeit, mangelnder Beteiligung an den Herrschaftsstrukturen, also von Stagnation in jeder Hinsicht. Das alles wird nicht ganz zu Unrecht dem Westen in die Schuhe geschoben. Aus der Perspektive der Benachteiligten stimmt diese Sicht der Dinge.

Es kommt hinzu, dass der Islam eine enorm prophetische Dimension besitzt und gerade darin eine außerordentliche politische und soziale Sprengkraft entwickeln kann. Nehmen wir als Beispiel das Mullah-Regime im Iran. Man hatte geglaubt, dass man mit der Schah-Regierung wieder glänzende Geschäfte machen könnte, und hatte den iranischen Präsidenten *Mohammed Mossadegh* 1953 durch den amerikanischen Geheimdienst stürzen lassen. *Mossadegh* stand für einen iranischen Weg zur Selbständigkeit, in enger Nachbarschaft zu Moskau. Amerika richtete dagegen die Schah-Dynastie ein, eine zentralistische, völlig undemokratische Regierung, aber ein Regime, mit dem der Westen verhandeln konnte. Woran man nicht gedacht hatte, war: Vor allem die Landbevölkerung konnte den Aufstieg der Stadt Teheran und der zwei, drei anderen großen Städte des Landes nicht mitvollziehen. Sie erwartete den Propheten mit dem Schwert, eine Art wiedergekehrten Elija, eine Einheitsgestalt von Wahrheit und Macht –

Khomeini entsprach genau diesem Bild. Diese einfache, arme, aber gläubige Bevölkerung war nicht mit Pepsi-Cola und Coca-Cola zu ködern. Irgendwann wurde der Islam für sie zum Beweis: Alles, was da oben getrieben wird, ist Lüge, Verrat und Korruption – also weg damit. In vielen arabischen und islamischen Staaten treffen wir auf eine vergleichbare Situation. Sie ist entstanden, weil wir selber uns wirtschaftlich profitabel arrangieren wollen und uns um Ungleichzeitigkeiten wenig scheren. Auch hier sehe ich die politische Dimension des angesprochenen Problems.

Sicher hat das Thema der Ungleichzeitigkeit daneben auch eine individuell-biographische Dimension. Dazwischen steht aber noch etwas anderes. Es gibt auch im arabisch-islamischen Raum Leute, die Politik so machen, wie wir es ihnen beigebracht haben. Paradoxerweise ist es die syrische und irakische Baath-Partei, die die größte Affinität zu der vom Westen geförderten Mentalität aufweist: Das sind Sozialisten, die im Grunde an gar nichts mehr glauben. Sie gehen so zynisch mit der Macht um, dass sich der Westen an sich mit ihnen problemlos arrangieren könnte. Es war wohl nicht so falsch, wenn *Saddam Hussein* sagte: Das arabische Öl gehört nicht den Amerikanern, sondern den arabischen Massen. Man hätte ihm nur sagen müssen: Es gehört auch nicht deiner Waffenschmiede, die ist völlig überflüssig, wir tun dir nichts, und du brauchst sie auch nicht mehr gegen uns. Kurz, man hätte wieder über richtige Ziele zum richtigen Zeitpunkt reden müssen. Dass man das freilich nicht tat, hatte seinen Grund: Man wollte *Saddam Hussein* als Bollwerk oder Waffe gegen das Ayatollah-Regime, dessen Ausbreitung man befürchtete; aber dann wurde der Kettenhund bissig, und man versuchte, ihn mit seinen 60 Milliarden Dollar Schulden zu strangulieren. Vor diesem Hintergrund ist der Ausbruch des Golfkriegs 1991 zu verstehen.

An all diesen Stellen lässt sich zeigen: Es geht nie so einlinig zu sagen: Da sitzen die Fundamentalisten, die Bornierten. Was machen wir denn jetzt? Erziehen wollen wir sie nicht, mit ihnen leben wollen wir auch nicht. Sollen wir sie ausradieren, sollen wir sie abschaffen, wollen wir gewissermaßen den Kulturgenozid predigen, den Durchmarsch der westlichen Kultur gegen den Rest der Welt? Eine solch überhebliche Einstellung hat man bis vorgestern noch Chauvinismus genannt. Aber diese Ideen werden jetzt allen Ernstes vertreten. Gerade wenn Politiker sagen, es gehe nicht um einen Krieg der Kulturen, muss man annehmen, dass sie genau das wollen. Freilich kämpfen sie nicht um Kulturen, sie kämpfen um Geld, um Macht, um Erdöl. Es geht ihnen mit einer Ideologie der kulturellen Überlegenheit um eine Auseinandersetzung zwischen der Ersten und der Dritten oder Fünften Welt, es geht ihnen darum, dass wir unsere zivilisatorischen Ansprüche dem Rest der Welt, ob der es will oder nicht, jetzt endlich beizubringen haben. Das ist ein neues säkulares Sendungsbewusstsein; gerade deswegen halte ich es für gefährlich.

Nun zum biographischen Aspekt der Frage nach der widersprüchlichen Existenz von Menschen, die Computertechnik studieren, die sogar das Fliegen von Düsenjets lernen und doch in ihrer fundamentalistischen Mentalität verharren. Vergessen wir zunächst einmal nicht: Auch dieses Problem ist allgemeiner, als wir zugeben. Alle Staaten der westlichen Welt haben z. B. einen mehr oder minder effizienten Geheimdienst. Die Amerikaner geben, ich glaube, rund 30 Milliarden Dollar für die CIA aus. Sie sei das Geld nicht wert, sagen manche. Aber allein die Ausgabenhöhe zeigt, mit welcher Energie an der Bildung von Charakteren und an der Formation von Psychologien gearbeitet wird, die zu Doppel- und Dreifachexistenzen im Stande sind. Wir haben es mit Leuten zu tun, die in ein fremdes Land gehen, um es kennen zu lernen, mit dem einzigen Ziel, die erworbene Kenntnis gegen dieses Land zu richten. Alle Geheimdienstagenten werden genau darauf vorbereitet. Je mehr Affinität sie zu dem anderen Land haben, desto geeigneter sind sie, sich darin einzuschleusen und es an zentralen Stellen zu destabilisieren oder zu schädigen. Wie ist die Mentalität eines Agenten dieser Prägung überhaupt möglich? Sie ist identisch mit der personifizierten Lüge, der permanenten Maskierung, der Doppelbödigkeit des menschlichen Verrats, der Vertrauensbildung im Geflecht des Zusammenlebens, das nur ausgenutzt werden soll gegen den, den man bekämpfen will. Worauf ich hinaus möchte: Man kann diesen Typ einer Aktionseinheit, ich will nicht sagen: eines Menschen, nur bilden, wenn man den Gedanken des Krieges in Friedenszeiten etabliert. Die gesamte Geheimdiensttätigkeit, die gesamte Agententätigkeit setzt den

Krieg voraus – und zwar mitten im Frieden. Nur dann ist all das, was im Krieg geschieht, schon unter zivilen Bedingungen durchführbar. Insofern ist das, was mit den Attentätern von Washington und New York passiert ist, Teil eines so angelegten Krieges.

Zumindest bei den islamistischen Attentätern spielt die Religion aber eine bestimmende Rolle.

Eine ganz große Rolle sogar: Man hat die Gewissheit, dass man unmittelbar in den siebenten Himmel Allahs fliegt, wenn man nur mit gefüllten Flugzeug-Tanks richtig in den Tower trifft. Aber ich bin mir gar nicht sicher, ob es nur die Religion ist, die zum Verheißen absoluter Prämien taugt und die skrupellos machen kann, wenn es um den zielgerichteten Einsatz todbringender Mittel geht. Wir müssen gar nicht so weit zurück denken: Im Kalten Krieg war es ganz genauso möglich, furchtbare Dinge zu tun, angeblich um die Freiheit zu verteidigen oder den Fortschritt der Menschheit im Namen des Kommunismus herbeizuführen oder um den Staat Israel vor seinen Bedrohern zu schützen. Der israelischen Geheimdienst Mossad ist eine der effizientesten Killerbanden, die es gibt. Es passieren Attentate irgendwo in Paris, es werden Leute in ihren Autos in die Luft gesprengt, es stirbt irgendwo in einem Hotel irgendwer. Den westlichen Regierungen ist es noch nie gelungen, irgendjemanden vom Mossad wegen erwiesenen Mords zu verhaften.

Es wird, sobald Sie Krieg sagen, jedes Mittel gerechtfertigt. Der Krieg besteht ja nach allem Gesagten genau darin, ein Ziel so absolut zu setzen, dass *jedes* Mittel recht wird. Bereits in der Sprache offenbart sich das eigentlich Furchtbare. Wenn wir in den Zeitungen lesen, dass wir zum Beispiel die Taliban *mit allen Mitteln* vernichten müssen, ist genau dies das moralisch Inakzeptable, das Verbrecherische, das unter keinem politischen Vorzeichen zu Duldende. Es darf den Einsatz *aller* Mittel nicht geben. Nichts ist so heilig, dass *alles* andere darunter gerechtfertigt wäre. Denn dann hätten wir uns die Terroristenmentalität selber zu eigen gemacht. Dann wäre die Staatsideologie spiegelbildlich mit ihr identisch und austauschbar. Es wäre derselbe Wahnsinnszustand des Bewusstseins.

Islamischer Fundamentalismus

Terror, Fundamentalismus und die islamistischen Bewegungen sind ja keine Erscheinungen der letzten Jahre. Der bis heute einflussreiche ägyptische Muslim Sayyid Qutb, 1966 hingerichtet, hat in Amerika studiert und wurde nach seiner Rückkehr aus den USA ein Fundamentalist. Seiner Argumentation liegt die Überzeugung zugrunde: Der materialistischen Zivilisation des Westens fehlen die grundsätzlichen menschlichen Werte. Diese materialistische Zivilisation wird die Menschheit zu spiritueller, sozialer und sogar physischer Vernichtung führen.

Der Pazifist *Mahatma Gandhi* hätte in seiner Analyse der britischen Kultur wohl nicht sehr viel anders gesprochen wie *Sayyid Qutb,* den man zu den geistigen Vätern des Terrorismus zählt. Der entscheidende Unterschied – und, was die islamische Kultur angeht, eine in meinen Augen problematische Tatsache – liegt darin, dass die Antwort der Islamisten auf den Materialismus – die Entmenschlichung in der Konsumgesellschaft bzw. die Umwandlung der gesamten Welt in einen Gegenstand des Marktes – nicht durch menschliche Überlegenheit, durch eine humane Souveränität erfolgt wie bei *Gandhi,* sondern im Grunde durch Akte der Verzweiflung. Und wieder kann man begreifen, woran das liegt.

Es gab diese wunderbare Zeit am Ende des 2. Weltkrieges, Anfang der 50er Jahre, als die Dritte Welt sich berufen glaubte, dem gesamten Westen etwas sagen zu können. Was sie uns zu sagen hatten, deckt sich mit dem, was Sie von *Sayyid Qutb* zitieren. *Mahatma Gandhi* wusste, dass die Inder von den Engländern ihre Sprache, ihr Verwaltungssystem und ihr Know-How lernen müssen, aber dass sie es als Inder tun müssen; und dass sie dann den Briten etwas zu sagen hätten, das in deren Kultur nicht existiert. Man konnte, so *Gandhis* Meinung, bei einem Volk von 80 Prozent Analphabeten mit dem Stolz einer eigenen Kultur antworten und mit dem Selbstbewusstsein, etwas zu sagen zu haben. Der Kern dieses Eigenen lag für *Gandhi* in dem Prinzip der Gewaltfreiheit, das im ganzen Abendland so nicht vorkommt. *Gan-*

dhi konnte sagen: „Es hat im Abendland nie ein Christentum gegeben, sonst wären von dort nicht immer wieder die schlimmsten Kriege ausgegangen." Und *Gandhi* konnte denken: Ein Hindu ist ein Mensch, der niemals damit einverstanden sein wird, dass man über Menschen hinweggeht, um ein bestimmtes Ziel zu erreichen. *Gandhi* vertraute selbst bei schweren Auseinandersetzungen darauf, dass die britischen Soldaten und Polizisten als Menschen wüssten, dass das, was sie tun, Unrecht ist, selbst wenn die Kolonialverfassung ihnen recht gibt, selbst wenn auch der Befehlgebende nur das tut, was der Mann hinter ihm entsprechend den Machtinteressen der Briten in Indien verordnet hat.

Der Gedanke, dass die Dritte Welt der Ersten Welt etwas Großes zu sagen hat und sie zu einem Austausch ganz neuer Dimension einlädt, war neu und verbreitete sich weltweit. Noch in den 60er Jahren konnte beispielsweise *Léopold Senghor* im Senegal davon reden, dass es eine Kultur der *négritude* gebe, ein schwarzafrikanisches Kulturelement, das der ganzen Welt etwas zu sagen habe: eine poetische Kultur von Tanz, von Emotionalität, von menschlicher Wärme im Umgang miteinander, vielfarbig im kulturellen Ausdruck. Das Schwingen des Körpers und der Seele erschien als positives Gegenbild zur westlichen Fixierung auf abstrakte Begriffe.

Und wenn ich mir heute manchmal vorstelle, es hätte in Palästina jemanden gegeben oder es würde dort jemanden geben, der zu einem friedfertigen Protest imstande gewesen wäre oder der in nächster Zukunft dazu fähig sein würde, so wäre das viel effizienter als diese verrückte Art, mit Steinen zu werfen. Wenn es überzeugte Muslime auf palästinensischer Seite gäbe, die sagten: Kein Israeli auf dem Tempelplatz, an der Tempelmauer, irgendwo in Hebron, am El-Kalil (an den Patriarchengräbern) oder wo auch sonst, hat von uns irgendetwas zu befürchten, wir ziehen da friedlich hin, aber wir benötigen unser eigenes Land – dann könnte plötzlich wieder eine solche Qualität friedfertiger Humanität in der Luft liegen. Eine Diskreditierung des ganzen wahnsinnigen Militärapparates wäre dann möglich, der im Grunde allein durch seine Existenz alle kulturfähigen Elemente absorbiert. Und im Kampf gegen den Terrorismus könnte ein unerhörtes Element – von der Religion getragen – in die Debatte kommen.

Das Problem ist freilich, dass wir diese selbstbewusste kulturelle Aufbruchsbewegung, die sich Anfang der 50er Jahre weltweit hätte ausweiten können, niedergewalzt haben. Seit einem halben Jahrhundert hören wir nicht auf das, was uns selber erneuern könnte. Wir wollen das offensichtlich nicht hören. Zahllose Bücher sind inzwischen erschienen, die beschreiben, wie viel an Humanität wir in Europa von Asien lernen müssten. Die Texte des Buddha finden sich heute in jedem Bahnhofskiosk. Aber sie verändern den Innenraum unserer Kultur und unseres Lebens nicht, in dem die eigentliche Entwicklung des Bewusstseins stattfindet. Es liegt eine Sprachlosigkeit über unserer Welt, die uns abschnürt. Gewalt ist eine Ersatzsprache auf Grund von Gesprächsverweigerung.

Islamistische Terroristen betrachten ihre gewalttätigen Attacken als gerechten Krieg. Sie argumentieren religiös: Die wahre Natur der Seele ist nur über den Glauben verstehbar, Glaube ist Unterwerfung unter den Willen Gottes, und wer sich nicht dem Willen Gottes unterwirft, ist ein Mensch, gegen den wir im Grunde vorgehen müssen, er ist ein Nichts. Ähnliche Stellungnahmen finden wir auch in der christlichen Geschichte, bei Bernhard von Clairvaux etwa, der den Kreuzzug ähnlich gerechtfertigt hat.

Vollkommen richtig – das ist das Denken von Kreuzzugsideologen. Es gibt etwas strukturell Verbindendes zwischen solchen Ideologen, welcher religiösen Prägung auch immer: Sie kennen das Heil, wie es durch die Offenbarung vermittelt wurde. Nur die Anpassung an diese Offenbarungsinhalte garantiert das versprochene Heil. Wer sich dem nicht unterwirft, gefährdet nicht nur sein persönliches Heil, sondern ist auch eine ansteckende Gefahr für alle anderen und verdient bekämpft, am besten ausgerottet zu werden, geistig oder physisch. Immer wird dabei die Wahrheit des Göttlichen von außen an den Menschen herangetragen, statt sie im Menschen zu finden. Das ist der entscheidende Punkt: Man denkt Gott nicht vom Menschen her, sondern man versucht, ein Bild vom Menschen zu entwerfen, wie er durch vermeintlich göttliche Vorgaben sein sollte. Man reflektiert nie deren historische Ausgangsbedingungen, man setzt vielmehr das eigene tradierte Lehrsystem, den eigenen religiösen Apparat, an die Stelle Gottes. In diesem Ansatzpunkt liegt von vorneherein etwas Absolutistisches, ja, in der Konsequenz Terroristisches. Der Vergleich dieser Art islamistischen Denkens mit dem Denken *Bernhards von Clairvaux* trifft durchaus zu.

Wir haben es aber nicht nur in der Geschichte der Religionen mit Kreuzzugsideologen zu tun. Wenn gegenwärtig westliche Militärs und Politiker dabei sind, einen „Kreuzzug" gegen das Böse zu führen und die westliche Kultur dabei als Legitimationsbasis benutzen, um Krieg zu führen, dann ist auch da sofort ein Denken in heiligen, absoluten Begriffen am Werke. Wir sagten schon: Man bedenkt nicht die Relativität menschlichen Handelns und Wertens, sondern man führt sofort – wie in der Mythologie – Schwarzweiß-Begriffe ein und halluziniert den Kampf des Erzengels Michael gegen den Satan, den es zu stürzen gilt. Wenn es aber erst einmal so steht, dann ist jedes Mittel richtig. Man begreift dabei nicht, dass man selber mit Luzifer in die Hölle fahren wird, wenn man auf diese Art Luzifer in die Hölle stoßen will. Die ganze Logik dieser Geschichte besteht darin, den Teufel zu besiegen, indem man selber sein Meister wird. Man muss noch teuflischer sein als alles Teuflische. Man muss noch furchtbarere Waffen haben, als der Gegner sie jemals überhaupt erfinden könnte. Mit anderen Worten, wir können nach diesem Modell eigentlich das, was uns bedroht und was wir für teuflisch erklären, nur abwehren und überwinden, indem wir es selber übertreffen, d. h. indem wir es an jeder Stelle noch verschlimmern und in die eigene Praxis übernehmen. Denn nur durch die Verschlimmerung des Allerbösesten gewinnen wir nach dieser Logik einen entscheidenden Vorsprung im Kampf gegen das Böse. Verrückter kann es nicht gehen.

Der Glaube, dass wir mit dem Krieg das Böse bekämpfen können, ist also eine Absurdität.

Krieg kann nie eine Lösung sein, weil wir auf diese Weise, ohne es zu merken, alles Böse in uns selber aufnehmen. Wir internalisieren, wir instrumentalisieren in der eigenen Praxis und im eigenen Herzen all das, was wir angeblich bekämpfen wollen. Deshalb werden wir es niemals los. Was ich nie verstanden habe:

Wie ist es möglich, am Ende eines Krieges eine fröhliche Siegesfeier zu veranstalten? Was ich noch verstehen kann, ist, dass in Jägerkulturen ein Gruppe von Männern froh darüber ist, ein Wild erlegt zu haben, weil die Bedrohung durch Hunger dann mindestens für die nächsten Tage für die ganze Sippe oder Gruppe aufgehoben ist. Natürlich kann ich auch begreifen, dass Menschen, die in Todesangst gesiegt und überlebt haben, ähnliche Exaltationen von rauschhafter Freude empfinden, sogar religiös am Ende die Glocken läuten lassen und Dankesgottesdienste veranstalten. Aber an dieser Stelle beginnt mein Vermögen zu begreifen schon zu schwinden. Ich höre immer wieder sagen: Wenn wir uns nicht auf alles vorbereiten, was uns bedrohen könnte, wenn wir nicht selber die potentiell schlimmsten Mörder sind, dann könnten wir selbst ermordet werden. Also haben wir die Pflicht, genau das zu lernen, was uns bedroht, um durch die Drohung zu vermeiden, dass wir es anwenden müssen. Aber wir werden es anwenden, wenn wir durch die Drohung nicht vermeiden können, dass wir es anwenden müssen. Damit aber haben wir uns moralisch doch bereits zu all dem Verbrecherischen, das wir bekämpfen wollten, selber entschieden.

Nehmen wir die Wohlgemutheit, mit der die Alliierten sich aus dem 2. Weltkrieg verabschiedet haben. Sie hatten gesiegt, vermeintlich für die Durchsetzung der Freiheit gegenüber der *Hitler*-Diktatur, nachträglich, obwohl das nie ein wirkliches Kriegsziel war, auch für die Befreiung der Juden, die die Nazi-Pogrome und den Holocaust überlebt hatten. Sie hatten also aus ihrer Sicht für menschlich wertvolle Ziele viel geopfert und alles gewonnen. Selbst der Bombenabwurf auf Hiroshima und auf Nagasaki wurde im Grunde nicht bedauert, übrigens bis heute nicht. Es hat nie irgendeine Art von Entschuldigung oder von Fehlereingeständnis in diesem Punkt gegeben. Man hatte einen Krieg gewonnen, ohne Skrupel, im Gegenteil, mit dem Stolz, alles richtig gemacht zu haben. Alle Grausamkeiten des Kriegs waren posthum gerechtfertigt.

An dieser Stelle aber müsste das Nachdenken beginnen. Allein durch die konventionelle Kriegsführung sind über eine Million Menschen in Tokio verbrannt. In Dresden verbrannten über 70 000 Menschen in einer Nacht. Man hatte die Angriffe so angelegt, dass sie so wirken mussten. „In Dresden und Hiroshima hat Hitler Hitler besiegt", meinte *Gandhi* dazu, aber man hat ihn nie gehört.

Vor ein paar Jahren brachte die BBC eine Sendung mit britischen Piloten aus dem Zweiten Weltkrieg, die über ihr Tun befragt wurden. Man zeigte ihnen noch einmal die Bilder von den Terrorangriffen auf Hamburg, das Flammenmeer der Stadt Dresden. Einer der Piloten sagte, wie man es ihm beigebracht hat: „Für Coventry war Dresden die Revanche." Er empfand kein Bedauern. Ein anderer sagte: „Wir haben genau gewusst, als wir die geänderten Einsatzbefehle bekamen, dass wir eine Stadt anfliegen, in der es militärisch nichts zu tun gibt. Dass da viele Flüchtlinge waren, wusste ich nicht. Das hatte man mir nicht gesagt." Und er fügte hinzu: „Ich wollte ein Held sein, aber ich wurde ein Terrorbomber." Natürlich wünschte ich, dass viele darüber nachdächten, was sie im Krieg tun mussten oder tun müssten, denn so ist der Krieg. Am allermeisten frage ich, wie man ihn aushalten und „überleben" will.

Ich denke etwa an die Situation, in der sich der jüdische Schriftsteller *Stefan Zweig* Anfang der 40er Jahre befand. Alle Bücher *Stefan Zweigs* dienten dem Ziel, Menschen nicht zu verurteilen, sondern anhand dessen, was sie tun, zu begreifen, was in ihnen vor sich geht. Selbst wenn sie die Ehe brechen, selbst wenn sie jemanden ermorden, selbst wenn sie Dinge tun, die völlig aus der bürgerlichen Ordnung herausfallen: Was geht in ihnen vor? Erst dann kann man doch menschlich miteinander leben, wenn man auch das Furchtbare dem Menschlichen zurückgibt und es als Möglichkeit begreift. Anders wird es sich nie verhindern lassen. Dann aber musste *Stefan Zweig* 1933 erleben, dass man seine Bücher verbrennt, nur weil er ein Jude ist, und dass offensichtlich auch niemand etwas dabei findet. Fortan gibt es keine Bücher mehr von *Stefan Zweig* auf deutsch. Selbst mit dieser Tatsache konnte er noch leben. Er konnte emigrieren. Aber womit er nicht mehr leben konnte, war die Vorstellung, dass man jetzt gegen dieses Nazideutschland mit genau der umgekehrten und doch gleichen Logik würde Krieg führen müssen. Auf einem brennenden Tanker verbrennen 500, 800 Menschen wie Feuerfackeln – und man wird das als Siegesmeldung auf die erste Seite der Zeitung setzen. Man hat Zehntausende in einer Großstadt in einer Nacht ausradiert, aber das ist ein Triumph, ein Sieg, das wird so weitergehen – es gibt überhaupt kein Ende. Am Schluss wird die Summe der Verbrechen zur Großtat heroisiert werden. Man wird ganze Plätze nach den Tätern benennen, man wird Monumente errichten, um die Leute zu feiern, die das organisiert und befohlen haben. *Damit* wollte *Stefan Zweig* nicht mehr leben. Wenn es nötig ist, für die Freiheit solche Dinge zu tun, dann gibt es keine Freiheit. Wenn das nötig ist, um Menschlichkeit durchzusetzen, dann gibt es keine Menschlichkeit. Mit Menschen, die darüber lachen und sich freuen und schon wieder ein nächstes Mal vorbereiten, kann man nicht mehr leben. Und so will man auch nicht verteidigt werden als Mensch. Es gibt eine Grenze. Am 23. Februar 1942 nahm *Stefan Zweig* sich in Petropolis in Brasilien das Leben.

Ich habe nie erfahren, dass *Stefan Zweig* für irgendeinen Politiker irgendetwas bedeutet hätte. Für mich bedeutet er sehr viel. Er war einer der ganz wenigen, zusammen mit dem Franzosen *Romain Rolland,* die den Krieg als Untat in sich selber ächten konnten und ächten mussten. Es war die Zeit, in der *Albert Schweitzer* froh war, den gleichen Namen zu tragen wie der Jude *Albert Einstein.* Beide, als Pazifisten und Humanisten, wussten: Diese Welt kann nur gerettet werden, wenn man dem Krieg prinzipiell abschwört und keine Ausrede mehr gelten lässt.

Kultur basiert auf Frieden

Aber wir lassen im Krieg viele Ausreden gelten. Die jüngsten Ereignisse bezeichnen wir als Apokalypse und geben ihnen einen Endzeitanstrich.

Ganz richtig, wir legen uns die Bibel zurecht, indem wir ihre Geschichten und unsere Geschichte nicht symbolisch, sondern metaphysisch betrachten, aufgeladen mit mythischen Begriffen. Was mich am meisten verwundert, erschreckt, irritiert und hilflos macht, ist, dass wir offenbar jede kritische Sensibilität verloren haben. *Ronald Reagan,* der damals Moskau die Zentrale des Bösen nannte und davon sprach, dass es die Schlacht um das Gute anzuführen gelte, erntete Widerspruch. Seinen Versuch, die Apokalypse ins Atomzeitalter zu verlegen und mit den Aktionen des amerikanischen Militärs zu verbinden, betrachtete man als gemeingefährlich. Wer heute nach Art der Apokalypse Geschichte in mythischen Kategorien als Kampf zwischen gut und böse denkt, findet breite Zustimmung in unserer eigenen Gesellschaft. Mich beunruhigt und entsetzt dieser völlige Ausfall irgendeiner geistigen oder religiösen Kontrolle fast noch mehr, als dass Leute in Wahnsinn und Verzweiflung so furchtbare Aktionen starten können wie in New York und in Washington.

Ich erinnere mich an die Bedenken, die *Robert Oppenheimer* Anfang der 50er Jahre gezeigt hat, nachdem er in Los Alamos als Hauptverantwortlicher bei der Herstellung der ersten Atombombe mitgewirkt hatte. Die bedeutendsten Wissenschaftler, die Spitzenkräfte physikalischen Wissens jener Zeit waren mit der Kriegsindustrie verflochten, für ein einziges Projekt: einen Massenmord an beliebig vielen Hunderttausenden von Menschen. *Harry Truman* hat nach dem Abwurf der Bombe über Hiroshima 1945 erklärt: „Jungs, wir haben ihnen einen Ziegelstein auf den Kopf geschmissen." Tosende Begeisterung! *Oppenheimer* wollte nicht, dass es so weiterging. Im Jahr 1952, in der Zeit des Wettkampfs der Systeme von Ost und West, wollte man die physikalische Begrenzung beim Bau von Uran- und Plutoniumbomben durch eine Kernfusion aufheben, man wollte die Wasserstoffbombe. Man konnte dabei als Zünder eine Atombombe verwenden, dann aber durch die erzeugte Energie eine Kernfusion einleiten und damit eine Bombenwirkung erzeugen, die im Grunde keine physikalische Grenze mehr kennt, eine totale Waffe. *Edward Teller* war der Mann, der 1952 daran arbeitete. *Oppenheimer,* dessen Erfahrung dem neuen amerikanischen Projekt sehr zugute gekommen wäre, weigerte sich mitzuarbeiten, und er wurde angeklagt, als geheimer Kommunist mit anderen Kommunisten in Verbindung zu stehen, kurz, das Vaterland zu verraten, und zwar im doppelten Sinne – ihm nicht zu folgen und es an die Gegenseite auszuliefern. Oppenheimer sagte damals während des ganzen Prozesses eigentlich nur: „Ich hatte und habe Skrupel." Er sagte nicht, es war falsch, was wir in Los Alamos gemacht haben oder was wir in Hiroshima gemacht haben. Er wollte lediglich sagen: Was wir da tun und getan haben, ist so ungeheuerlich, dass ich nicht weiß, ob es richtig oder falsch ist, es ist jedenfalls in einem solchen Maße ungeheuerlich, dass ich nicht daran beteiligt sein will. Ich nehme mir das Recht, es nicht zu tun, weil ich nicht weiß, ob es menschlich geht. Doch auf gerade dieser Haltung lastete der Verdacht des Unpatriotischen. Es ist eine Haltung, die jenem Totalanspruch nicht entspricht, den in unseren Tagen *George W. Bush* stellt: „Wer nicht für uns ist, ist gegen uns." Welche Absurdität: Ein biblisches Zitat aus dem Munde Jesu (Mt 12, 30) wird hier dazu missbraucht, um absolutes Denken in der internationalen Politik zu legitimieren!

In Deutschland gab es in den 50er Jahren eine ganze Generation von Wissenschaftlern, *Carl Friedrich von Weizsäcker* an der Spitze, die überlegten, ob nicht mit Los Alamos und Hiroshima die gesamte physikalisch-naturwissenschaftliche Klasse ihre Unschuld verloren habe. Wie ist es möglich, dass wir Spitzentechnologie in die Hände von Leuten geben, die nicht bloß von der Technologie keine Ahnung haben, sondern die bereit sind, auf einem moralischen Niveau zu agieren, das weit unterhalb der Reflexionsschwelle jeder möglichen Wissenschaft irgendwo in der Steinzeit liegt? Darf man Menschen mit Waffen der Moderne ausstatten, deren Mentalität sich im Paläolithikum aufhält? Hat nicht ein Naturwissenschaftler, ein Atomphysiker, ein

Biogenetiker – wer auch immer – die Pflicht, über die Folgen dessen nachzudenken, was er in der sozialen und historischen Wirklichkeit mit dem anrichtet, was er da erforscht?

Wir kommen wieder auf die Frage des Menschen. Müssen wir heute nicht neu über das harte Diktum von Konrad Lorenz diskutieren: Das fehlende Glied zwischen Affe und Mensch sind wir?

Der große Tierforscher und Tierfreund *Bernhard Grzimek* hat genau diesen Satz über den Primatenkäfig des Frankfurter Zoos geschrieben. Was er besagt, ist richtig, und seine Beobachtung geht sehr tief: Wir haben durch das Erbe der Evolution und der menschlichen Kulturgeschichte gelernt, dass es einen Vorteil bringen kann, Probleme durch Töten zu lösen. Denn wenn es möglich ist, dass der besiegte Gegner gefährlicher wiederkommt als im Zustand seiner Niederlage, dann kann man vor ihm niemals sicher sein. Zur alten Lehre vom gerechten Krieg gehört freilich: Kein Krieg darf so geführt werden, dass er die Verhandlungsbasis für einen möglichen Frieden mitzerstört. Ein Ausrottungskrieg, der mit solchen Mitteln geführt wird, dass man dem Gegner Gutes nicht mehr zutrauen kann, weil er alles getan hat, was an Bösem möglich ist, schließt die Möglichkeit eines künftigen Friedens aus. Ich bezweifle, dass heute Kriegsziele überhaupt noch so definiert werden, dass am Ende Frieden möglich bleibt. Der Verhaltensforscher *Niko Tinbergen* jedenfalls meinte, die Evolutionsgeschichte des Menschen unterscheide sich von jeder möglichen Entwicklung bei Tieren dadurch, dass wir Menschen die Angst universalisiert hätten. Weil wir Menschen immer wieder erleben, dass der besiegte Feind gefährlicher zurückkehrt, als wir ihn im Moment seiner Niederlage haben laufen lassen, sind Menschen die einzigen Lebewesen, die systematisch zu töten vermögen. Ein Schimpanse wird aus Wut draufschlagen, aber mehr auch nicht. Er will Ruhe haben und wird nicht denken, dass der andere ihn weiter voller Hinterlist belauert. Wir Menschen suchen nach endgültigen Lösungen für unendliche Ängste. Wir haben offensichtlich in unserer Evolutionsgeschichte gelernt: Nur der tote Feind ist ungefährlich. Aber der Getötete kehrt in unser Bewusstsein als böser Geist zurück. Die Ermordung des Gegners hat aus uns etwas gemacht, das wir so nicht sein wollten, und es gibt Zeugen unserer Tat, die wieder aus dem Vorgefallenen lernen. Das Böse, das wir in der Person des anderen ausrotten wollten, sind wir auf diese Weise gerade selber geworden. Wir tragen es fortan in uns wie eine Imprägnatur. Kultur basiert auf Frieden. Krieg aber ist das genaue Gegenteil davon, ein Rückfall in sehr weit entfernt liegende Zeiten der Prähistorie. Schon deshalb ist er unserer nicht würdig. Ich sage noch einmal: Wir müssten vor allem die militärischen Trainingslager, die Gehirnwäsche der Normalität auf dem Kasernenhof in jedem Staat, beseitigen, nicht nur bei Terroristen in Afghanistan. Hier bei uns wäre der Anfang.

Es kommt etwas anderes hinzu, worauf *Konrad Lorenz* ebenfalls hingewiesen hat: Töten richtet, solange es numerisch begrenzt und überschaubar bleibt, keinen monströsen Schaden an. Stellen wir uns vor, dass Jahrtausende hingegangen sind, in denen sich Jägergruppen im Kampf um ein bestimmtes Territorium in die Haare gerieten – es gab jeweils relativ wenige Opfer. Erinnern wir uns daran, dass in Papua-Neuguinea noch vor ein paar Jahrzehnten unter den Ureinwohnern permanent Kriege geführt wurden, um die Weltordnung nachzubilden. Ein einziger Toter aber genügte, um die Kampfhandlung abzubrechen. Es gab eine ritualisierte Kopfjagd, die mit den Mannbarkeitsriten einherging, bei denen man den Schädel eines erschlagenen Feindes zwischen seinen Schenkeln präsentieren können musste. Das alles geschah noch im 20. Jahrhundert – zeitgleich zu uns selber. Man musste nur mit dem Flugzeug 20 000 km östlich fliegen, und man begegnete einer Welt im Zeitabstand von sechs-, acht- oder zehntausend Jahren. All diese Völker aber – auch die Azteken im Mittelamerika des 16. Jahrhunderts, so horrend ihre religiösen Vorstellungen von Menschenopfern uns auch vorkommen – haben niemals mit der Absicht Krieg geführt, andere auszurotten. Krieg war in ihrer Sicht Teil einer ritualisierten symbolischen Handlung. Krieg als Zerstörung und Ausrottung ganzer Völker, als Verdrängung fremder Kulturen mit technischen, wirtschaftlichen und militärischen Mitteln ist neu und setzt auch eine Mentalität voraus, die anders ist als alles, was es bisher gab.

Um es so einander gegenüber zu stellen: Die Kriege der Antike wurden vornehmlich von Söldnern geführt, von effizienten Killereliten, die mit ihrer Art von Staatsterror die Nachbarvölker unterjochten. Es lässt sich noch bis ins 17. Jahrhundert feststellen, wie diese Landsknechtsmentalität in Europa um sich greift. Menschen sind zum Töten imstande, wenn der Sold stimmt. Das Geld ist die Schmiermasse des Krieges. Man kämpft aber nicht nur um Geld und materielle Vorteile, man braucht auch Geld, um kämpfen zu können. Und so ist wieder ein neues Räderwerk im Gange, um den Krieg zu perpetuieren. Denn wenn das Geld ausgeht, muss man den Krieg verlängern, um wieder neues Geld zu beschaffen. Das alles besitzt im heutigen Wirtschaftskreislauf eine unbedingte Modernität und Aktualität. Aber die Situation hat sich geändert, vor allem paradoxerweise durch die Französische Revolution, durch die Idee des Bürgers in Uniform: Zum ersten Mal gibt es seit 1789 die Pflicht eines Staatsbürgers, sich an dem vom Staat verordneten Massaker zu beteiligen. Das schafft plötzlich im zivilen Bereich eine Akzeptanz des Ungeheuren, die so nie da war. Es gab bis dahin einen großen Teil der Bevölkerung, der den Krieg nicht zu lernen brauchte. Er mochte ihn erleiden und erleben, aber er musste sich nicht aktiv an ihm beteiligen. Das ist völlig neu in der Moderne. Seit dem 18. Jahrhundert ist auch für das bürgerliche Bewusstsein der Krieg eine ganz normale Reaktionsform. Heute, mit den modernen technischen Mitteln, kann fast jeder Einzelne zu einem Killer werden. Natürlich ist der Zugang zu den einzelnen Waffensystemen nur auf einem hohen Standard der Industrie und des Know-Hows möglich, und es bedarf einer lange Ausbildung. Das aber führt jetzt vermutlich dahin, dass wir die Pflichtarmee wieder abschaffen. Wir werden bald wohl wieder eine Spezialtruppe von Berufssöldnern haben, die im Staatsdienst viele Jahre lang die Effizienz des Tötens auf nie geahnte Perfektionshöhen bringen.

Aber im Prinzip ist der Zugang zu den todbringenden Verfahren inzwischen öffentlich. Die Zeit ist vorbei, als man im Ost-West-Konflikt wissenschaftliche Erfindungen doppelt und dreifach machen musste, weil kein allgemeiner Austausch an Informationen bestand. Im Prinzip kann sich heute – bei entsprechendem Bildungsstand – jeder zumindest das Basiswissen zur

Herstellung von allen möglichen Waffen aus Lehrbüchern oder im Internet beschaffen – und dann natürlich auch anwenden. Es ist ja nicht vermeidbar: Wenn wir wirklich die Globalisierung wollen, sind alle irgendwie mit am Informationsaustausch beteiligt. Die Vereinigten Staaten von Amerika realisieren diesen Widerspruch offenbar nicht genügend. Sie kaufen sich aus aller Welt intelligente Menschen ein; irgendwann gehen solche Leute aber wieder in ihre Heimatländer, und sie werden nicht durch die räumlich Entfernung augenblicklich weniger intelligent. Nur: Ihr Wissen und ihre technischen Fertigkeiten liegen plötzlich in anderen Händen.

Fragen muss man im Übrigen, ob die Terroranschläge von New York wirklich so monokausal auf den arabischen Kulturraum und den islamistischen Terrorismus zurückgeführt werden können. Eine Reihe von Möglichkeiten, die die Geheimdienste durchdenken, werden in den Medien überhaupt nicht diskutiert. Was ist zum Beispiel bei der Auflösung des Ostblocks passiert, als eine Menge von Atomwissenschaftlern und Militärspezialisten arbeitslos wurden? Die hatten allerdings einige arabische Staaten an der Landesgrenze – und waren dort vermutlich hochwillkommen. Sie brachten vermutlich nicht nur mit, was sie in ihren Köpfen hatten, sie hatten vermutlich auch in ihren Aktenkoffern eine ganze Menge, was sich zu todbringendem Material weiter entwickeln lässt. Ich bezweifle, dass die logistischen Möglichkeiten bei Al-Qaida allein dazu ausreichen, das zu tun, was geschehen ist.

Um noch größere Schreckensszenarien zu vermeiden, muss der Mensch lernen, verantwortlich zu handeln. Er braucht, konkret gesprochen, so etwas wie eine Ethik. Die Religionen scheinen heute kaum noch in der Lage zu sein, den Menschen diese Ethik an die Hand zu geben. Wer sonst kann das?

Ich komme auf *Konrad Lorenz* zurück, der sehr richtig gesehen hat: Wenn wir von Verantwortung reden, meinen wir Gruppenzusammenhänge, die uns in Dienst nehmen und denen wir uns verpflichtet fühlen. Aber unser Vorstellungsrahmen geht nicht weiter als ungefähr bis zu zwölf Personen. Viel mehr überschauen wir nicht wirklich. Emotional reagieren wir im Grunde primär auf die eigene Sippe. Wir können dieses Gefühl der Sippenzugehörigkeit ausdehnen auf größere Gruppen, eines Tages auf den ganzen Staat, aber wir sind auch dann wieder geneigt, vaterähnliche Autoritäten zu etablieren und Gefühle so zu verströmen, wie wenn der Staat oder die Nation unsere Familie wäre. Dann können die Religionen hinzukommen und eine mystische Zusammengehörigkeit schaffen, indem sie Gott als Vater bezeichnen und die Gläubigen als Geschwister. Damit entsteht ein religiöser Ersatzraum der Familie von ähnlichem funktionalem Wert. Es ändert sich aber nichts an der Voraussetzung, dass wir im Grunde immer noch Verantwortung in einem Raum definieren, der für zwölf Leute tauglich wäre, für zwölf Millionen oder 120 Millionen Menschen aber überhaupt nicht mehr. Die Dinge sind in diesen Dimensionen viel komplizierter, sie sind nicht so einfach, wie wir sie in unserem moralischen Entscheidungsraum gefühlsmäßig reflektieren und wahrnehmen. Darin liegt eine enorme Gefahr. Um es so zu sagen: Es ist kein großes Problem, wenn wir bei irgendeiner Nachbarschaftskabale die Gegenfamilie für „verrückt" erklären. Damit können wir leben, denn die Welt ist groß, und wir müssen lediglich einen Zaun zwischen uns legen oder zwei Quadratmeter Ackerland, dann haben wir wieder unseren Frieden. Aber wenn wir bedenken, wie eng wir auf dieser Erde zusammengehören und dass wir uns gar nicht entweichen können, werden solche Fluchträume eingeengt. Sie existieren im Grunde nicht mehr. Jetzt tritt plötzlich eine ganz neue Anforderung an uns heran: Menschlichkeit definiert sich nicht mehr durch die Zugehörigkeit zu einem Familienverband, immer verbunden mit der Möglichkeit, einen anderen Familienverband als Gegner von unserer Verantwortung auszuschließen; wir erleben plötzlich, dass wir Teile derselben Menschheitsfamilie sind. Die ganze Spezies Homo sapiens ist eine einzige Familie und müsste sich jetzt so betragen, dass Verantwortung universalisiert wird.

Das Verbrechen – und der Trick – der Kriegvorbereitung besteht darin, dass man den Begriff der Verantwortung gegenüber den Grundsätzen der Humanität, der Religion, des Heiligen, des Ordentlichen, des Seinsollenden mit dem eigenen nationalen, kulturellen, religiösen oder sonstigen Bezugsrahmen identifiziert. Dieser Missbrauch dreht das, was als allgemein-menschlich vorgestellt wird, ins Gegenmenschliche. Der andere ist plötzlich nicht mehr Teil der menschlichen Verantwortung, sondern wird zum Zielobjekt der Ausschließung – im Namen der Verantwortung für das Zusammenleben der Menschen. Moral wird auf diese Weise zum Propagandainstrument des Krieges: – „unendliche Gerechtigkeit" ...!

Wir müssen noch etwas hinzufügen: Was wir heute Krieg nennen, ist überhaupt nur führbar durch Verdrängungsprozesse. *Konrad Lorenz* sagte, dass wir heute Kriege im Abstrakten führen. Wir können uns selber bedroht fühlen durch die Waffen des Gegners, wir haben aber keine Angst mehr vor ihm im Status der völligen Überlegenheit. *Lorenz* meinte, dass wir im Grunde nur sehr begrenzt töten könnten, so lange wir nur sähen, was wir tun. Er schrieb sogar, dass es ihm schwer vorstellbar sei, dass zivilisierte Menschen überleben könnten, wenn man ihnen zumutete, ein Kaninchen zu jagen, es selber mit der Hand zu zerreißen, es auszuweiden und dann roh zu essen. Das wäre für die meisten Menschen so blutig und schrecklich, dass sie eher verhungern würden, als sich auf diese Weise zu ernähren. Genauso ist es beim Töten von Menschen. Es ist möglich, dass jemand aus Hass, aus Wut, aus Zorn, aus Ekel, aus hochmotivierten Prägungen des militärischen Trainings oder aus was auch immer heraus es für einen entlastenden Vorteil hält, einen Gegner zu erledigen. Viele Mordszenen sind in dieser beschriebenen Dialektik zu sehen: Jemand liebt eigentlich einen anderen, er hat alles für ihn getan, aber er fühlt sich von dem anderen verraten, zurückgewiesen, in seinen wichtigsten Anliegen verletzt. Dann kann es geschehen, dass er den anderen erwürgt, nur damit dieser die Worte nicht mehr redet, die er reden würde, wenn man ihm Atemluft ließe. Man will den anderen gar nicht töten, man will lediglich, dass er den Mund hält, dass er mundtot wird – aber dann ist er tot. Viele Verbrechen werden aufgrund von solchen kondensierten Gefühlen begangen, die plötzlich in das Gegenteil dessen umschlagen, was sie eigentlich meinen. *Konrad Lorenz* nun war der Ansicht, dass das alles passieren kann und offensichtlich zum menschlichen Verhaltensrepertoire gehört, dass es aber auf Grund der Gefühlsbindung begrenzt ist. Um das Gemeinte noch pointierter darzustellen: Selbst wenn wir uns vorstellen, wir hätten es mit der Handlungsweise eines Amokläufers zu tun, der aus lauter Wut mit dem Maschinengewehr sinnlos und bis das Magazin leer ist in ein bewohntes Stadtviertel hineinschießt, haben wir es mit einem Mann zu tun, dessen Aktionsradius mit der Verbrauchbarkeit seiner Gefühle identisch ist. Sind die ausagiert, ist seine Tat zu Ende. Das emotionale Volumen hat einen Grenzbereich, der nicht überschritten werden kann. Es ist möglich, dass man einen Menschen ersticht, erdrosselt, erhängt. Aber, so *Konrad Lorenz*, der physische und psychische Aufwand dabei verbraucht eine enorme Energie. Es bleibt vor allem immer noch die Tötungshemmung, die ein solcher Täter überwinden muss.

Etwas ganz anderes ist das Töten mit den Mitteln der modernen Technik. Wir können mühelos mittels einer geringfügigen Bewegung des Zeigefingers am Abzugshahn eines Maschinengewehrs in einer Entfernung von 300 Metern eine furchtbare Wirkung hinterlassen. Die kleine physische Bewegung ist ja nur der Auslöser, nicht die Ursache für die Durchschlagskraft eines Geschosses von unglaublicher Sprengwirkung. Übrigens hat man alles getan, – Völkerrecht hin, Völkerrecht her, Menschenrechtskonvention hin, Menschenrechtskonvention her –, um genau das zu verschlimmern. Man hat im Koreakrieg bereits die Dumdum-Geschosse ächten wollen, deren Impuls durch den gezogenen Lauf in eine Rotation gebracht wird, die beim Einschlag in den Körper Wunden vergrößert. Jede Verwundung durch solche Geschosse ist nicht nur äußerst schmerzhaft, sie ist medizinisch fast irreparabel; jeder Treffer ist identisch mit einem Tötungsfall, zumindest mit schwersten Verletzungen. Doch ein Verbot solcher Geschosse war nicht durchzusetzen, ganz im Gegenteil: Die Amerikaner haben in ihrer Routineausstattung, und die Nato wird es auch bald haben, inzwischen so genannte High-Speed-Guns, deren Geschoss-Geschwindigkeit mit etwa 1000 m/s, bei dreifacher Schallgeschwindigkeit also, in sich selber beim Eintreffen in wasserhaltiges Gewebe Sprengwirkung erzeugt. Das heißt, der Einschlag dieser Geschosse führt dazu, dass nicht nur der Organismus verletzt wird, sondern dass die betroffenen Organe explodieren. Nicht nur furchtbare Verletzungen, sondern schmerzvolles Sterben ist die Wirkung, die erzielt werden *soll* – erneut ohne jeden Skrupel. Da diskutieren wir Jahrzehnte lang über die Humanisierung der Kriegsführung, und sie wird ganz simpel durch den Rüstungsstandard an jeder Stelle unterlaufen.

Konrad Lorenz aber wollte sagen: Wenn wir Verletzungen dieser Art bewusst durchführen würden, sagen wir mit einem Messer oder einem Stein oder einer Keule oder mit den bloßen Händen, so wären wir niemals imstande, einen Menschen so aufzureißen, wie wir das aus 300 Metern Entfernung mit einem modernen Tötungsinstrument ohne weiteres können. Wir Menschen haben – ohne langes Training zur Barbarei – an sich nicht die Fähigkeit zum Morden, weil wir immer noch den Tieren nah stehen – von den etwa bei Schimpansen von Jane Goodall beobachteten Gruppenstreitigkeiten, die nicht selten tödlich enden, abgesehen. Wir setzen aber unseren *Verstand* dazu ein, um anderes Leben zu vernichten. Und wir gewöhnen uns an den normalen Standard einer solchen Gewaltausübung, die wir nur in ihrer Abstraktion ertragen, weil wir uns weigern zu sehen, was wir eigentlich machen.

Humanität

Halten Sie es für möglich, dass die Menschen sich selbst ausrotten?

Wohl nicht durch einen globalen Bürgerkrieg. Was ich mir allerdings vorstellen kann, ist, dass die Voraussetzungen der Zivilisation am Ende so widersprüchlich werden, dass sie kollabieren und dass eine Menschheit, die an ein Überleben unter zivilen Standards gewöhnt ist, damit nicht mehr fertig wird und ausstirbt. Wir Mitteleuropäer können heute schon die Lebensbedingungen in einem Land der Dritten Welt nicht vertragen, ohne uns medizinisch mit allen möglichen Impfungen und Schutzmaßnahmen darauf vorzubereiten. Wir kämen auch gar nicht in ein solches Land hinein, ohne einen Pass mit allen möglichen medizinischen Kontrollauflagen vorzuzeigen. Wenn wir uns vorstellen, dass dieser ganze Prothesenraum, mit dem wir uns in der Zivilisation vor der Natur schützen, Lücken bekommt oder wegbricht, warum sollte unser Aussterben da nicht möglich werden?

Ich halte es jenseits solcher in die Zukunft projizierten Schreckenszenarien freilich für viel problematischer, dass wir uns als Menschen an Neudefinitionen von Humanität gewöhnen, die blind die Fehler der Vergangenheit potenzierbar machen, statt sie zu beseitigen. Denn es gehört zur modernen Problematik des Krieges noch etwas anderes hinzu. Wir führen heute Krieg, indem wir ganz bewusst von den Militärs an der Nase herumgeführt werden. Wir sollen überhaupt nicht mehr sehen, was wir machen, sondern wir führen den Krieg als ein Computerspiel vor, als ein Szenario, bei dem wir wie 10- und 12-Jährige irgendwelche Schießübungen ohne jeden Realitätsbezug durchführen. Man zeigt uns Raketen, die in ein Militärgebäude, *angeblich* in ein Militärgebäude, angeblich in ein Militärgebäude der Taliban, angeblich in ein Militärgebäude der Al-Qaida einschlagen. Und dann sehen wir nichts mehr. Wir haben lediglich den Treffer und die Zielgenauigkeit unserer Waffensysteme mitbekommen. Dann kann *George W. Bush* sagen:

„Natürlich werde ich keine zwei Millionen Dollar teure Rakete in den Arsch eines Kamels schießen." Ich zitiere den Mann wörtlich. Aber wohin schießt er seine Raketen dann? Am besten doch dahin, wo Menschen sind, denn nur dann ist seine Sache effizient. Menschen zu töten, ist zwei Millionen Dollar wert, das ist der Sinn einer solchen Aussage. Das ist aber das Entscheidende: Wir haben solche Raketen, und wir werden sie auch mit allen Mitteln einsetzen. Nur, wir, die „Bürger" im Lande, dürfen nicht sehen, was wir da tun. Denn sonst könnten wir es nicht tun.

Die Abkoppelung von unserem Sensorium, meinte *Konrad Lorenz*, mache uns überhaupt erst fähig, skrupellos zu sein. Ich füge hinzu: Eine zweite Abkoppelung, die *Lorenz*, der kein Psychologe war, so nicht beschrieb, ist die humane Deformation durch die Abspaltung der Gefühle vom Denken. Wir haben Ideen im Kopf, nach denen wir dies und das vermeintlich tun müssen – also müssen wir jetzt mit Flammenwerfern in irgendein Bunkersystem hinein, müssen wir mit Napalm-Bomben eine bestimmte Stellung bestreichen, und wir haben dafür bereits famose Begriffe: Wir neutralisieren, wir eliminieren, wir schalten aus. Wir töten niemals. Wir haben fast mathematisch klingende Vokabeln der Subtraktion oder der Division. Es geht auch nicht um Menschen, es geht im Grunde um Recheneinheiten der Strategen, – um Megatode zum Beispiel: ein Megatod = 1 000 000 Tote.

Wir sprachen davon, dass Menschen mit der befehlsgebenden Zentrale vollkommen identisch als Personen ausgeschaltet werden – unter dem Diktat des Gehorsams der Stahlhelmträger. Dazu kommt, dass ersatzweise ein Denken etabliert wird, das durch keine emotionale Kontrolle mehr rückgekoppelt ist. Wir haben es bei erfolgreichem Drill mit halbierten Menschen zu tun oder mit Viertelmenschen, die überhaupt nur noch im Kopf existieren. Nicht nur die Tötungshemmung wird durch das militärische Training zurückgefahren, die Gefühlskorrespondenz muss überhaupt verloren gehen, sonst ist es nicht möglich, in eine Stadt hineinzuschießen, sonst ist es nicht möglich, in Flüchtlingstrecks hineinzuschießen, sonst ist es nicht möglich, Splitterbomben einzusetzen, die Menschen bei 1200 Grad Celsius verbrennen und im Umkreis eines Fußballstadions zerfetzen.

Aber das gilt auch für die Terroristen, die genau den gleichen Mechanismus beherrschen müssen!

Ganz sicher. Beides steht in Korrespondenz, deshalb sprechen wir ja ständig in beide Richtungen. Die Gefühlskälte, mit der Tausenden von Menschen in New York das Leben genommen wurde, steht psychologisch durchaus in Beziehung zu dem, was am Ende des Golfkrieges passierte, als auf der Todesstraße nördlich von Basra die langen Trecks der irakischen Soldaten ins Visier der amerikanischen Bomber genommen wurden. Von diesen Flüchtlingstrecks war nichts mehr zu befürchten. Kuwait war von den Irakis geräumt, und das galt als die Bedingung für das Kriegsende. Aber wie beim Tontaubenschießen bombardierte man den ganzen Treck mit allen Waffen, die heute zur Verfügung stehen. So etwas kann man nur tun, wenn Gefühle keine Rolle mehr spielen. Derartige Verbrechen der Menschlichkeit sind nicht einmal militärisch sinnvoll, sie haben auch strategisch keinerlei Nutzen, aber so ist Krieg in der Endphase immer.

Ein anderes Beispiel bietet die Bombardierung Würzburgs durch die Briten im Jahr 1945. Militärisch war klar: Diese Bombardierung ist sinnlos. Doch die offizielle Begründung lautete, die Deutschen sollten Angst haben vor jedem künftigen Krieg.

Wir lernen daraus, was wir schon wussten: Krieg geht immer über das Maß hinaus. Der Terror im Krieg wird von Seiten des kriegführenden Staates gleich zur Prävention möglicher Gefahren in der Zukunft benutzt. Und natürlich dreht sich auf diese Weise die Schraube der Gewalt immer wieder so weiter. Das Ende des Krieges ist nur der Anfang des nächsten Krieges, die Nachkriegszeit ist sofort die Vorkriegszeit. Um so zu bleiben, wie wir im Kampf gegen den „Gegner" geworden sind, brauchen wir rasch zur Selbstbestätigung neue Gegner. Die Paranoia wird chronisch und erschafft sich ihre Wahnwelt als politische, wirtschaftliche, sogar moralische Identität. Man muss nur darauf hinweisen, dass wir nicht einmal nach dem Zusammenbruch des Ostblocks die Chance genutzt haben, aus dem irrsinnigen Rüstungswettlauf auszusteigen. Im Gegenteil, die ganze Bemühung ging dahin, das westliche Militärbündnis mit weltpolitischen Aufgaben zu verbinden und die Rüstungsausgaben sogar noch zu steigern. Man brachte uns bei, dass wir uns jetzt auf neue Gefahren vorbereiten müssten. Worin diese neuen Gefahren bestehen, ist klar erkennbar. Die Welt der Industrienationen wird immer komplizierter und damit immer störanfälliger. Also müssen wir unsere Wirtschaftsmacht militärisch global absichern. Es darf kein Land mit wichtigen Rohstoffen oder in geostrategischer Lage geben, das uns nicht gefügig wäre. Insofern war *Bush seniors* „Neue Weltordnung" von 1991 im Golfkrieg wohl doch ernst zu nehmen: Es war der erste Krieg, der das „neue" Jahrtausend vorbereiten sollte – den Verteilungskampf der Ersten Welt gegen den Rest der Welt. Wer von humanitärer Verantwortung redet, die es verlange, sich kriegsbereit zu halten, der muss sich sagen lassen, dass Millionen Menschen heute noch leben könnten, wenn wir nicht Milliarden Mark für immer neue Waffen zum Töten ausgeben würden. Die Tatsache des Militärs allein tötet täglich weit mehr Menschen, als wir jemals „retten" werden.

Die Männer und der Krieg

Es sind Männer, die Krieg führen. Auch die Terroristen sind meist Männer. Ist das ein Zufall?

Es gibt ernst zu nehmende Untersuchungen über das menschliche Gehirn, die darauf hinauslaufen, dass bei Frauen die beiden Hirnhälften, deren linke Hemisphäre sich meist mit der Vorstellung von Vernunft und Denken verknüpft, während die rechte Hemisphäre stärker den emotionalen Apparat steuert, besser miteinander „verdrahtet" sind als bei Männern. Die einfache Folgerung daraus lautet, dass Frauen vermutlich einheitlicher denken und fühlen, als Männer das tun. Daraus geht hervor, dass offenbar die Neigung oder Fähigkeit von Männern, Begriffe und Ideen von gefühlsmäßigen Konnotationen abzuspalten, größer ist als bei Frauen. Ich vermute, dass darin eine der Gefährdungen auch der Männer liegt. Wo immer in unserer Gesellschaft ein Gewaltverbrechen passiert, kann die Kripo davon ausgehen, dass ein Mann dahinter steckt. Einen Giftmord mag man einer Frau zutrauen, aber wenn mit Messer, Pistole, Keule, Sprengsätzen gearbeitet wird, ist in aller Regel heute noch davon auszugehen, dass ein Mann am Werke war.

Warum das so ist, findet seine Erklärung wohl in der Werdegeschichte der Menschheit. Ich sage natürlich nicht: Männer sind schlechtere, Frauen sind bessere Menschen. Es geht offenbar um Rollenzuordnungen, die evolutiv bedingt sind und sich in langen Jahrhunderttausenden auch bewährt haben. Tatsache ist, dass das Leben einer Frau unter ursprünglichen, naturnahen Voraussetzungen wesentlich mitdefiniert wurde durch die biologische Zwecksetzung, Kinder zu gebären. Das bedeutet, dass eine Frau, die mit zwölf Jahren fähig ist, ein Kind zu bekommen, in einfachen Gesellschaften auch in diesem Alter Mutter wird – bei einer Lebenserwartung von vielleicht 27 Jahren. Das heißt, man stirbt in dem Moment, wo das erste Kind, das man zur Welt brachte, wieder imstande ist, Kinder zu zeugen oder zu gebären. So schnell verlief der Zyklus des Lebens ursprünglich noch in den Anfangskulturen der Sesshaftigkeit und der Tierhaltung etwa in Ost-Anatolien vor ungefähr sechs-, siebentausend Jahren. Wenn man die Bedingungen des Neolithikums, auf das unsere heutige Kultur direkt zurückgeht, voraussetzt, ist klar, dass eine Frau, die ein Kind bekommt, vor allem in einer biologisch und sozial ungesicherten Umwelt, schutzbedürftig ist. Sie kann selber nicht auf die Jagd gehen mit einem Kind auf dem Arm, sie kann sich nicht verteidigen mit einem Kind an der Hand, das Kind braucht sie in jedem Augenblick so sehr, dass die Gegenwart der Mutter auch physisch völlig unentbehrlich ist. Es genügt, dass eine Mutter für einen Moment lang nicht die Wachsamkeit hat, ihr Kind zu schützen, und es ist ausgeliefert. In dieser Situation ist die Bindung von Mutter und Kind außerordentlich eng, eigentlich niemals zu vernachlässigen. Um so wichtiger ist es unter diesen Umständen, wenn der Mann in dieser Situation Nahrung beschafft, das Revier verteidigt, Schutz gewährleistet, die Richtung weiterer Wanderbewegungen definiert, die Erkundung der Landschaft vornimmt. All das scheinen auch gehirnphysiologisch die bleibenden Fähigkeiten der Spezialisierung von Männern in Ausübung *ihrer* Rollendefinition geworden zu sein. Männer seien, sagen uns die Psychologen, in der Raumorientierung und Geometrie Frauen überlegen, Frauen wiederum seien den Männern sprachlich überlegen. Im Endergebnis läuft der Befund darauf hinaus, dass wir als Männer wohl gelernt haben, den Schutz von Frauen und Kindern durch aktive Formen der Verteidigung im Repertoire zu halten. Es sind die Männer, die bis heute im Konfliktfall gegeneinander zum Krieg antreten, nicht die Frauen. Männer sind auf diese Weise zu Tötungs-Spezialisten geworden, einmal indem sie auf die Jagd gingen, und dann, indem sie das Jagdverhalten auf den Umgang mit feindlichen Menschen übertrugen.

Historisch wird man dabei zunächst getötet haben, um einen Feind loszuwerden, um ihn in die Flucht zu schlagen oder um ihn sich – im Ritualkannibalismus – anzueignen. In all dem bleibt das Töten begrenzt. Es gibt eine Szene in dem alten Film *„Es ist Mitternacht, Doktor Schweitzer"*, wo *Albert Schweitzer* versucht, seinen afrikanischen Mitarbeitern zu erklären, was 1914 in Europa bei Kriegausbruch passieren wird: Es werden viele tausend Menschen sterben, sagt er. Einer der Farbigen aber antwortet ihm: Massa, das geht doch gar nicht, so viele kann man gar nicht essen. *Albert Schweitzer* umarmt in dem Film seinen farbigen Mitarbeiter für dieses Wort. Denn das, was Kannibalen tun können, reicht nicht entfernt an das heran, was wir in Europa im so genannten zivilisierten und christlich sich nennenden Abendland mit dem Faktor tausend mal tausend vermehrt getan haben – im Ergebnis ein millionenfaches Morden. Zu solchen Untaten gelangen wir nur, wenn wir Gefühle, zu denen wir an sich fähig wären, einfach abspalten.

Wir haben gelernt, Gefühle wie Jähzorn, wie Rache, wie Hass zu fürchten, sehr starke Motive. Solange wir sie individuell belassen, richten sie relativ geringen Schaden an, erst wenn wir sie hochtransformieren in die Gesamtgruppe eines Staates etwa und mit ihnen eine hasserfüllte Politik machen, wird die Sache überdimensioniert gefährlich. Sie hat dann im Grunde gar keine natürliche Grenze mehr, weil unser Gefühl aufgehört hat, uns zu korrigieren, weil, anders gesagt, die ursprüngliche emotionale Motivation sich in eine Idee oder ein Ideal verwandelt hat. Zu solcher Gefühlsabspaltung sind offenbar Männer wesentlich besser imstande als Frauen.

Mahatma Gandhi hat Anfang der 30er Jahre einmal sinngemäß gesagt: „Die Frauen sollten den Männern die Waffen wegnehmen, damit sie nicht sich selbst und die ganze Welt zu Grunde richten." *Mahatma Gandhi* wollte, dass wir eine Fähigkeit, die doch auch im Menschen liegt und die in Frauen offenbar deutlicher repräsentiert wird als in Männern, kulturell verbindlich machen: Frauen sind dazu imstande, zumindest *ein* Menschenleben als etwas Heiliges zu betrachten, das unter allen Umständen gepflegt werden muss, ihr eigenes Kind. Und nun geht es eigentlich darum, festzustellen, dass überall Frauen Kinder haben. Auch die Menschengruppen, die wir mit dem Feind identifizieren, bestehen aus Frauen, die irgendwann Kinder geboren haben oder dabei sind, Kinder zu gebären. Die ersten Opfer jedes Krieges, immer wieder weiß man das, sind Frauen und Kinder, nicht Soldaten. In Afghanistan werden beim einbrechenden Winter mit aller Sicherheit Hunderttausende Frauen und Kinder die schlimmsten Opfer sein, nicht die Leute von Al-Qaida und in den Terrorlagern von *Osama bin Laden*. Vielleicht lernt *George W. Bush* noch, was ein Kontinentalklima ist: 40 Grad Celsius im Sommer beim 120–Tage-Wind in Afghanistan und 20 Grad Celsius unter dem Gefrierpunkt im Winter. Das schafft die Probleme, die als Erstes Frauen mit Kindern haben, die alte Leute haben – auf den Flugzeugträgern im Golf wird man davon nicht sehr viel bemerken.

Zusätzlich zu den eher evolutionstheoretischen und biologischen Betrachtungen zu dem psychologischen Unterschied zwischen Mann und Frau ist natürlich die Soziologie und Sozialpsychologie des *Patriarchalismus* zu bedenken. *Erich Fromm* hat schon vor 70 Jahren darauf hingewiesen, dass die Dominanz eines rein männlichen Verhaltens in einer Gesellschaft allemal kriegsgefährlich sei. Der Grund: patriarchale Strukturen fördern das Denken in Konkurrenz und Leistung, sie machen die Anerkennung eines Menschen von seinem Besitz, nicht von seiner Person abhängig, so als seien Geld und Geltung dasselbe, sie schreiben eine „Ordnung" vor, die in eindeutigen rationalen Begriffen formuliert ist, die aber der Komplexität des Lebens nicht entspricht, – kurz, Patriarchalismus, Kapitalismus und Militarismus besitzen eine hohe Affinität. *Matriarchale* Gesellschaftsstrukturen fördern demgegenüber eine größere Freiheit von persönlichem Glück, eine konkrete Flexibilität gegenüber den vielfältigen Fragen der Wirklichkeit, und sie erlauben es, das Sein eines Menschen höher zu bewerten als das Haben. Insbesondere in der Fähigkeit, Menschen zu akzeptieren jenseits bestimmter fixer Erwartungen sah *Fromm* einen humanitären Vorzug des Matriarchats vor dem Patriarchat. Tatsächlich glaube ich mit ihm, dass *Jesus* eigentlich eine solche „mütterliche" Welt gewollt hat, in welcher es keine staatlich verordneten „Strafen" und Kriege mehr gibt.

Gewaltlosigkeit – am Beispiel des indischen Kaisers Ashoka

Alle großen monotheistischen Religionen: Islam, Judentum, Christentum, sind im Nahen Osten entstanden, und sie haben alle ein Stück weit ein kriegerisches Moment. Im Alten Testament zog Jahwe selbst vor den Völkern her zur Kriegsführung, wir haben über die christlichen Kreuzzüge gesprochen und über den islamischen Dschihad, den heiligen Krieg. Der Buddhismus gilt dagegen als die friedliche Religion, und auch der Hinduismus hat eine stärker integrative Kraft als die großen monotheistischen Religionen. Woher dieser Unterschied? Haben Sie dafür eine Erklärung?

Zunächst ist es wichtig anzuerkennen, dass dieser Unterschied wirklich besteht. Die Religionsgeschichte der Menschheit legt uns diese Differenzen ganz deutlich vor Augen, und sie verlangen nach einer Erklärung.

Der indische Staatspräsident und Religionsphilosoph *Sarvapalli Radhakrishnan* hat in seinem Büchlein *A Hindu View of Life* einmal genau darauf hingewiesen, dass die indische Religionsgeschichte vergleichsweise sehr viel friedfertiger und toleranter verlaufen sei als die des Vorderen Orients und des Abendlandes. Als Vergleich kann man womöglich den überaus bedeutenden, aber im europäischen Geschichtsunterricht fast unbekannten Kaiser *Ashoka* erwähnen: Um 270–230 v. Chr. beherrscht dieser Mann durch militärische Eroberungen von Nordindien aus ein Reich, das größer ist als das des großen *Alexander*. Afghanistan und Pakistan sowie der ganze indische Subkontinent zählen in diesen Tagen zu seinem Herrschaftsbereich. Auf dem Höhepunkt seiner Macht aber konvertiert *Ashoka* zum Buddhismus. Offensichtlich ist er der weisen Überzeugung, dass man mit Macht womöglich Eroberungen tätigen, aber niemals das Eroberte wird im Frieden behalten können. – Es gibt übrigens eine kleine Episode aus dem Leben *Alexanders des Großen,* die historisch verbürgt ist. Als der mazedonische Eroberer zum Indus kam, muss er auf Jaina-Philosophen getroffen sein. Das ist eine religiöse Gruppierung, die zeitgleich zum Buddhismus entstanden ist, die heute noch in kleinen Gruppen existiert und die sich weigert, etwa Tiere in irgendeiner Form zu nutzen. Man sieht die Jaina-Mönche heute noch, wie sie mit dem Besen vor sich her kehren, um nur ja auf kein Tier zu treten und es versehentlich zu töten. Diese Philosophen also fragen *Alexander,* was er in Indien eigentlich will, ob in seinem Heimatland, Mazedonien heißt es, nicht Wasser und Brot genug ist, dass er deswegen nach Indien kommen muss. Er erklärt, dass er ein großer Eroberer sei; sie aber lachen ihn ganz einfach aus. Sie legen vor seine Füße eine Ochsenhaut, ungegerbt, einfach in der Sonne getrocknet, und fordern ihn auf, sie unter seine Füße zu treten. *Alexander* versucht es; er tritt auf die eine Seite der Ochsenhaut und erlebt, dass sie an der anderen Seite hoch geht, natürlich knarrend und knirschend, und wohin immer er tritt, hat er den nämlichen Erfolg an gerade der Stelle, auf die er nicht tritt. Die Jaina- Philosophen sagen ihm: Das wird die Zukunft deiner Herrschaftsausübung sein: Du musst eigentlich ständig gegenwärtig sein und immer etwas unter deine Füße treten, sonst geht es hoch. Was du durch deine Eroberungen bekommst, ist nichts als die permanente Friedlosigkeit. Tatsächlich ist *Alexander,* sagen die Biographen, nach einer Meuterei seiner Soldaten am Indus in den Wahnsinn geraten und wenig später gestorben.

Der indische Kaiser *Ashoka* wollte so nicht enden. Unter seinen neuen Verordnungen finden wir als Dokument seiner Friedfertigkeit zum Beispiel die Anordnung für seinen eigenen Hof, dass man Tiere nicht mehr für die Küche schlachten dürfe. *Ashoka* begreift, wohlgemerkt im *indischen* Kulturraum, dass die Schonung der Tiere einen wichtigen Beitrag zur Erziehung zum Frieden darstellt. Wer Lebendiges tötet, kann das damit verbundene Erleben leicht von Tieren auf Menschen übertragen. Und solange man nach Tieren auf die Jagd geht, wird man auch nach Menschen auf die Jagd gehen. Im Grunde ist der Krieg – kulturgeschichtlich gesehen – ja nur die Erweiterung der Tier-Jagd zur Menschen-Jagd. In der Kriegspropaganda wird der Gegner nicht umsonst immer auch in irgendeiner Tiergestalt halluziniert: als Ratte, als Tiger oder als ein gefährliches animalisches

Monstrum. Natürlich wohnt dieses Monstrum in unserem eigenen Herzen, aber wir projizieren es in den anderen. Die Bereitschaft, im Krieg auf Menschen Jagd zu machen, stammt aus diesem archaischen Erlebnisraum. Darum ist *Ashokas* erstes Gebot der Friedenspolitik das Verbot des Tötens von Tieren. Dann aber sagt er etwas, was in diesem Zusammenhang von hellsichtiger Konsequenz ist, nämlich dass man die Religion nicht als ideologische Waffe einsetzen darf. In seinen *Toleranzedikten* steht: „Es ehrt seine Religion schlecht, wer sie dazu benützt, die eines anderen niedrig zu machen." Ein unglaublicher Satz, dessen Tragweite im ganzen Abendland bis heute noch nicht begriffen worden ist. Die buddhistisch-ethische Lehre des *Ahimsa*, des Nicht-Verletzens, wird für *Ashoka* Grundlage seiner Politik. Dieser große Kaiser übernimmt den Grundsatz der Gewaltlosigkeit in sein Rechts- und in sein Justizsystem. Das ist dem, was wir bis heute im so genannten westlichen Kulturraum etabliert haben, so unglaublich überlegen, dass man sich in der Tat fragen muss: Warum sind wir so anders geworden?

Eine mögliche Erklärung liegt in dem Hinweis, dass unsere kulturellen Wurzeln in den Alten Orient zurückgehen. Jedenfalls scheint mir erwähnenswert, dass im subtropischen indischen Kulturraum der Kampf ums Dasein womöglich leichter zu bestreiten war. Wo die Natur üppig sich selber verströmt, lebt es sich leichter miteinander als in den Wüsten- und Steppenrandgebieten, in denen der Kampf um Wasserstellen und um anbaubare Gebiete jederzeit aufflackern kann. Man muss, was die Geschichte jenes Raums angeht, aus dem die Bibel und dann mittelbar später der Koran hervorgeht, vorweg allerdings mit Nachdruck auf Folgendes hinweisen: Das, was wir hier sagen, ist in keiner Form rassistisch zu interpretieren, sondern es bezieht sich ganz und gar auf kulturelle, historische und soziale Gegebenheiten, die für Krieg und Frieden entscheidend werden. Im Vergleich: Die Alten Ägypter beispielsweise, die in demselben Raum leben, gehören nur mittelbar zu den Semiten, sie sind eigentlich Hamiten, aber sie zeigen prototypisch zwei mögliche Formen sich zu verhalten. Da ist das Alte Reich, geschützt gerade durch die Wüstenzonen, die es von der arabischen Halbinsel, auch von dem sich heute palästinensisch nennenden Raum abschließen und die nach Westen und Süden hin sicherstellen, dass die Niloase für Feinde unbetretbar bleibt. Das Alte Reich zwischen 2700 und 2150 ist gekennzeichnet durch einen langen Aufstieg in Kontinuität – von einfachen Vorformen bis hin zur Hochkultur, der pharaonischen Gesamtverwaltung, der Einrichtung von Speicherlagern und dem hohen Standard einer sorgenfreien Erzeugung von Produktionsgütern aller Art, bis zu der luxuriösen Form des Pyramidenbaus, an dem sich die gesamte Kraft der ägyptischen Kultur abnutzen wird. Es folgt um 2150 v. Chr. bis 2040 eine chaotische erste Zwischenzeit. Bis dahin aber haben wir ein Land, das den Krieg im Grunde nicht kennt. Man macht Überfälle, man bereichert sich, aber man lebt nicht im Bann des Krieges.

Im Mittleren Reich zwischen 2040 und 1785, als man zum ersten Mal die Bedrohung durch andere Völker kennen gelernt hat, verhält sich die Situation dann sehr anders. Durch soziale Destabilisierung im Innenraum, und spätestens nach der Einwanderung der Hyksos ins Nildelta in der zweiten Zwischenzeit, – was die Bibel mit dem Auszug der Söhne Josefs nach Ägypten legendär verbindet – gerät Ägypten zwischen 1650 und 1550 zum ersten Mal unter wirkliche Fremdherrschaft. Man muss von Theben aus durch eine Revolution die Fremdherrschaft beseitigen, und jetzt beginnt ab 1551 im Neuen Reich eine wirklich militärische Politik. Spätestens im 13. Jahrhundert v. Chr. gerät Ramses II. (1290–1224) in die altorientalischen Auseinandersetzungen der Machtpolitik – vor allem mit den Hethitern. In dieser Situation wird Ägypten zu einer Militärmacht, aber angeregt, fast genötigt, durch äußere Bedrohungen.

Um die Gewalttätigkeit des Alten Orients zu erklären, muss man demnach eine Reihe von geographischen und politischen Faktoren einführen: die Begrenztheit der lebensfähigen Räume, den ständigen Kampf um Ressourcen, die chronische Baumarmut, – all das sind wichtige Gegebenheiten, die kriegsbegünstigend wirken können. Ägypten etwa muss sein Bauholz von außen importieren. Das alte Mesopotamien ist rohstoffarm. Das hat beim Aufstieg zum Metallzeitalter, zur Bronzezeit also, und noch viel später zur Eisenzeit, ein ständiges Expansionsbedürfnis zur Konsequenz. Man muss den Kaukasus beherrschen, um an die Eisenlager heranzukommen, und man braucht wieder Eisen, um Waffen herzustellen und die Eroberungen abzusichern. Das Gebiet des Alten Orients liegt also in einem Feld von Konflikten, deren Nachwirkungen wir bis heute in diesem Raum spüren. Und was wichtig bleiben wird: Politische und militärische Ereignisse haben in dieser Region immer auch eine religiöse Komponente.

Hat das alles nur historische oder soziale Wurzeln? Oder sind Offenbarungsreligionen anfälliger dafür, zur Ideologie zu werden, als etwa Buddhismus und Hinduismus?

Religionen wie der Buddhismus gehen erfahrungsnah aus meditativen Evidenzen hervor. Im Unterschied zu dem Menschentyp, den wir in der westlichen Kultur hervorgebracht haben und der sich wesentlich in der Ausdehnung und Ausprägung von egozentrierten Interessen betätigt, lernt jeder Schüler des Buddha, sich selber von ichbezogenen Zielsetzungen zu distanzieren und zu emanzipieren, die überflüssig sind und von denen frei zu werden die Voraussetzung für inneren Frieden ist. Das wirkliche Ziel des Lebens ist es, zu lernen, wie man bedürfnislos wird, wie man sich selber von der Fehlidentifikation mit allen Habens- und Macht-Ansprüchen löst. Das ist der Sinn der buddhistischen Kultur. Befriedung erfolgt dabei zunächst ganz und gar im Innenraum. Mit Buddhisten, die wirklich die Lehre leben, kann man keinen Krieg machen. *Das* war die Erfahrung des *Dalai Lama,* von der wir sprachen. Die Attentate in New York und Washington bedeuten für einen Mann wie ihn förmlich einen Schrei danach, die Chance der Gewaltfreiheit jetzt zu nutzen. Bald darauf hat er in Straßburg den Dialog mit denen eingefordert, die zu dieser Gewalt gegriffen haben. Buddhistische Überzeugung ist: Man darf auf Gewalt nicht mit Gewalt antworten, wenn nicht alles noch schlimmer werden soll. Man muss die *Frage,* das Problem, den Sinn begreifen, die auch und gerade in der Gewaltzufügung liegen. Buddhisten denken so: Wenn jemand glaubt, mir etwas wirklich Schlimmes antun zu müssen, wie kommt es denn, dass er mich so wahrnimmt? Was habe ich selber dazu beigetragen? Was ist in ihm vor sich gegangen, dass er mich womöglich vollkommen falsch sieht? Oder sieht er mich vielleicht völlig richtig? Der Buddhismus würde nie einen Kreuzzug gegen das Böse ausrufen, im Gegenteil. Mich hat ein Satz sehr beeindruckt, den der *Dalai Lama* bei der Vertreibung aus Tibet durch die Chinesen als Kind, also in einer Situation, in der ihm schlimmes Unrecht wiederfuhr, hat lernen müssen: „Es gibt Gutes, und es gibt Böses, aber beides hat Ursachen." Genau dieses Denken unterscheidet die buddhistische Haltung von der Strategie ständiger Symptombekämpfung im Abendland.

Es täte uns im Westen gut, von diesen buddhistischen Grundüberzeugungen zu lernen. Wir haben die Kriege in der zweiten Hälfte des 20. Jahrhunderts, wie gesagt, immer mit der Bekämpfung *Hitlers* gerechtfertigt. Jeder Krieg schien uns schon dadurch heilig und nötig, dass er sich auf den zweiten, dritten, fünften Hitler richtete. Dass wir permanent Hitler bekämpfen, hat seinen Grund nicht nur darin, dass wir einen fixen Typus unserer selbst projizieren und draußen identifizieren. Es kommt noch etwas anderes hinzu, das wir jetzt rekapitulieren können: Wir nehmen Hitler ständig als Ursache statt als Symptom.

Man verbietet es förmlich, die vielfältigen Ursachen, unter denen „Hitler" möglich wurde, zu erforschen, aus Angst, dann werde das Grauen der Nazi-Herrschaft relativiert oder entschuldigt. Wenn aber „das Böse" als ein „absolutes" Phänomen betrachtet wird, kann man natürlich nur noch eine „absolute" „Lösung" anstreben. Jede Todesstrafe, jeder Krieg rechtfertigt sich durch eine Auflösung des geschichtlichen Zusammenhangs: Es gibt nichts mehr zu erklären noch zu verstehen, es gibt nur noch etwas ohne Erbarmen auszurotten. „Gott mag vergeben, wir nicht", meinte Senator *John McCain* in diesem Sinne zur Begründung des amerikanischen „Kreuzzugs" gegen den weltweiten Terror. Es scheint, als befände sich unser juristisches, moralisches und gesellschaftliches Denken immer noch in den Zeiten der Ketzer- und Hexenprozesse, in denen man glauben mochte, durch das mitleidlose Verbrennen von beliebig vielen Inkarnationsgestalten des „Teufels" die Welt für Gott, für die Kirche oder ganz simpel für die eigenen Machtansprüche reinigen zu können. Am Ende war man befriedigt angesichts des nicht endenden Tötens, man fühlte sich erleichtert, nun doch mal die „Richtigen" „zur Strecke gebracht" zu haben. Geholfen hat es selbstverständlich niemals, und es konnte auch nicht helfen, weil man die eigentliche Aufgabe verweigerte, über die Gründe des „Bösen" nachzudenken. Auf diese Weise bleibt uns „Hitler" natürlich ständig erhalten.

Er fällt wie die Inkarnation des Bösen in unsere Kulturgeschichte hinein, als eine unableitbare absolute Größe, die immer wieder abrufbar ist, um neues absolutes Böses zu halluzinieren – und dann selber im eigenen Tun zu legitimieren. Die Frage muss, richtig gestellt, anders lauten. Nicht: Wie beseitigen wir Hitler, sondern: Woher kommt „Hitler"? Erst wenn wir auf die Frage nach den Ursachen eine wirklich zureichende analytische Antwort finden, können wir das, wofür „Hitler" steht, wirklich bekämpfen und für die Zukunft unmöglich machen.

Noch einmal, weil es so wichtig ist: Hätte man 1918 erklärt, was der Erste Weltkrieg wirklich war, ein Weltbrand mit Millionen Toten ohne Sieger, wäre *Adolf Hitler* nie etwas anderes geworden als Tapetenmaler oder Postkartenzeichner in Wien. Erst der Revanchegedanke, dass die einen gewonnen haben wollten und die anderen nicht verloren haben durften, schaffte das Potential des Wahnsinns, in das hinein *Hitler* sich politisch artikulieren konnte und in dem eine Situation entstand, in der er als Sprachrohr bzw. als Identifikationsfigur des kollektiven Hasses aufzutreten vermochte.

Unter buddhistischen Voraussetzungen ist eine solche Politik und eine solche Geschichte nicht möglich.

Lässt der Buddhismus, lässt der Hinduismus dem Gläubigen mehr Freiheit? In den monotheistischen Offenbarungsreligionen ist der Wahrheitsanspruch sehr stark definiert, und darin wurzeln doch viele Konflikte.

Das Problem liegt in der Tat darin, dass mit der Vorstellung einer „Offenbarung" der Gedanke einer Mitteilung von außen einhergeht. Gott sagt etwas, das der Mensch von sich her nicht wissen kann, und was Gott auf diese Weise äußerlich sagt, wird als eine inhaltliche Aussage verfestigt und zu einem Lehrsystem aufbereitet. Darin liegt zweifellos eine Quelle endloser Gewalt und Rechthaberei. Aus dem Gott der Liebe wird ein Gott der Dogmen.

Der Buddhismus würde demgegenüber die Wahrheit, die er zur Vermenschlichung, zur Reifung vorschlägt, niemals doktrinär formulieren und absolut setzen. Selbst wenn er im System des Buddha, im achtfachen Pfad, im zwölfgliedrigen Kausalschluss, eine ganze Reihe theoretischer Überzeugungen transportiert – die wichtigste Überzeugung liegt darin: Jeder muss so leben, wie es seinem jetzigen Entwicklungsstatus entspricht. Er wird womöglich in einem anderen Leben aus den Fehlern in diesem Dasein lernen müssen. Aber man kann ihm nicht äußerlich verordnen, was er jetzt lernen soll, und man kann ihm nicht einen Status zudiktieren, der nicht von innen her gewachsen ist. Das ist ein Prinzip der Toleranz oder der Menschheitspädagogik, das Ungeduld ausschließt.

Es kommt noch ein wichtiger Punkt hinzu: Mit Menschen, deren Ziel darin liegt, frei zu werden vom Zwang der eigenen Ansprüche, ist natürlich auch keine Wirtschaft etablierbar, die sich immer wieder neu in aggressive Zwänge hinein entwickeln muss im Kampf um Ressourcen, im Kampf um Arbeitsplätze, im Kampf um Arbeitssklaven für den Markt. Das alles ist mit Menschen nicht zu machen, die wissen, dass man auf diese Art ganz sicher nicht glücklich wird. Bis zum Herzinfarkt mit Zielen herumzurasen, die in nichts anderem bestehen, als den Chef der Nachbarfirma möglichst in den Ruin zu treiben, das ist keine buddhistische Handlungsmöglichkeit. Wir können die Illusion wohl auch nicht aufrechterhalten, dass wir die aggressivste aller Wirtschaftsformen in Gestalt des Kapitalismus etablieren könnten und am Ende Frieden erwarten dürften. Klären wir dabei, was Kapitalismus ist. Kapitalismus besteht in nichts anderem, als dass wir – im Staat ebenso wie in der Wirtschaft – überhaupt nur investieren können durch Kreditaufnahme, durch Schuldenmachen. Dann müssen wir den aufgenommenen Krediten hinterherhetzen, plus der Zinseszinsspirale. Endloser Expansionszwang ist die Konsequenz daraus. Keine Debatte im Bundestag über Wirtschaft, die nicht verkündet, dass wir zwei Prozent Wachstum des Bruttosozialprodukts zu erwarten haben. Werden die Prognosen nach unten korrigiert, ist das eine Katastrophe. Was keiner sehen will: Eine Wirtschaft, die sich permanent nur durch Wachstum erhält, ist in sich selber eine Katastrophe.

Wachstum aber ist die Basis von allem, was wir treiben. Man muss expandieren, unter allen Umständen, je mehr, desto besser. Das ist so absurd, wie wenn ein Ernährungswissenschaftler sagen würde: Iss immer mehr, dann wird es dir immer besser gehen. Das wäre ein Programm für den Tod innerhalb von wenigen Wochen. Aber so mästen wir uns ohne jede Weisheit. Das institutionelle Christentum ist augenscheinlich außerstande, mit seinen asketischen und psychologiefernen Aufrufen einen wirksamen Korrekturfaktor zu bilden, ja, es hat nach *Max Webers* Meinung sogar die Grundlagen der heutigen Wirtschaftsform gelegt: Konsumverzicht, Selbstunterdrückung für abstrakte Ziele, Warenfetischismus – eine Religion der Äußerlichkeit in jedem Betracht.

Die Bergpredigt ist lebbar

Ist für Sie die Bergpredigt ein Programm, das durchaus auch praktisch umgesetzt werden könnte, wenn es um die Lösung unserer fundamentalen Probleme geht? Die Bergpredigt ist für Sie keine Utopie?

Lassen Sie uns zuvor noch ein wenig über die mögliche Korrektur abendländischer Einseitigkeiten durch andere Religionen sprechen. Ich bin davon überzeugt: Würden wir die Bergpredigt mit den Erfahrungen und Einsichten aus dem Raum fremder Kulturen und Religionen verknüpfen wie zum Beispiel denen der buddhistischen oder der hinduistischen Religion, würden wir zudem die wunderbaren Kulturtraditionen des Taoismus in Rechnung stellen, dann könnten wir die besten Interpretamente der Bergpredigt lernen. Im 4. Jahrhundert v. Chr. versucht man im antiken China, die Lehre des *Lao Tse* mit historischen Erfahrungen zu verknüpfen. Es wird zum Beispiel berichtet, wie ein König einen Krieg dadurch vermeidet, dass er mit seinem ganzen Volk einfach wegzieht. Man denkt in diesem Kulturraum nach über die Gründe, die Menschen in den Krieg führen. Bei *Lao Tse* stehen so außerordentliche Sätze: „Wo immer Heere sind, wird das Land verwüstet sein. Waffen sind keine Instrumente des Edlen. Einen Sieg im Felde sollte man begehen als eine Trauerfeier." Das sind Worte aus dem *Tao te King,* fünfhundert Jahre vor Christus im antiken China.

Der Kommentar zur Bergpredigt liegt ganz sicher nicht in einer Staatsphilosophie und Moraltheologie, wie wir sie im Christentum entworfen haben. Aber Ansätze des *Buddha* oder des *Lao Tse* könnten uns lehren, wie die Bergpredigt wirksam zu werden vermöchte. Wir könnten zudem am Hinduismus lernen, dass eine Religion sich im Wesentlichen durch Zeichen und Symbole plausibel macht – ganz anders, als es in den so genannten Offenbarungsreligionen geschieht. Der Hinduismus hat als Sprache der Götter den Tanz zum wesentlichen Ausdruckssymbol gewählt. Gott durch Musik und in der Gebärde des Tanzes zu verkünden ist etwas Wundervolles. Das symbolische Denken besteht gerade in der poetischen Unschärfe der Ränder, in der Vieldeutigkeit, in der Komplementarität der Bilder. Kein Symbol beschreibt in dieser Vorstellung irgendetwas gänzlich, man braucht gewissermaßen immer schon sein Gegenteil dazu, um es zu vervollständigen. Zum mythischen Denken gehört die bis heute gültige Einsicht: Man kann das Göttliche nur in immer neuen Zugangswegen beschreiben. Es geht nicht um wahr oder falsch, alle Bilder sind Facetten einer Wirklichkeit. Die Alten Ägypter etwa konnten in diesem Annehmen von Bildern wunderbar groß sein. Sie haben nichts in ihrer Geschichte vergessen, sie haben es immer nur angelagert, angereichert durch neue Bilder.

Bei einem solchen Verständnis religiöser Wahrheit ist religiös motivierte Gewalt gegen Andersgläubige nicht möglich, sondern der andere, der neue Bilder dem Bekannten hinzufügt, ist hochwillkommen. Die Offenbarungsreligionen dagegen basieren auf der Vorstellung, dass zu einem ganz bestimmten historischen Zeitpunkt ein bestimmter Inhalt den Menschen mitgeteilt worden sei. Sie sind überzeugt, man könne diesen dogmatischen Inhalt anderen doktrinär aufnötigen.

Zwei äußerst problematische Denkvoraussetzungen liegen dem zugrunde. Die eine erwähnten wir gerade: Man glaubt, die Menschen seien von sich her nicht imstande, die Gottheit zu verstehen, diese müsse vielmehr von außen in die Weltgeschichte eingreifen, um dem Menschen etwas zu sagen, das er von sich selber her ja nicht begreifen könne. Und zum Zweiten: Man müsse künftig den anderen, die den Inhalt der Offenbarung von sich selber ebenso wenig begreifen könnten, mit einem neuerlichen Eingriff beibringen, was man begriffen hat. Hier liegt das Potential für Gewalt, psychologisch nach innen – für den Gläubigen, und missionarisch nach außen – für den Ungläubigen. Wenn wir demgegenüber hinschauen, was *Jesus* macht, der für die Christen der Hauptträger der Offenbarungsreligion des Christentums sein sollte, dann sehen wir: Er hat nicht von Gott irgendein satzhaftes Wissen vorgetragen, das er dann den Dozenten der Theologie zur Weiterverbreitung vermacht hätte, sondern er hat Gott neu *erfahren* – und zwar als eine Macht, die es unter anderem überflüssig sein lässt, auf Aggression mit Gegengewalt zu antworten.

In der Bergpredigt lesen wir etwa: „Wer dich auf die rechte Wange schlägt, dem halte auch noch die linke hin" (Mt 5, 38). Dieser wunderbarer Satz ist übrigens auch in der Zuordnung völlig richtig. Jesus setzt voraus, dass der erste Schlag mit der *linken* Hand geführt wird, unbewusst offenbar, und er setzt voraus, der Schlag sei zu Unrecht erfolgt. Derjenige, der getroffen wurde, hätte also allen Grund, sich zu wehren, zu verteidigen. Aber *Jesus* sagt: Wenn du wirklich an Gott glaubst, musst du dich nicht verteidigen. Die neue „Offenbarung", die *Jesus* bietet, die neue *Erfahrung*, die er macht, besteht eigentlich nur darin, dass er ernst nimmt, was der Gottesglaube Israels immer schon verkündet hat: „Gott ist viel mächtiger als alles, was dich ängstigen kann." *Jesus* sagt im Matthäusevangelium, Kapitel 10: „Fürchtet doch nicht diejenigen, die euch nur töten können; nehmt einzig Gott ernst, er entscheidet über Himmel und Hölle. Wer ihr als Menschen seid vor Gott, mit anderen Worten, *das* ist die Frage, die euch umtreiben sollte. Alles andere ist relativ." Also wenn das schon fest steht: Schaut doch mal hin, wie die Hände zittern, ehe sie sich zur Faust ballen, wie die Augen des „Gegners" schmal werden, ehe sie zu Visierschlitzen des Angriffs werden, wie seine Haut transpiriert und sein Herz pulsiert, ehe er aggressiv gegen dich wird. Schau, was für ein armes Schwein der andere ist, und du musst vor ihm nicht Angst haben. Wenn du Vertrauen genug gewinnst, keine Angst mehr zu haben vor dem, was dir sonst Angst machen würde, dann hast du es geschafft.

Das ist eine wirklich neue „Offenbarung". Paulus wird sagen: Das ist die Geburtsstunde des *neuen Menschen* (1 Kor 15, 45). Es wäre das wirkliche Ende der Steinzeit, wenn wir so weit wären. Wir hätten dann endlich das ganze alte Verhaltensrepertoire, die Paranoia der Geschichte, abgearbeitet durch ein Vertrauen, das neue Handlungsspielräume eröffnete. Wer will, kann *das* in der Tat eine neue Offenbarung nennen. Denn da ist wirklich etwas, das man vom Menschen her, wie er bisher war, nicht begreifen kann. Es ist geradezu paradox, vielleicht absurd, aber es ist gebunden an die Veränderung des menschlichen Lebens im Ganzen. Es ist nicht gebunden an eine Doktrin. Die Art der Weitergabe dieser neuen Erfahrung bestünde mithin in nichts anderem als darin, die Angstfreiheit selber, die man in Gott gefunden hat, zu verbreiten durch Güte und durch Menschlichkeit. Wenn wir „Offenbarung" so definierten, wären die Offenbarungsreligionen friedfertig und menschlich kompatibel.

Aber so haben sie sich eben nicht definiert. Sie haben bis heute Lehrtraditionen eingerichtet, die sie im Grunde nur mit Ideologie oder Brachialgewalt den Gläubigen wie den Ungläubigen aufnötigen konnten. Man muss die anderen instruieren oder instrumentalisieren – anders als mit dieser Mentalität ist der tradierte Typ von „Offenbarungs"-Religion historisch nicht verbreitet worden und ließ sich auch wohl nicht verbreiten.

Gerechtigkeitshalber muss ich freilich auch dies sagen: Ich wüsste zwar kein Buch der Menschheit, das so viel Schreckliches im Namen Gottes gebietet, wie wir es in Büchern des Alten Testaments über die Ausrottung ganzer Völker finden; aber das Volk der Juden hat bis heute selber so nie gehandelt. Wenn wir absehen von der Annexionspolitik Davids, war die Geschichte des Volkes Israel im militärischen Sinne nie sonderlich glorreich. Die sadistischen Gottesbefehle im Alten Testament sind als Reaktion nach dem babylonischen Exil im 6. Jahrhundert v. Chr. zu verstehen und wurden von den Theologen damals so formuliert. Es wäre und ist sehr gefährlich, sich etwa zugunsten einer zionistischen Politik gegenüber den Palästinensern auf derartige Stellen der Bibel zu berufen. Manches in dem Buch der „Offenbarung" offenbart offenbar mehr die Angst und den Hass des menschlichen Herzens als die Stimme Gottes.

Das Judentum war nie so missionarisch indoktrinierend?

Das Judentum ist eine Gesetzesreligion, aber keine dogmatische Religion. Die Vorstellung, einem auserwählten Volk zuzugehören, konnte im Umgang mit den anderen Völkern natürlich jede Art von Missverständnis und Reibung erzeugen. Aber Israel verhielt sich in unserem heutigen Sinne tatsächlich nicht missionarisch. Manche Propheten dachten allerdings, dass eine Menschlichkeit in Israel sei, die auch nach außen hin ausstrahlt. Der Zionsberg als Wallfahrtsort – *Jesus* wird im Erbe des *Jesaja* so gedacht haben. Und mindestens das frühe Christentum hat so gedacht: Was *Jesus* uns beigebracht hat, ist zu kostbar, als dass wir es als jüdische Sekte beibehielten, wie zum Beispiel der Bruder *Jesu, Jakobus,* es wollte, der den Rest seiner Tage im Tempel verbrachte. Er muss derart gebetet haben, dass man sagte, seine Knie seien gewesen wie die eines Kamels. Er war ein Mann, der die Endzeit vor sich sah, den Untergang der Welt, und er wollte Gott anflehen zu tun, was er beschlossen hat, und es sollte endlich *werden.* In der endzeitlichen Botschaft *Jesu* lag gewiss auch die Möglichkeit, sich einzuschließen. Die Jesusbewegung aber wollte das nicht. Sie wollte das, was das Judentum – in der Person *Jesu* gefiltert – fortschreibt, der Menschheit schenken. Das sind Leute, die sich mit *Petrus* und *Paulus* und anderen dann auch nominell verbinden. Darin liegt ein ganz großer Anspruch, der aber natürlich auch wieder pervertiert werden kann und offenbar schon sehr früh pervertiert wurde. Es hat im gesamten Römischen Reich tatsächlich später keine religiöse Gruppierung gegeben, die von einem solch fanatischen Durchsetzungswillen und einer solchen ideologischen Intoleranz geprägt ist wie das sich ausbreitende Christentum. Die Verbindung von Offenbarungsglauben, Monotheismus, absolutem Wahrheitsanspruch und missionarischem Elan, wohlgemerkt losgelöst von den humanen Bedingungen, die in der Botschaft *Jesu* liegen, verknüpft mit dem Status einer Staatsreligion ab 380 – das alles ist ein Potential, das die Geschichte der abendländischen Christen so präformiert, wie wir sie heute im Ergebnis sehen.

Weltfrieden durch Weltreligionen?

Herr Drewermann, was kann heute getan werden, um eine noch tiefere Spaltung zwischen religiösen Gesellschaften, der muslimischen, der nichtmuslimischen Welt einerseits und den säkularen Gesellschaften andererseits zu verhindern?

Fest steht, dass es eine Illusion ist, wenn wir von den derzeit so verfassten Religionen den Weltfrieden erwarten. Es ist genauso illusionär, durch irgendein ethisches Konstrukt ein Programm zu entwerfen, das wir jetzt – wie das Kaiser *Augustus* für die bewohnte Welt damals getan hat – verordnen könnten. Auch den Amerikanern wird es so nicht gelingen.

Was wir vorhin schon bei der religiösen Weltdeutung des Islamisten *Sayyid Qutb* festgestellt haben: Es ist nicht nur problematisch, sondern geradezu gefährlich, den Menschen durch ein theologisches Vorauswissen definieren zu wollen. Umgekehrt ist es eine ganz wichtige Entdeckung in allen Religionsformen und Verlaufsgeschichten geworden – im Abendland beispielhaft etwa verbunden mit dem Namen *Gotthold Ephraim Lessing,* – dass die Sprache von Gott sich selber an der Wirkung kontrollieren muss, die sie für Menschen hinterlässt. *Nathan der Weise* ist ein wunderbares Lehrstück darüber, dass Menschen sich in allem irren können, sogar darüber, wer ihr eigener Vater ist und welchem Volk sie blutsmäßig zugehören und wie sie als Kinder in irgendeinen Glauben hineingeboren wurden. Biologie, Soziologie, Kulturgeschichte können variieren und irritieren. Das Einzige, was wirklich zählt, ist die Fähigkeit der Religion, vor Gott und Menschen angenehm zu machen; sie ist der Ring an unserem Finger, den Gott geschenkt hat.

Wenn wir also uns schon zwischen den verschiedenen Religionen um die Wahrheit Gottes streiten, dann sollten wir erkennen: Erfahrbare Menschlichkeit ist das einzige Wahrheitskriterium für alle Religionen. Nur in diesem Punkt sollten Religionen miteinander konkurrieren. Religionen selber sind relativ. Gott ist der Absolute, und der ganze Beitrag der Religionen liegt darin, dass ein Mensch im Vertrauen auf diesen Gott zum *Muslim*, zum Befriedeten, oder zum *Zaddik*, zum Gerechten, oder zu jemand wird, von dem *Jesus* gesagt hätte, er sei ein wirklicher Mensch, ein *Menschensohn*; oder ein Erleuchteter der Güte und der Weisheit, ein *Buddha*, oder ein *Tathataga*, ein Hindurchgegangener. All diese Bilder kann man dann gebrauchen – und man wird ihren komplementären Charakter erkennen.

Religiöse Erziehung kann also nicht in einer permanenten Indoktrination bestehen, die einen „Gläubigen" zum Ziel hat, der nichts anderes wäre als eine mit den objektiven Lehrinhalten voll identifizierte Gestalt. Glaube sollte nicht mechanisch Lehrgegenstände in den Kopf eines Menschen schrauben, er sollte vielmehr eine Kraft sein, die sich als Antwort auf die Krisen des Lebens entfaltet. Die tradierte Vorstellung lautet, es gelte, einen Glauben zu dozieren, der die Hoffnung in zweierlei Inhalten hat: Weil Christus gestorben ist für dich, so ist Vergebung bei Gott, und weil er im Tode auferweckt wurde, ist Hoffnung angesichts des Todes durch die Auferstehung für dich; und dann schließlich, wenn dieses beides gegeben ist, wird die Liebe zur Forderung und Möglichkeit erhoben; so erwächst dann – als drittes, wohlgemerkt – die christliche Caritas, der liebevolle Umgang miteinander. Glaube, Hoffnung, Liebe – so die Abfolge im 1. Korintherbrief, Kapitel 13. Sie ist vielleicht richtig, aber nicht ungefährlich.

Ich möchte, was ich meine, aus meiner Erfahrung als Psychotherapeut in umgekehrter Reihenfolge erläutern: Menschen kommen und möchten Hilfe, sie sind oft verzweifelt, und auch ich sehe nicht weiter. Die Betroffenen selber wissen durchaus nicht, was werden soll, denn sonst kämen sie gar nicht erst. Es ist deshalb schon viel wert, wenn sich ihnen der Mund öffnet, mit dem Vertrauen womöglich, dass in dem, was sie jetzt reden, Gottes Sprache vernehmbar sei. Wenn es gelingt, dass Worte sich finden für das Erlebte, ist das Wichtigste fast schon erreicht. Jedenfalls beginne ich, je länger Menschen mit mir reden, sie in aller Regel ein Stückchen näher zu erleben. Sie müssen mir nicht unbedingt sympathisch sein, aber ich fange an, Verständnis für sie zu gewinnen, und schon für all das, was sie durchgemacht haben, verdienen sie zunehmend Aufmerksamkeit, Begleitung, Zuwendung, Hilfe, Unterstützung, Bestätigung. Bei all dem, was sie jetzt erzählen, haben sie eine bestimmte Würde bewahrt. Die Art, wie sie sich damit auseinandersetzen, kostet mich Respekt. Und was sie daraus gemacht haben, soll ihnen erst einmal jemand nachmachen. Doch je mehr wir das jetzt so sehen, beginnt aus dem, was wir einmal sehr konfus als *Liebe* bezeichnen, sich auch eine Art von *Hoffnung* zu kristallisieren. Es gibt plötzlich Ansätze, die vorher nicht sichtbar waren. Aus einem besser begründeten Selbstvertrauen entstehen nun auch neue Möglichkeiten, Zukunft zu entwerfen oder Probleme zu lösen oder Scheinprobleme aufzugeben. Es beginnt Hoffnung zu wachsen auf Grund einer Liebe, die auch der eigenen Person gilt. Ein neues Verhältnis der Zuneigung und Zuwendung wird jetzt möglich. Dann erst lassen sich Voraussetzungen formulieren, unter denen eine solche Hoffnung sich kristallisiert. Wenn wir diese Inhalte schließlich als *Glauben* bezeichnen, als menschlich nachgeholte *Evidenzen*, hätten wir vermutlich die richtige Reihenfolge, wie wir Religion begründen sollten: Aus der *Liebe* erwächst eine *Hoffnung*, die wir begründen durch eine Annahme, die der *Glaube* ist – so ist die richtige Reihenfolge. Außerhalb der Liebe jedenfalls dreht sich alles auf den Kopf.

Sehen Sie – zusammenfassend gefragt – in den monotheistischen Religionen auch ein Potential, das in absehbarer Zeit zum Frieden hinführen kann?

Man muss zunächst einmal sagen: Die monotheistischen Religionen enthalten tatsächlich in sich ein enormes prophetisches, kritisches Potential. Wenn Gott jenseits aller immanenten Zielsetzungen wohnt und gegenwärtig ist, relativiert sich alles menschliche Tun. Dann hört auch die Verschmelzung von Mensch und Natur auf. Das ist die große Kulturleistung, die die Bibel mit sich gebracht hat: eine Überschreitung aller Immanenzbindungen des Menschen. Darin liegt etwas Großartiges, eine Befreiung des Menschen von allen von außen verordneten Zwängen. Wir sollten natürlich hoffen, dass der Ruf „Allah ist größer", die Komparativform von „Gott ist groß", für *jede* Religion zutrifft und stimmt. In *jedem* Falle ist Gott größer als die verordnete Macht. Was wäre, wenn wir Menschen hätten, die erklären würden: Gerade weil Gott größer ist, lasse ich mir Krieg, lasse ich mir Soldatentum nicht befehlen?

Diese Möglichkeit, die doch im Monotheismus, wenn er wahr geglaubt wird, liegen kann, sehe ich eingelöst etwa im Beispiel des Österreichers *Franz Jägerstätter*, eines einfachen, vom Lande kommenden Mannes, der 1941 sieht, was geschieht, der erfährt, wie der Mordkrieg gegen Sowjetrussland von Kardinal *Theodor Innitzer* in Wien als ein Kreuzzug gegen den Atheismus verkündet wird: Die Christen müssen sich daran beteiligen, erklärt das Kirchenoberhaupt. Und ähnlich in Deutschland schon Jahre zuvor. Es gibt damals aus dem Munde des Kardinals *Clemens August Graf von Galen*, später gefeiert als Löwe von Münster auf deutscher Seite, aus dem Jahre 1938 in seiner eigenen Kirchenzeitung nicht nur Hetztiraden gegen die Pfeffersäcke in England, sondern auch die Erklärung, dass ein Eid, geschworen auf den deutschen Führer *Adolf Hitler*, ein Eid sei geschworen auch auf Gott. Das ist drei Jahre nach der Zwangsvereidigung, der Einführung des Wehrdiensts 1935. Noch ehe der Krieg beginnt, den man längst kommen sieht, stellt dieser Kardinal fest, dass es einen Widerstand, moralisch legitimiert im Namen Gottes, gar nicht geben darf!

Das ist für mich deswegen so unglaublich, weil der Monotheismus in genau dem Punkt, der für uns jetzt relevant ist, gegen sich selbst gedreht wird: Gott ist nach dieser Äußerung nicht *größer* als der Führer, er ist identisch mit dem Führer, das heißt, er ist *kleiner* als der Führer, er ist nichts weiter als die Spielfigur des Führers. *Jägerstätter* indessen weiß, als einfacher Gläubiger: Was hier passiert, hat mit der Botschaft der Bergpredigt nichts zu tun. Als einfacher Mensch sieht er: Die Konsequenz wird darin bestehen, Hunderttausende von Menschen zu ermorden, sich ihr Land anzueignen, ihre Häuser zu verbrennen, ihre Äcker in Anspruch zu nehmen, und es ist gerechtfertigt durch gar nichts. Kardinal *Innitzer* wird ihn fragen, wie er, ein ungebildeter Mann, kein Theologe, sich anmaßt, die Botschaft Jesu auslegen zu wollen, wo doch die Kardinäle alle in Gesamt-Großdeutschland einer anderen Meinung sind, einer deutlichen, klaren, einmütigen und eindeutigen Meinung. Ist das nicht Insubordination, Hochmut, falscher Stolz, eine Eingebung des Widergeistes? *Franz Jägerstätter* ist in den Tod gegangen für seinen Widerstand gegen den Krieg, der auf der Überzeugung sich gründete: Gott ist größer.

Der Monotheismus der Propheten ist, so betrachtet, eine großartige Sache. In ihm ist Gott die Klammer zwischen den Menschen, das verbindende Glied. Aber ich sehe, dass viele den Glauben, wie er von den monotheistischen Religionen heute vorgetragen wird, ablehnen, weil sie empfinden, dass er der Menschlichkeit im Wege steht. Und ich sehe: Es gibt viele, die sich Atheisten nennen und im Grunde der freimachenden Botschaft *Jesu* näher stehen als viele Vertreter der verfassten Religionen. Solche Menschen mögen eventuell die verfasste Religion ablehnen, aber die Vermutung ist, dass gerade aus diesem säkularen Raum als Beitrag zum Frieden vieles geleistet werden kann, was in den verfassten Kirchen derzeit nicht möglich ist. Ich bin auch nicht sicher, ob jemand, der sagt, er glaube an Gott, damit das meint, was man wirklich Gott nennen könnte oder sollte. Ich weiß noch nicht einmal, ob ich selber weiß, was man Gott nennen sollte. Aber manchmal scheint mir, dass das, was Menschen Gott nennen, nichts weiter ist als ein nationalegoistischer Popanz oder als die verinnerlichte Gewalt ihres Vaters oder als eine Projektionsfigur für vielerlei Hass und Revanchegedanken. Man muss einfach feststellen: Es wird so vieles Gott genannt. Und die organisierten Religionen sind nicht gerade der Filter, um die verformten Vorstellungen zu klären.

Alle Staaten stehen in der Versuchung, Gott als den Garanten für sich selbst zu nehmen. Geradezu selbstverständlich spricht Präsident Bush nach jeder Rede, nach jeder Pressekonferenz, das Wort aus: „God bless America". Die Taliban sprechen im Namen Allahs, und der Papst appelliert für den Frieden im Namen Gottes. Ist das alles der eine Gott? Wo geschieht Missbrauch des Namens Gottes im Namen Gottes?

Friedrich Schiller hat sich vor 200 Jahren in Weimar die Frage gestellt, in den *Xenien:* „Warum hast du keine Religion?" Seine Antwort: „Aus Religion." Er wollte sagen: Wer von Gott redet, der kann doch nicht im Ernst der Meinung sein, Gott sei der Gefangene im Vatikan oder in der Kaaba in Mekka oder auf dem

Tempelplatz oder an der Tempelmauer oder in der Grabeskirche oder in der zweiten Etage links in der Grabeskirche, nicht aber en parterre rechts vielleicht. Gott ist doch nicht ein Provinzialgötze für irgendeine Region, Religion, Nation, Konfession. Wenn wirklich von Gott die Rede ist, ist immer von einer absoluten und universellen Wirklichkeit die Rede.

Es gibt übrigens eine wunderschöne biblische Erzählung, die ich manchmal Leuten empfehle, die mich fragen, was man aus der Bibel lesen soll, ob man sie überhaupt lesen soll. Ich empfehle dann die Geschichte vom Propheten Jona, nicht bloß weil sie nur drei Seiten lang ist, sondern weil sie auf dem Boden der Bibel die Kostbarkeit der ganzen jüdischen Religionsüberlieferung darstellt. Es ist die Schrift eines unbekannten Individualisten, der keine Lobby vertritt, nicht die der Priester, nicht die der Theologen. Diese Legende erzählt, zeitlos, aber deshalb gültig über alle Zeiten, von einem Mann, der in die Stadt der Gegner, nach Ninive, gesandt wird. Beim Propheten *Nachum* ist Ninive die Blutstadt, und das war sie historisch in der Tat, sie hatte die scheußlichste Reiterei, ihre Truppen waren leicht verlegbar. Antike Texte beschreiben, wie unter den Hufen der assyrischen Kavallerie der Boden Flammen sprüht, wie man mit den Gefangenen und mit den eroberten Völkern umgeht, wie man ihre Häute schindet und sie an die Stadttore hängt, wie man die Köpfe der Erschlagenen aufschichtet wie Erbsenhaufen. Das historische Ninive war furchtbar für Israel. Um 612 v. Chr. aber existiert es nicht mehr; die Geschichte vom Propheten Jona indessen verlagert ihre Erzählung aus viel späteren Tagen, im 4. Jahrhundert. v. Chr. vermutlich, in gerade diese Zeit zurück. Genau dort nämlich, an diesem Ort der schlimmsten Widergöttlichkeit und kriegerischsten Barbarei, soll der Prophet Jona reden, und er soll einfach sagen: „Ihr richtet euch selber zu Grunde, all euer Tun hat keine Zukunft. Es dauert nur noch 40 Tage, dann ist es mit Ninive aus." Aber Jona will sich nicht kümmern um das widergöttliche Volk, das mit seiner Religion und Militärmaschinerie ausgreift, um ganz Israel wie ein Vogelnest auszuheben. Er flieht, genau in die Gegenrichtung, zum Ende der Welt im Westen, nach Tarschisch. Aber auf seinem Schiff findet er dieselbe Situation, dasselbe Durcheinander vor: lauter Heiden umgeben ihn. Er will von ihnen nichts hören und sehen, er verkriecht sich im Schiffsbauch und schläft. Aber rings um ihn her geht es los, ein Sturm, den Gott selber schickt, und der Kapitän holt Jona an Deck, und die Leute befragen ihn: Wer bist du? Sie befragen ihn so, wie unsere heutigen Behörden immer noch jemanden befragen: Was ist dein Heimatland? Herkunftsort, Wohnort, was ist dein Beruf, Einkommensteuerklasse, deine soziale Definition? Jona erklärt: Ich bin ein Hebräer. Und das heißt: Ich glaube an den Gott des Himmels. Alles, was sich unter dem Himmelsgewölbe befindet, liegt in den Händen dieses Gottes. Das aber bedeutet für mich: Es gibt keine Erlaubnis, Grenzen zu ziehen. Zu sagen: Wir sind das auserwählte Volk und ihr draußen seid die Heiden, das gilt nicht. Wer wirklich an den Gott des Himmels glaubt, steht in Verantwortung und in Korrespondenz mit allen Menschen, mit allen Religionen, mit allen Kulturen, mit allen Zeiträumen. Es gibt kein Ende für die Zuständigkeit eines Menschen, der wirklich an den Gott Israels glaubt. Er hört auf, das zu sein, was die Orthodoxen als Juden immer noch in dem Ghetto ihrer besonderen Auserwähltheit definieren. Genau das ist Gott nicht.

Jona sagt also: Ich bin ein Hebräer und glaube an den Gott des Himmels, der Meer und Festland gemacht hat. Wenn Theologen dies hören, denken sie sich diese Aussage im Sinn des Schöpfungsglaubens, so als handle es sich um eine Auskunft über die Herkunft von Ozeanographie und Geologie, von Meer und Festland. Was Jona aber meint, ist dieses: Ich entdecke, dass ich in den Händen Gottes selbst darüber entscheide, wie mir dieser Gott begegnet. Laufe ich vor ihm weg und vor mir selber, ist dieser Gott ein Abgrund, der sich niemals schließen wird, ein Ort der Unruhe, der Sturmgewalt, des Versinkens, des Aufheulens. Das kann er sein, und er ist dann unentrinnbar so. Dann ist das ganze Meer wie ein lebendiges Grab. Oder er ist die ausgestreckte Hand, er schafft das Festland, er ist der Boden unter den Füßen. Beides hängt davon ab, wie ich mich zu ihm stelle. Entrinnen jedenfalls kann ich ihm nicht.

In diesem Bekenntnis eines gläubigen Juden enthalten ist die ganze Antwort über das, was wir meinen, wenn wir von Gott reden. Diese Antwort ist gültig bis heute für jeden, der Gott meint im Munde führen zu können.

Krieg ist Krankheit, keine Therapie

Gott ist also kein Kriegsgott, und Krieg ist keine Therapie, sondern eine Krankheit.

Genauso ist es. Das Büchlein Jona denkt das noch zu Ende. Jona möchte sehen, wie Ninive in einem Gottesgericht zusammengeschlagen wird. Da sind wir wieder bei Vorstellungen, wie sie zum Beispiel *Admiral Arthur Harris* 1943 bei der *Operation Gomorrha* gegen Hamburg hatte: round the clock bombing, am Tage die Amerikaner, bei Nacht die Briten, und wenn die Leute aus den Bunkern kommen, dann so, dass der Asphalt kocht und keiner mehr entrinnt. Die „Krauts" (die Sauerkraut fressenden Deutschen) haben das verdient. – Ganz so möchte in der Bibel Jona sehen, dass sein Fluch über Ninive in Erfüllung geht. Das Erschütternde am Büchlein Jona aber ist, dass dieser Mann lernen muss, dass Gott anders ist als jede Vorstellung prophetischer Gerechtigkeit und anders als jede Vorstellung von Untergangsvision und Strafmacht, die als Todesstrafe über ganze Völker exekutiert wird. Gerechtigkeit ist nicht Krieg im Sinne von *G.W. Bushs infinite justice,* als Durchsetzung göttlicher Strafgerichte. Das Ende des Büchleins Jona ist deshalb so unglaublich, weil es mit einer Frage endet, die sich jeder Leser beantworten soll. Folgendermaßen:

Gott hat in einer Nacht einen Rizinusstrauch wachsen lassen, ein Wunderding, das über dem Haupt des Jona Schatten spendet und ihm gut tut. Aber Gott hat auch einen Wurm geschaffen, der die Wurzeln des Rizinus anfrisst. Er schickt einen Glutwind, der ihn verdorren lässt, und darüber ärgert Jona sich sehr. Gott sagt am Ende der Erzählung: „Dich dauert es um des Rizinus, den du nicht gepflanzt hast, der aufwuchs als Kind einer Nacht und vergeht als Kind eines Tages. Aber mich sollte nicht dauern um Ninive, der großen Stadt, mit 120 000 Menschen", – und jetzt kommt das Unglaubliche –, „die nicht unterscheiden können zwischen links und rechts." Das bedeutet doch: Wer kommt eigentlich auf die Idee, dass man Menschen mit fertigen Begriffen richten könnte? Die Menschen wissen selber nicht, was sie tun, ja, sie wissen womöglich in dem Schlimmsten, was sie tun, nicht wirklich zu unterscheiden. *Das* ist ihr Problem. Wer begreift, womit er es zu tun hat, wenn er Menschen in die Augen sieht, der sieht ihre Hilflosigkeit, ihre Verwirrtheit, ihre Verzweiflung, ihre Müdigkeit, ihre Bequemlichkeit, ihre Traditionsgebundenheit, er sieht die Blindheit ihrer falschen Begriffe, er sieht ihr ganzes Durcheinander. Wie aber kann er dann noch strafen? „Ich sollte nicht Mitleid haben mit 120 000 Menschen im großen Ninive?" Gott fügt sogar noch hinzu und „mit all dem Getier". Auch das ist miteinbezogen. *Jeremia* etwa kann schildern, wie Krieg wirkt, wenn die Esel unversorgt dastehen und sich zu Tode schreien vor Durst. Frauen und Kinder sind die ersten Opfer des Krieges. Von Tieren ist in unserer Politik des Krieges so gut wie nie die Rede. Aber natürlich sind auch die Tiere mit inbegriffen. Gott wird hier, singulär in der Bibel, zum Hintergrund eines kreatürlichen Mitleids, das alle Lebewesen umgreift.

Daraus geht noch einmal hervor: Es gibt religiös legitim nur eine Haltung der Gewaltfreiheit, die universell für alle Kreaturen gilt. Dass wir dazu im Abendland nie imstande waren, ist das wirkliche Problem. Wir haben das Schlachthaus, und wir haben das Schlachtfeld, und offensichtlich wollen wir dabei bleiben. Wir definieren diesen Zustand immer noch als Fortschritt, als Menschlichkeit, als Zivilisation. Ich wiederhole im Blick auf die aktuellen Vorgänge: Wir verteidigen unsere westliche Zivilisation mit Mitteln, die all das in Frage stellen, was je an christlicher Kultur den Namen wert gewesen wäre.

Zudem stellt sich die Frage, mit was für einem Recht wir unsere erkennbar einseitige, in vielem gefährliche Kultur mit einem neuen chauvinistischen Anspruch zum Maßstab der gesamten Welt erheben. „Wann werden die ersten Frauen in Afghanistan nach der Befreiung von den Taliban den Schleier ablegen und die Burka ausziehen?" Wir halten es wirklich für einen „Fortschritt", wenn wir nach unendlichem Leid, das wir über ein ganzes Land gebracht haben, Erfolge dieser Güte vermelden können – ganz so, wie vor 150 Jahren die Missionare des Kolonialismus mit Stolz verkündeten, wie viele nackte Wilde sie moralisch richtig angezogen hätten. Tatsächlich muss man es wohl glauben, wenn die *Bush*-Administration einen Krieg ausruft, der zehn Jahre und länger dauern könne und der die Organisation Al Quaida in 60 Ländern der Welt bekämpfen wolle und solle. Bei der Diskussion, ob nicht der Irak bombardiert werden solle, um die Herstellung „biologischer Waffen" zu unterbinden, wurde kaum erwähnt: Noch im Juni 2001 lehnten die USA die Beschlüsse der UNO zur Kontrolle der Produktion biologischer Waffen ab, und das, nachdem die Vorschläge dazu seit 1975 auf dem Tisch liegen. Offenbar läuft man dem Phantom einer „Sicherheit" hinterher, die darin besteht, alle Scheußlichkeiten militärischer Möglichkeiten selber in petto zu halten und sie allen anderen aus der Hand zu schlagen. Eine solche „Sicherheit" kann nur darin bestehen, dass es letztlich einzig uns selbst gibt – der „Endsieg" eines Weltkriegs auf Raten. Die Alternative zu dieser Organisation des Wahnsinns besteht darin, Sicherheit als Miteinander zu verstehen und endlich und entschieden *allen,* als ersten uns selber, die Waffen wegzunehmen.

Gerechter Krieg

Gegenwärtig wird viel vom gerechten Krieg gesprochen – und auf der islamistischen Seite vom heiligen Krieg. Lassen sich Kriege moralisch rechtfertigen, sei es aus der islamischen, sei es aus der christlichen Tradition her?

In der christlichen Tradition hat der Begriff des gerechten Krieges im Ansatz nie einen anderen Wert gehabt als den einer Notverordnung, oder wenn man es kritischer sagen will, als die Bedeutung eines Abfalls von der ursprünglichen von *Jesus* her bestimmten Haltung unbedingter Friedfertigkeit und Gewaltauflösung durch eine nicht zu irritierende Güte. Die Haltung der frühen Kirche ist in diesem Punkte noch ganz klar. Man orientiert sich an der Stelle aus dem Matthäusevangelium bei der Gefangennahme Jesu im 27. Kapitel, wo *Jesus* den Petrus, der das Schwert zückt, um seinen Meister zu verteidigen, in die Schranken weist. „Steck das Schwert dahin, wohin es gehört, in die Scheide, denn jeder, der zum Schwerte greift, wird durch das Schwert umkommen.“ Die Gewaltspirale bringt jeden um, meint *Jesus.* Es ist ein reiner Zufall, wenn man für eine kurze Weile denkt, man befinde sich oben an der Spitze des Kreislaufs und könne den anderen nun im Fortgang der Geschichte besiegen. Die Gewalt vernichtet zunächst moralisch bereits denjenigen, der sie ausübt. Der 18-jährige Soldat in Israel, den man in zweieinhalb Jahren zum Killerspezialisten trainiert hat und der nun auf 6-jährige, 10-jährige Steine werfende Kinder schießen soll – er wird das tun, er wird sogar vermutlich stolz darauf sein. Aber wie viel Schuldgefühle wird er haben? Und wenn er sie nicht mehr hat, nur umso schlimmer für ihn. Wie viele Reaktionen des moralischen Empfindens der menschlichen Sensibilität müssen in ihm selbst getötet worden sein, damit er zum Töter werden kann?

Das alles sah man in der frühen Kirche recht deutlich. Theologen wie *Cyprian* haben deshalb seitens der frühen Kirche der Weltmacht Rom die Gefolgschaft verweigert, wenn es um den Militärdienst ging. Ihr Motiv war allerdings weniger grundsätzlich, ihnen lag in erster Linie an der Verweigerung des Fahneneids auf den römischen Kaiser als einen Gott. Als das Christentum selber mit Beginn und Ende des 4. Jahrhunderts in die Rolle einer Staatsreligion einrückte, unterlag man der Versuchung, staatstragende philosophische und moralische Ideen zu entwerfen. Man hat dabei aus *Cicero* und anderen römischen Staatsphilosophen einfach abgeschrieben, was man brauchte, um die Verwaltungsordnung des Römischen Reiches „christlich" zu legitimieren.

Der Wendepunkt in diesem Punkte ist tragischerweise *Augustinus,* der mehr und Besseres gerade zu diesem Thema zu sagen gehabt hätte. Man muss in seinem *„Gottesstaat"* nur noch einmal den schon zitierten unglaublichen Satz lesen: „Die Staaten dieser Welt sind große Räuberbanden, deren Verbrechen lediglich eine Größe erreichen, dass niemand sie bestrafen kann." Der Staat ist für *Augustin* das Gegenbild zu dem Entwurf des Reiches Gottes. Die ganze Geschichte des Staates spricht im Verständnis des *Augustinus* dafür, dass in den Händen der Herrschenden lediglich Gewalt annektiert und monopolisiert wurde, damit sie ihre eigene Ordnung diktieren konnten. Wenn das so ist, was will man vom Moloch, vom Leviathan Staat erwarten?

Augustinus war aber auch derjenige, der – wenn schon Kriege geführt werden sollen –, eine mäßigende Kontrollethik einführen wollte. Das klingt ähnlich verzweifelt, wie man im Alten Testament liest, dass die Blutrache aus der privaten Willkür entnommen und unter zumindest vergleichbare gerechte Talionsbedingungen gestellt werden soll. Diese Absicht steht eigentlich hinter dem „Auge um Auge, Zahn um Zahn" (Ex 21, 23; Lev 24, 19.20). Zitiert man diese Regel unhistorisch, macht sie blindwütig und legitimiert immer noch Todesstrafe und Vergeltung. Was also sind die Regeln „gerechten" Krieges? Manche davon haben wir bereits berührt und kritisch erwähnt.

Erste Regel und Grundbedingung eines gerechten Krieges sollte, nach der Lehre der Tradition, sein, dass nur eine staatlich legitimierte Autorität den Krieg erklären kann. Schon in der Antike allerdings war diese Bedingung nicht unproblematisch. Als im 1. Jahrhundert v. Chr., im Jahre 73, *Spartakus* in Süditalien die Gladiatoren aus den Zirkusspielen der menschenverachtenden, jubelnden römischen Menge zum Aufstand gegen Rom führt, gehört ihm, moralisch betrachtet, auch im Rückblick jedes Recht. Denn welches Recht hätten die Römer gehabt, Kriegsgefangene als Sklaven in die Bergwerke zu schicken oder sie zu ihrem Juhu im Todeskampf gegeneinander antreten zu lassen, nur um sich zu belustigen und um die Kriegsmacht Rom als Schauspiel zu zelebrieren? Alles Recht gehört also dem *Spartakus,* und wenn schon gekämpft werden soll, dann in der Weise von Gladiatoren. Die hat man sie gelehrt. Aber im Sinn der Lehre vom gerechten Krieg verkörpert *Spartakus* natürlich keine legitimierte Staatsmacht. Sein Krieg ist deshalb schon von den Ausgangsbedingungen her ungerecht. Zum wirklichen Problem wird die Lehre des gerechten Krieges, der nur von der legitimierten Staatsmacht ausgerufen werden kann, heute alleine schon dadurch, dass es in der Neuzeit eine Fülle von Völkern gegeben hat, die unter der Entmündigung eingefrorener Eroberungszüge vergangener Zeiten erst einmal Staaten werden wollten und mussten, denen aber von der willkürlichen Herrschaftsverwaltung der Erobererimperien auf dem Wege ihrer Selbstbestimmung keine Chance gelassen wurde. Der Blick in die Kolonialismusgeschichte des 19. und 20. Jahrhunderts zeigt deutlich, dass der Staat nicht schon deshalb, weil er Staat ist, selbstverständlich das Recht auf seiner Seite hat, keinesfalls. Weder innen- noch außenpolitisch ist das selbstverständlich. Es zeigt sich historisch vielmehr: Wenn überhaupt Kriege akzeptabel sein sollen, dann liegt das Recht sehr oft auf der Seite derjenigen, die den Staat angreifen und bekämpfen, weil er in sich selbst terroristisch ist, weil seine Strukturen inakzeptabel sind, weil er permanente Gewalt ausübt. Mit anderen Worten, der Versuch, die Weltmacht Roms mit christlich-moraltheologischen Gedanken zu rechtfertigen, hat eine einseitig perspektivierte Lehrtradition aufgemacht, die sich von Anfang an auf die Seite der schon Herrschenden stellte. Der Spartakusbund am Anfang des 20. Jahrhunderts, der Spartakusaufstand 1919 in Berlin unter *Georg Lebedour,* macht diese Problematik deutlich.

Eine *zweite Regel* für den gerechten Krieg aber sollte als Bedingung hinzukommen. Ein gerechter Krieg sollte nur im Falle eines erfolgten Angriffs erklärt werden dürfen Nur zur Abwehr einer illegitimen Aggression sollte der Krieg ein legitimes Mittel der Gegenwehr sein.

Ein solches Postulat klingt vernünftig, es kommt zumindest dem bürgerlichen Denken sehr nahe. Es entfernt sich zwar sehr deutlich von den jesuanischen Vorgaben, aber unabhängig von einer religiös fundierten und motivierten Erlösungsoption muss man wohl fast resignierend zugeben, dass ungerechte Gewalt mit Gewalt zu beantworten im Getriebe der Geschichte als gerecht verstanden werden kann und konnte. Die Problematik allerdings liegt wieder in der Definition: Was ist ein Angriff? Und was ist ein ungerechter Angriff? Nach strenger Auslegung des Begriffs ist zum Beispiel ein Präventivkrieg nicht moralisch legitimiert zu führen. Es gibt aber Situationen, in denen ein Präventivschlag das wirksamste Mittel oder vielleicht sogar das einzige Mittel der Verteidigung ist. Man denke an den Sieben-Tage-Krieg 1967, als die Israelis dem Aufmarsch der arabischen Armeen nicht länger zusehen wollten, sondern als erste losschlugen. Es waren die ersten drei Stunden beim Bombardement der Luftwaffe, vor allem in Ägypten, die kriegsentscheidend wurden. Man wartete nicht ab, bis der Krieg erklärt wurde, man ließ ihn selber ausbrechen. Das war präventiv, aber Teil einer Defensivaktion.

Man kann sich solche situativ bedingten Szenarien natürlich ins geschichtlich Langgestreckte vorstellen. Was, wenn Staaten oder Gruppen permanent gegeneinander aufrüsten? Wenn sie sich durch den Stand ihrer Rüstung ständig bedrohen, wenn sich zeigt, dass die eigenen Rüstungsressourcen an ein begrenztes Ende gelangen? Ist in all diesen Punkten nicht das Abwarten einer ordentlichen, womöglich per Depesche hinterlegten Kriegserklärung in sich selber illusorisch? Besteht nicht Krieg ohnedies darin, jeden Angriffsvorteil auszunutzen? Kurz, ich will nur darauf hinweisen, dass auch die zweite Regel, die moraltheologisch gesetzt wurde, mit unscharfen Rändern versehen ist; sie ist interpretierbar, sie ist flüssig, sie ist nicht wirklich auf die geschichtlichen Bedingungen gültig anwendbar.

Die *dritte Regel*, die bereits erwähnte Regel der Kombattantentrennung, bezieht sich auf die Methode der Kriegsführung und ist zu allen Zeiten äußerst problematisch gewesen. Ein Krieg kann ja nur in der Art seiner Durchführung für gerecht erkannt werden, wenn zwischen Kämpfenden und Nichtkämpfenden klar unterschieden wird. Doch gerade diese Regel ist im modernen Krieg völlig hinfällig geworden, sie hat aber auch in alten Zeiten, eigentlich schon immer, ihre Gültigkeit eingebüßt. Plünderung, Terror, Brandschatzung, Vergewaltigung von Frauen, zynische Auslieferung von Hungernden an den Tod, Geiselnahme, Missbrauch und Versklavung von Gefangenen, das alles gehört zum Krieg. Das ist nicht seine Degeneration, darin besteht er: Töten mit allen Mitteln. Das im Grunde ist die sich steigernde unvermeidbare Eskalation der Gewalt, von der wir eingangs sprachen. Und es ist nicht zu sehen, wie man mit der Haager Landkriegsordnung oder mit anderen völkerrechtlichen Statuten dagegen angehen könnte. Am Ende werden die Siegenden die Besiegten mit Kriegsverbrechervorwürfen überhäufen. Aber schaut man hin, wie sie zum Sieg geschritten sind, taten sie es entweder in der Pose militärischer und technischer Überlegenheit, die es ihnen ersparte, die primitivsten Mittel einzusetzen, oder sie haben zu denselben Mitteln gegriffen wie diejenigen, die sie verurteilen. Noch einmal: Das Furchtbare ist, dass die grauenvollsten Taten im Krieg aus der Position der Unterlegenen begangen werden. Unterlegene verlieren den Spielraum, noch fair zu sein. Das Unglaubliche, die Kriegslogik, ähnelt darin dem ganz ordinären Zweikampf auf dem Pausenhof. Es wird der Unterlegene der Erste sein, der anfängt zu beißen, zu treten, in den Unterleib zu schlagen, um durch Überraschungsvorteil und durch Zufügung maximalen Schmerzes den an sich Überlegenen noch einmal möglichst gründlich zu treffen und womöglich aus dem Felde zu schlagen. So zu tun gehört zu dieser Art der Verbissenheit ineinander, die wir Krieg nennen. Und gerade die Endphase jedes Krieges lässt stets jedes Maß vermissen – auch auf Seiten der schon Siegenden. Sie wollen dann gründlich und über jedes Maß gesiegt haben.

Kurz, die Regel der Kombattantentrennung scheitert schon daran, dass die ersten Opfer jedes Krieges die Unschuldigen sind: Frauen, Kinder, alte Leute, Greise, Invaliden, Menschen, die mit der Sache an sich gar nichts zu tun haben. Es liegt tatsächlich auch keine Logik darin, die Trennlinie der Kontrahenten klar durchzuführen, indem das gesamte Hinterland, je mehr der Krieg sich totalisiert, in das Kriegsgeschehen durch Rüstung, durch Erstellung der Logistik, durch Aufbereitung der Anmarschwege, durch Rekrutierung zusätzlich mobilisierbarer Kampfeinheiten mit dem Krieg verflochten ist.

Die *vierte Regel* schließlich: Ein Krieg darf nicht geführt werden mit Mitteln, die selber verbrecherisch sind – massenweises Ausrotten, flächendeckende Bombardements etc. An dieser Stelle befand sich der Vatikan 1942 bereits in einer merkwürdigen Widerspruchslage. Der konservative Kardinal *Alfredo Ottaviani* war es, der diesen Punkt aus der alten Lehre vom gerechten Krieg urgierte und simpel feststellte, was jeder sehen kann: Der moderne Krieg schafft sich selber in seinen moralisch legitimen Voraussetzungen ab. Er besteht genau darin, alle Spielregeln, die man eingeführt hatte, um ihn moralisch als führbar erscheinen zu lassen, wegzubrechen. Insbesondere der Atomkrieg ist ein Krieg, der ganze Stadtteile in Sekundenschnelle mit allen Menschen und Tieren, die darin leben, vernichten wird. Er ist also in sich illegitim. Aber dies zu sagen bedeutete, den gesamten Zeitraum des so genannten Kalten Krieges, die permanente Drohung mit dem atomaren Holocaust, im Ansatz für moralisch inakzeptabel zu erklären. Grandioser konnte das Scheitern der tradierten Ethik angesichts der Wirklichkeit eigentlich nicht ausfallen. Die Amerikaner sind schließlich bis heute stolz, das atomare Duell des Wahnsinns und der Skrupellosigkeit gewonnen zu haben.

Fazit: Die Lehre vom gerechten Krieg hat im Grunde bestenfalls den Wert besessen, die Probleme zu reflektieren, die sich angesichts der geschichtlichen Wirklichkeit stellen. Völlig ungelöst bleibt das zentrale Problem, auf das *Erasmus von Rotterdam* im 16. Jahrhundert in seiner kleinen Schrift *„Die Klage des Friedens" (querela pacis)* hingewiesen hat: Wer denn, um Himmels willen, wenn ein Krieg ausbricht, wird seine eigene Sache *nicht* für gerecht erklären? Krieg besteht ja darin, dass man sich über das, was Recht ist und sein soll, auf zwei gegnerischen Seiten nicht einigen kann. Aber jeder hält seine Sache für gerecht, sonst würde er nicht zum Äußersten schreiten. Wahnsinnigerweise, so muss man sagen, hielten selbst die Nazis ihre Sache für gerecht. Der Erste Weltkrieg sollte fortgesetzt und der Vertrag von Versailles sollte nivelliert werden, man hatte nicht verloren zu haben. Der Zweite Weltkrieg war aus der Optik der Nazis ein gerechter Krieg – keine Revanche, sondern gerecht. Und um es deutlich zu sagen: Die christlichen Kirchen haben 1939 versagt. Als es darauf angekommen wäre, zumindest die Notfallordnung ihrer Lehre vom gerechten Krieg wirksam zu urgieren, erklärten ihre Bischöfe und erklärten zahlreiche Theologen, dass diese feierlich und erhaben verkündete, über Jahrhunderte tradierte und verfeinerte Lehre just jetzt eine klare Entscheidung doch nicht zulasse. Was soll uns aber eine Lehre, die selbst bei Ausbruch eines Verbrecherkriegs wie des Kriegs der Nazis nicht imstande ist, zwischen Verbrechen und Rechtfertigung zu unterscheiden, ja die es erlaubte, den Sieg über Polen und Frankreich mit Glockenläuten und mit dem Segen von Kardinälen und Bischöfen über die siegreich zurückkehrenden Soldaten zu begleiten? Und was soll eine Religion, die, statt den Menschen zu ihrer Erneuerung zu verhelfen, sich im Grunde an die Regierung der Herrschenden anpasst?

Aber es gab doch im 2. Vatikanischen Konzil eine Wende in die Richtung, dass man gesagt hat: Es kann keinen gerechten Krieg, sondern nur einen gerechten Frieden geben. Ist das nicht eine deutliche Sinnesänderung?

Das ist im Zweiten Vatikanischen Konzil als Hoffnung verkündet worden, aber die katholische Moraltheologie ist ein Aal, der sich ständig herauswinden wird. Selbst wenn man der Lehre, die Sie erwähnen, folgen wird, selbst wenn die Moraltheologen von der Güterabwägung, vom geringeren und größeren Übel sprechen – schon sind sie wieder dabei, dass der Krieg, selbst wenn er nicht gerecht ist, dann doch die beste Lösung unter den gegebenen Umständen sein kann. Kaum hatte zum Beispiel der Papst im Jahre 2001 während einer Reise in Kasachstan gefordert, dass gegen den Terror von New York *nicht* mit militärischen Aktionen vorgegangen werden solle, erklärte *Navarro Valls*, sein Opus-Dei-Sprecher im Vatikan, dass man das alles nicht missverstehen dürfe, Papst *Johannes Paul II.* habe nie die Lehre vom gerechten Krieg in Frage stellen wollen. Und vermutlich hat er damit sogar recht. Manches spricht dafür, dass es dem Papst Ernst ist mit seinem Friedenswillen, – seine Erklärung 1991 zum Golfkrieg zum Beispiel lässt solche Töne vernehmen. Aber warum weist er in diesem Punkt dann nicht die Bischöfe an, und zwar weltweit, in seinem Sinne aufzutreten und zu agieren? Die Frage von Krieg und Frieden ist viel wesentlicher und betrifft ungleich viel mehr Menschen als die Problematik etwa des § 218. Man sieht aber nicht, dass dem Papst ein gleiches, ernstes Engagement wie etwa in der Frage der Abtreibung zur Pflicht würde. Ganz im Gegenteil: Der Papst ist für den Frieden auf dem Petersplatz in Rom, und die Bischöfe vor Ort werden erklären, dass sie ohnmächtig seien und beten müssten für die Kürze des Krieges, wenn er schon da ist. Soll Gott diese Gebete erhören, die man den Gläubigen da zumutet? Die Haltung der Kirche ist zutiefst unglaubwürdig, weil sie die eindeutige Botschaft Jesu verrät. Man kann nicht Wahrheit und Macht gleichzeitig haben wollen und verwalten. Als im Oktober 2001 alle Bischöfe der Weltkirche Roms sich zu einer Konferenz im Vatikan einfanden, wurde im Abschlußbericht Afghanistan mit keinem Wort erwähnt.

Begreifen müssen wir, dass wir es seit 1989 mit einer moralisch neuen Situation zu tun haben. Bis dahin wurde das Militär moralisch akzeptabel geredet mit dem Argument, man müsse selbst mit einem ABC-Krieg drohen können, um Krieg überhaupt zu vermeiden. „Willst du Frieden, so rüste zum Krieg" – nach dieser altrömischen Devise glaubte man, die „Wehrbereitschaft" „christlich" zu interpretieren. „Frieden geht hervor aus Stärke", erklärte denn auch der christlich „wiedergeborene" *George W. Bush* bei seiner Regierungserklärung im Frühjahr 2001. Natürlich kann jeder sehen, welch ein Kontrastprogramm zur Bergpredigt da ausgerufen werden soll, doch wieder findet die (katholische) Kirche sich bereit zum Mitmachen. Dabei ist klar, dass jeder, der heute zur Bundeswehr gezogen wird, sich darauf vorbereiten muss, all das eines Tages auch wirklich tun zu müssen, was man ihm auf dem Kasernenhof beigebracht hat. Die Zeit der moralischen Ausreden ist vorbei.

Also würden Sie sagen, die katholische Kirche hat nichts gelernt, auch wenn im römischen Weltkatechismus doch immerhin zu lesen ist, die Logik des Krieges bedeutet Zerstörung?

Wer diesen Satz des Katechismus ernst nimmt, müsste sich ernsthaft gegen die Rüstung wehren. Sicher gibt es Erklärungen, die auf den Schaden der Rüstung hinweisen. Natürlich gibt es zudem wunderbare Bischöfe wie Bischof *Franz Kamphaus* in Limburg, die immer wieder sagen: Wir haben plötzlich erneut drei Milliarden Mark zur Aufstockung des Rüstungsetats zur Verfügung, aber wir haben niemals drei Milliarden Mark im Kampf gegen Hunger und Elend in der Dritten Welt. Richtig! Aber die Kirchen müssten nicht ausnahmsweise, sondern generell eine andere Sprache reden. Es ist ja nicht einmal legitim, im Raum der Kirche darüber zu diskutieren, ob die Bundeswehr, ob die Nato in sich nicht ein zynischer Verrat an der Sache Jesu ist. Die letzten kritischen Stimmen gegenüber der Beteiligung von Christen am Wehrdienst stammen von Theologen aus der alten DDR. Da gibt es eine wirkliche Tradition theologisch legitimierter Opposition gegen die Staatsmacht, und so war nach 1989 eine Diskussion im Gange, ob so etwas wie eine Militärseelsorge überhaupt in Frage kommen dürfe. Die DDR wollte sie nicht, und manche Theologen wollten sie auch nicht, beides passte geradewegs ineinander. Die Diskussion ist heute selbst unter Protestanten, der einzigen Gruppe übrigens, die sie geführt hat, unter der Hand verschwunden; der Durchmarsch der alten *Adenauer*-Politik ist perfekt, Pastöre begleiten die Soldaten zu ihrem schwierigen Einsatz, der moralische Trost ist gesichert …

Ich glaube nicht, dass die Kirche die Änderung, die sie manchmal erwähnt, wirklich will, sonst müsste sie auf ihre Einflusssphären als staatstragende Größe Verzicht tun. Sie wäre ab sofort keine Volksreligion mehr, sondern sie würde von den Herrschenden als eine unbequeme Sekte betrachtet. Statistisch möchte das bedauerlich sein, aber man wüsste dann zumindest, wo man dran wäre. Man hätte nicht das, was in der geheimen Offenbarung des Johannes einmal als „weder kalt noch heiß" bezeichnet wird, sondern als „lau" und schon deshalb ekelhaft (Apk 3, 15.16).

Heiliger Krieg

Dem Begriff des gerechten Kriegs in der christlichen Tradition steht das Konzept des heiligen Kriegs im Islam gegenüber. Mit dem Begriff Dschihad wird der Islam zu einer gewalttätigen, aggressiven Religion gestempelt. Was heißt heiliger Krieg? Wann darf er geführt werden? Ist er gleichzusetzen mit gerechtem Krieg?

Der Islam ist von Anfang an einen anderen Weg gegangen als das Christentum. Im Christentum ist das Vorbild *Jesu* gegenwärtig, der sagt: Es ist besser zu sterben als zum Schwert zu greifen. Dass daraus auch eine Art von Martyrerkult werden konnte bis hin zu einer masochistischen Opferhaltung, die neue Opfer fordert und auch neue Täter schafft, eine sehr problematische psychologische Struktur also, ist eine andere Sache.

Im Islam ist in dieser Frage ohne Zweifel die Schlacht von Badr im Jahre 622 entscheidend geworden: *Mohammed* hat hier selber zum Schwert gegriffen, er hat Krieg geführt, er war ein siegreicher General. Dass er aus einer Position zahlenmäßig hoffnungsloser Unterlegenheit bei Badr den Sieg errang, war ihm und seinen Nachfolgern ein Zeichen des Beistandes Allahs. Und so schreibt er auch im Koran: Ein Einziger, der wirklich an Gott glaubt, wird beliebig viele von den Gegnern in die Flucht schlagen. *Mohammed* hat im Moment seines Sieges auch geahnt, dass es nicht um äußere Kriegführung geht, sondern um inneres Geradestehen. Das ist im Grunde die Bedeutung des Wortes *Dschihad*: nicht heiliger Krieg, sondern Engagement, Charakterfestigkeit, Einsatz. Es gilt also, diesen historisch bedingten und überkommenen Begriff symbolisch zu lesen.

Ich entsinne mich eines wunderbaren Muslimen, eines einfachen Autohändlers, den ich in der Türkei kennen gelernt hatte, vor jetzt schon über 35 Jahren. Wir standen im Topkapi-Serail-Museum in Istanbul und bewunderten ein Schwert, das da zu sehen war, und wir diskutierten über den Islam. Er suchte mir beizubringen, dass der Islam viel vernünftiger sei als das

Christentum. *Mohammed* habe die Vorstellungen der kleinasiatischen Mythologie, die aus Anatolien über die Griechen ins christliche Abendland gekommen seien, beseitigt und daraus ehrwürdige Bilder gemacht, nichts, woran man wesentlich glauben müsse. Nur Gott sei wesentlich und nicht die vielen Anschauungen von Gott. Ich versuchte, fast um noch ein bisschen recht zu behalten, zu sagen: Aber die Idee des Dschihad, des heiligen Krieges ... Seine Antwort wird mir unvergesslich bleiben: Dieser aufgeklärte, gütige Muslim, der, wenn wir über Land fuhren, zu den Gebetszeiten ausstieg und sich gegen Mekka hin verbeugte, gab mir zu verstehen: Dschihad ist die Idee, sich für das Gute einzusetzen und Krieg zu führen gegen den Unglauben im eigenen Herzen.

So verstanden ist der Dschihad keine Anweisung zum Krieg, sondern im Grunde zur Vermeidung des Kriegs nach innen wie nach außen. Allerdings steht im Koran auch, dass man sich im Fall des Angriffs, vor allem des Angriffs gegen den Glauben, wehren darf und soll. Ich denke, es beleidigt keinen Muslim, wenn ich sage, es steht auch viel historisch Bedingtes, im Abstand von 1200 Jahren Problematisches zum Thema Krieg im Koran. Es gibt die Aufforderung, die Kriegführenden zu unterstützen, es gibt in der 9. Sure den Befehl, keine Gefangenen zu machen. Man kann dies nur aus der Tradition des Alten Orients verstehen und in seiner historischen Bedingtheit zu überwinden suchen. Liest man derartige Sätze unhistorisch als Anweisung für die Gegenwart, bedeutet das kulturgeschichtlich einen Rückfall um beliebig viele Größenordnungen der Zeit in die Vorzeit.

Tatsächlich stammt die Übersetzung von „dschihad" als „heiliger Krieg" im Deutschen aus dem 19. Jahrhundert. „Gott will es." Mit diesem Ruf war man im 12. Jahrhundert im Abendland in die Kreuzzüge gegangen, das heilige Zeichen des Kreuzes auf der Brust und auf den Schilden. Nach diesem Motiv übersetzte man in der Kolonialzeit das Wort *dschihad.* Es handelt sich um eine Fehlübersetzung, die zweifellos in Anlehnung an die eigene religiös motivierte kriegerische Tradition und in deren Übertragung auf das Konzept des Krieges im Koran zustande kam.

Die heutige Problematik ergibt sich in beiden Lagern daraus, dass *zum einen* die Vorstellung herrschen kann, es gäbe Ziele,

Motive, Beauftragungen, die über dem Menschen stünden und dann sich gegen den Menschen richten dürften. Gott kann als diese Größe erscheinen, aber psychologisch ist der Schritt zum Fanatismus dann sehr schnell getan. Menschen leben in der Religionspsychologie des Fanatismus nicht aus ihrem Ich, sondern aus ihrem Überich. Sie möchten alles richtig tun, aber das, was richtig ist, wird für sie definiert durch die Vorgaben, die autoritär vermittelt und mit viel Gewalt verinnerlicht wurden. Dann ist ein Mensch vollkommen dem angeglichen, was seine Bezugsgruppe von ihm verlangt, aber er hat kein kritisches Organ mehr, um selber seine Menschlichkeit zu bewahren. Er hat nicht die Legitimation, durch eigene Gefühle neue Entscheidungen für nötig zu finden oder auch nur zu suchen. Fanatismus besteht im Grunde in der Auflösung der eigenen Person, des eigenen Ichs, im Überich. Die Ausschaltung der eigenen Person führt dann augenblicklich zur Rücksichtslosigkeit im Ausschalten anderer Personen. Diese Gefahr ist immer dann gegeben, wenn absolute Zielsetzungen verkündet werden. Gott ist ein Absolutum. Wenn er den Krieg gebietet, gibt es eigentlich keine Grenze mehr.

Noch einen Schritt weiter sind wir, wenn wir aus dem religiösen Bereich heraus in den säkularen Denkraum treten. Er sollte eigentlich als rein funktionales Denken gegen Absolutismen gefeit sein, aber er ist es keinesfalls. Im Gegenteil, wir haben absolute Größen als Ersatzwerte für die ursprünglich aus der Religion entlehnten Zielsetzungen gewonnen – *God bless America* ist als ein solches nationalreligiöses Substitut bereits angesprochen worden. Auch die abstrakt gesetzte Gerechtigkeit, die *„infinite justice"*, ist ein säkular adaptiertes Relikt ursprünglich religiösen Denkens. Es ist nicht weniger gefährlich, sondern potentiell noch destruktiver, weil es keine religiösen Bindungen mehr zulässt. Wenn Zielsetzungen, die von Menschen absolut gesetzt werden, in Geltung treten, herrscht von den ursprünglichen Bedingungen her keine Kontrollmöglichkeit. Wenn Menschen imstande sind, mit ihrem Willen zu diktieren, was absolut sein soll, gibt es letztlich nur noch die Willkür der Dezision der Macht. Das erste, schlimmste Beispiel dafür lieferte vermutlich der „Terror der Vernunft", den *Maximilien de Robespierre* 1792 während der Französischen Revolution ausrief: – „Terror, damit die Vernunft mächtig, Vernunft, damit der Terror sinnvoll" sei. *Robespierre* glaubte noch, mit Hilfe der Moral Macht definieren zu können; aber eine „Moral", die nötigt, über Leichen zu gehen, bereitet ihre eigene Perversion vor. Sie ist bloß noch Durchsetzung der Macht. Diese Durchsetzung der Macht setzt sich im 20. Jahrhundert bereits selber absolut, indem sie absolute Ziele definiert. So etwas ist eine Rückkoppelung im Wahnsinn.

Solche Absolutsetzungen haben wir auch in islamischem Kontext erlebt. Als Salman Rushdie seine Satanischen Verse *veröffentlicht hatte, wurde er für vogelfrei erklärt. Wer ihn tötete, sollte als Märtyrer verehrt mit einer riesigen Belohnung versehen werden können.*

Natürlich zeigt sich an diesem Beispiel, dass wir in einer Ungleichzeitigkeit der Kulturen leben, die sehr schwer zu überwinden ist. In unseren Augen ist jene Fatwa, das Rechtsurteil persischer Mullahs, entsetzlich, vollkommen inakzeptabel und mit unseren Vorstellungen von Recht und Menschenwürde absolut unvereinbar. Gar nicht erst zu reden von den staatlichen Freiheiten, die wir uns in Europa seit den Tagen des *Charles de Montesquieu* seit seinem Hauptwerk *Vom Geist der Gesetze* von 1748 mit der Theorie der Gewaltenteilung nun doch langsam zu Eigen gemacht haben.

In der westlichen Kultur ist die Pressefreiheit seit *John Stuart Mill* trotz allen kirchlichen Widerstandes zunehmend und schon im 19. Jahrhundert ein hohes Gut geworden, im Islam ist derlei immer noch nicht bekannt. Da gibt es also sicher ganz erhebliche Defizite.

Aber ich bin darauf vorbereitet, dass es umgekehrt auch aus islamischer Sicht eine ganze Fülle von Defiziten in unserer westlichen Kultur und daher eine Reihe berechtigter Vorbehalte gegen sie gibt. Wer von *Rushdie* spricht, vergleiche nur, in welcher Situation sich beispielsweise *Martin Luther* im Jahre 1521 beim und nach dem Reichstag in Worms befand. Er war verurteilt worden, und auch er galt für vogelfrei: Jeder, der ihn totgeschlagen hätte, würde ein Gott wohlgefällig Werk vollbracht haben. Dabei hatten wir im 16. Jahrhundert nicht einmal eine Theokratie, wie

Ruhollah (der Geist Gottes) *Khomeini* sie 1979 in Persien ausgerufen hat. Wir hatten in Europa damals ein kompliziertes und schwieriges Doppelspiel zwischen Kaiser und Papst. Gleichwohl verstand sich *Karl V.* als einen durch Gott absolut legitimierten Regenten. Wir sollten also in Kenntnis unserer eigenen Geschichte nicht zu schnell verurteilen.

Schon dass das Christentum die Macht vergöttlicht hat, hätte nie geschehen dürfen. Wer die unter diesem Vorzeichen verlaufene Kulturgeschichte des Abendlandes an der Botschaft *Jesu* misst, stellt ein grundlegendes Defizit fest: Wenn im 12. Kapitel im Markusevangelium der Satz steht: „Gebt dem Kaiser, was des Kaisers ist", dann muss man den Nachsatz hervorheben: „Gebt Gott, was Gottes ist." *Henrik Ibsen* konnte einmal sagen, niemand habe den Kaiser so subtil und so sublim aus dem Weg geräumt wie der Mann aus Nazareth. *Brutus* habe nur einen einzigen Cäsar gemordet, aber dieser Satz töte sie alle: „Gebt Gott, was Gottes ist." Nie mehr wird in der Perspektive von *Jesu* Botschaft ein Kaiser Gott sein und die Mandorla der Erhabenheit um sich tragen können, er ist nichts weiter als ein Mensch. Er mag die Münzen verwalten, auf die er sein Bild druckt, aber er hat in der Seele des Menschen keine Bilder zu hinterlassen, dafür ist Gott allein zuständig. Dieses Wort des Markusevangeliums ist von solcher Freiheit, dass es wieder als unbedingter Orientierungsmaßstab hätte gelten müssen. Stattdessen hat die Geschichte des Abendlandes de facto einen ganzen anderen Weg genommen. Seit den Tagen *Konstantins* nach der Schlacht an der milvischen Brücke im Jahre 312 wurden in der Staatsreligion des Christentums Gott und Regierungsmacht fast auf altorientalisch-ägyptischem, pharaonischem Niveau gleichgesetzt – bis zur Französischen Revolution, als zum ersten Mal die Sonnenkaiser unter der Gewalt und Zorneswut des ganzen dritten Standes wieder beseitigt wurden.

Schon weil die Schuld des Christentums im Verrat des jesuanischen Vermächtnisses so groß ist, haben wir also kein gutes moralisches Recht, dem Islam als Fehler vorzuwerfen, woran wir selber geschichtlich über so lange Zeit beteiligt waren. Und man muss immer wieder erinnernd hinzufügen, dass wir uns noch bis in die Mitte und bis in das letzte Drittel des 20. Jahrhunderts das Recht genommen haben, in diesen Kulturen, die wir als islamische Welt bezeichnen, zu diktieren, wie Macht verwaltet wird. Wir haben die sich anbahnenden demokratischen Alternativen in diesen Ländern noch in den 50er Jahren als marxistisch-kommunistisch diskreditiert und eliminiert. Vor allem die Amerikaner waren ganz groß darin, in Afrika, in Persien, am Golf oder im Nahen Osten dafür zu sorgen, dass Regime etabliert wurden, mit denen sie ihre Geschäfte machen konnten. Es ging ihnen dabei weder um faire Preise auf dem Markt noch um sich selbst bestimmende Völker. Wenn in der Folge davon unglaubliche zeitgeschichtliche Verschiebungen und immanente Brechungen zustande kamen, dürfen wir das heute also nicht allein dem Islam anlasten, so irrational diese Zustände auch sind und so inakzeptabel sie aus der idealen Perspektive eines „aufgeklärten" Bewusstseins auch sein mögen.

Eine neue Weltfriedensordnung – oder: Wie finden wir Erlösung?

Viele sprechen heute von einer neuen Weltunordnung. Wie könnte aber eine Weltfriedensordnung aussehen? Jesus Christus hat einen Erlösungsweg aufgezeichnet: Erlösung von unserer Schuld, Erlösung vom Übel. Wie kann dieser Erlösungsgedanke Wirklichkeit werden in dieser Welt?

Es ist die Frage, die ich mir in einem umfangreichen Buch unter dem Titel *„Jesus von Nazareth – Befreiung zum Frieden“* gestellt habe. Ich glaube nicht, dass die Kirchen das Recht haben, zu erklären, Jesus habe die Welt erlöst, solange es in der Welt Krieg und die ständige Bereitschaft zum Krieg gibt und solange die überall legalisierte Erziehung vor allem der jungen Menschen zur Kriegstauglichkeit existiert und zum potentiellen Mord auf Staatsbefehl eingesetzt werden kann.

Eine Welt, die auf die Gefahr der Gewalt bis heute keine andere Antwort zulässt als die organisierte Gegengewalt, befindet sich weit außerhalb des Paradieses, es ist eine Kain-und-Abel-Welt. Mit *Augustinus* gesprochen: Sie zählt zum Reich der Räuberbanden, nicht zur Welt der Erlösung. Wenn man verstehen will, wie sich die Botschaft *Jesu* aktualisiert, muss man zunächst begreifen, wie komplex und vielschichtig die Wirklichkeit ist. Schon die Frage, wie auch nur in der verworrenen Psychologie eines Einzelnen Friede, Zufriedenheit, Selbstidentität, Selbstvertrauen, Einklang und Harmonie Platz greifen können, ist ja nur psychotherapeutisch, religiös, seelsorglich in einem langen Weg der Begleitung, des Verstehens und der Geduld zu beantworten. Es sind aber nicht die Einzelnen, die Kriege machen. Krieg ist nicht die Summation der unausgetragenen aggressiven Potentiale in der Seele beliebig vieler Individuen. Man kann Krieg nicht betrachten als die Kondensation vieler Wassertröpfchen im angeheizten Kessel, der schließlich bei Überdruck explodiert. Ganz im Gegenteil, die Menschen werden auf Staatsbefehl hineingezogen in ein organisiertes Morden, hinein in einen Staatsschlachthof, mit dem sie, ginge es nach ihren eigenen Wünschen und Vorstellungen, nichts zu tun haben würden. Wie wir sagten: Es braucht eine große innere Aufrüstung, um Menschen zum Krieg bereit zu machen, sie müssen dafür erst speziell trainiert werden. Krieg ist ein soziales, ein kollektives Geschehen mit einer eigenen psychologischen Dynamik.

Die Frage lautet also: Was hat die Botschaft *Jesu* dazu beizutragen, dass Gruppen von Menschen, die womöglich in einem Verhältnis der Konkurrenz, womöglich in wechselseitiger Bedrohung leben, andere als kriegerische Wege finden, um ihre Interessenkonflikte auszutragen? Wenn wir dies verstehen wollen, müssen wir uns eine Reihe von Einsichten vergegenwärtigen.

Die Sozialpsychologie von Menschen ist in Augenblicken der Gefahr stark geprägt von der Verhaltenspsychologie der Tierreihe, der wir selber entstammen. Wenn etwa eine Herde von Rindern sich von dem Geheul eines Wolfsrudels oder dem möglichen Angriff eines anderen Beutegreifers bedroht fühlt, wird man sehen, dass die Tiere mit den Köpfen nach innen zusammenstehen und buchstäblich sich einigeln, damit sie ihre Hufe kräftig nach hinten schlagen können. Diese Art der Verteidigung scheint ihnen sogar besser, als mit den Köpfen anzugreifen. Vor allem werden sie sich um das stärkste Tier, das Leittier, scharen.

Ganz ähnlich verhält sich eine menschliche Gruppe in Augenblicken der Gefahr. Der Einschlag der Attentate in Washington und New York hat augenblicklich dazu geführt, dass der bis dahin umstrittene amerikanische Präsident *George W. Bush* plötzlich in der Beliebtheitsskala obenauf stand und dass 90 Prozent der amerikanischen Bevölkerung ihm bei seinen Kriegsvorbereitungen und der Durchführung des Krieges zustimmten. Das war ganz ähnlich bei seinem Vater 1991 im Golfkrieg. *Bush senior* war überaus beliebt, als er Krieg führte. Ein Rezept übrigens für alle amerikanischen Präsidenten im 20. Jahrhundert: Kein einziger von ihnen ist ausgekommen, ohne dass er in seiner Amtszeit mindestens einmal Krieg geführt hat, um das Votum der Zustimmung bei seinen potentiellen Wählern zu erhöhen. Man schart sich um den Führer in Kriegs- und Gefahrenmomenten. Und je größer die Angst ist, desto eher wird der Führer eine überhöhte Statur bekommen. Man projiziert ihn in eine Übergröße hinein, legt Erwartungen auf ihn, die er überhaupt nicht erfüllen kann.

Für die Politik bedeutet diese psychologische Einsicht, dass wir die Entstehung von Diktaturen am einfachsten verstehen können aus dem Umraum von Angst. Diktatoren kommen durch Angst an die Macht, und sie erhalten sich mit dem Mittel der Angst an der Macht. Alle Gesellschaften neigen zu diesem Mechanismus. Religion sollte gerade deshalb Verfahren ermöglichen, in denen Angst religiös gebunden wird, statt in politische Allmachtsgesten hinein zu flüchten, die nichts anderes sind als ein kollektiver Wahn und eine merkwürdige, irreale Wunschidee, zu glauben, dass wir unschlagbar sind, wenn wir nur als Gruppe zusammenstehen. Der Ursprung des Wahns: In der Gruppe sind wir stark, scheint biologisch begründet. Der Einzelne weiß, dass er sterblich ist, aber er kann seine Gene weitergeben. Im Verband seiner Familie hat er eine virtuelle Unsterblichkeit, und wenn nun sogar eine ganze Reihe von Gruppen zusammenkommen, wird halluziniert, dass diese Großgruppe als ganze niemals untergehen könnte. Aber natürlich können auch Gruppen und Kulturen untergehen, vor allem wenn sie einem wahnsinnigen Programm Folge leisten. Und dieser Wahnsinn liegt potentiell in der Gruppenpsychologie selber: Die Gruppe wird als ein Schutzraum genommen, der selber das Leben spendet und von daher an sich gegen den Tod gefeit sein müsste. Es ist so ähnlich, wie wenn ein Kind in der Gefahr sich an seine Mutter klammert: es sieht seine Mutter als allmächtig, als unsterblich, als Göttin, die aus Angst und Tod errettet.

Ein wichtiges Moment ist nun das folgende: Jede Gruppe neigt dazu, ihren Mitgliedern weiszumachen, dass es ein unglaublicher Vorteil sei, just ihr zuzugehören. Diese Psychologie lässt sich in Testlaboratorien in irgendeinem Wochenendkurs beliebig oft erneuern. Acht Leute, die man zwei Stunden miteinander beschäftigt hält, werden glauben, dass sie etwas besonders Gutes und Wichtiges leisten und dass im Raum nebenan zumindest in den Konkurrenzpunkten eines Wettbewerbs so etwas Kostbares nicht geschaffen werden kann.

Dieses Überlegenheitsgefühl, das einfach dadurch entsteht, dass man einer bestimmten Gruppe zugehört, diese Selbstreferenzialität des Gruppenegoismus auch in den Standards, die man von sich selber ausprägt, ist außerordentlich gefährlich. In einem Wochenendlabor mag eine solche Tendenz zu absolut gesetzten positiven Autostereotypen lächerlich wirken. Aber bezogen auf die menschliche Geschichte ist sie gar nicht ernst genug zu nehmen. Denn zu diesen unseren Standards gehört alles, was wir in unserer Gesellschaft als Kultur definieren: unser Wertsystem, unsere religiösen Überzeugungen, unsere Art zu leben, unsere Tradition, kurz all das, woran wir glauben, was uns moralisch trägt und was uns weltanschaulich definiert. Sehen wir dann in einer anderen Gruppe abweichende Lösungen für vergleichbare Fragen, so sind wir im Moment der Selbstverteidigung leichthin geneigt, in all den Werten unserer so genannten Gegner Unwerte oder gar Antiwerte zu sehen, die wir mit absolutem Anspruch bekämpfen müssen.

Es verdient Beachtung, dass als einziger amerikanischer Wissenschaftler von Rang der Linguist *Noam Chomsky* gegen den neuen „Kreuzzug" gegen „das Böse" protestiert hat. Seine Entdeckung besteht darin, dass vermutlich alle Menschen nur *eine* Sprache reden, deren Erwerb unserer Spezies angeboren ist; die verschiedenen Sprachen (und Kulturen), meint er, ließen sich mit Hilfe bestimmter Regeln in ihren grammatikalischen Strukturen auseinander ableiten. Wenn es so steht, sollten alle Menschen imstande sein, sich trotz aller geschichtlichen Unterschiede zu verstehen, wenn sie nur miteinander reden wollten. Und das ist es, was *Chomsky* fordert: statt Krieg zu führen, miteinander zu reden. Es ist, wie wir sagten: Krieg und Terror sind die Folgen ausgefallener Gespräche.

Worin aber könnte die Motivation liegen, über alle Angst hinweg und sogar gegen den erklärten Konfrontationskurs der Politik aufeinander zuzugehen, miteinander zu reden, statt gegeneinander anzutreten?

An genau diesem Punkt greift die religiöse Botschaft *Jesu* ein. Ein kleines Beispiel: In den Tagen Jesu ist für einen orthodoxen Juden unbezweifelbar ein unendlicher Vorteil darin gelegen, Jude zu sein, weil es den Tempel in Jerusalem gibt, weil es Priester am Tempel von Jerusalem gibt, weil es die mosaischen Gesetze mit den Opferverordnungen gibt. Kurz, man wäre doch kein orthodoxer Jude, man wäre nicht Teil des auserwählten Volkes, wenn man nicht all diese Vorzüglichkeiten der religiösen Einrichtungen besäße. Und nun zeigt sich, dass es „Quasi-Juden" im Norden gibt, Samaritaner, die all das nicht glauben, die es sogar wagen, den Tempel abzulehnen. Sie berufen sich zwar ebenfalls auf Moses, aber sie wollen nicht den Tempel. Dass man sie vor einem halben Jahrtausend daran gehindert hat, den Tempel zu betreten, ist schon nicht mehr im Bewusstsein, sie sind selber schuld. Samaritaner sind keine richtigen Juden. Also muss man sie bekämpfen. Und die Samaritaner denken natürlich von den Juden im Süden inzwischen nicht viel anders. Man hat einen religiösen Kernkonflikt über ein halbes Jahrtausend konserviert – im Namen Gottes. Es kommt nicht eigentlich zum Krieg, aber ideologisch ist man in festem Tritt gegeneinander.

Wie geht *Jesus* damit um? Im 10. Kapitel bei Lukas wird eine Geschichte erzählt, in der er einen Samariter herzunimmt, um die Frage zu beantworten, wie und wo man Gott findet. *Jesus* erlaubt sich in seinem Gleichnis die unglaubliche Provokation, zu erzählen, wie ein Priester am Wege einen Schwerverletzten sieht, aber auf dem Gang zum Tempel von Jerusalem der Pflicht aus Levitikus 20 und 21 folgt, seine Hände nicht mit Menschenblut oder gar mit der Berührung eines Leichnams zu besudeln. Er hat pünktlich und koscher im Tempel anzulangen – er hat die Vorbildausgabe der jüdischen Orthodoxie zu sein. Dementsprechend verhält er sich als Priester, so macht das in seinen Fußspuren auch ein Levit, so gehen beide an dem Schwerverletzten vorbei; und so ist es anscheinend richtig: Man dient Gott in der Reinheit des Opferdienstes und findet ihn im Tempel, das ist die garantierte Religion. Was *Jesus* mit seiner Geschichte sagen will, ist klar: Ihr findet Gott auf diese Art ganz bestimmt nicht. Die Priester haben einen Gott erfunden, der immer wieder Blut und Opfer braucht. Dieser Gott ist ein sadistisches Zwitterwesen, ein wahrhaftes Monstrum, so viel Angst verbreitend, dass man immer wieder Priester braucht, um ihn zu befriedigen. Wenn ihr euch religiös daran haltet, werdet ihr in Wirklichkeit menschlich niemals mündig werden, nie unabhängig, nie unmittelbar zu Gott. „Es geht viel einfacher", sagt Jesus sinngemäß, „und ich schildere auch, wie. Ein Samariter, der den ganzen

Tempeldienst weder will noch braucht, hat die Augen offen und jedenfalls kein Brett vor dem Kopf. Er erlaubt sich, menschlichen Gefühlen nachzugeben und geht mit Mitleid hinein in das Leid des Mannes am Wegesrand. Wenn ihr noch wissen wollt, wo ihr Gott findet, ein Samariter kann es euch zeigen."

Plötzlich gibt es keine Gruppenkonflikte mehr im Namen Gottes, keine heiligen Standards des Autostereotyps eines auserwählten Volkes, man hat es plötzlich wieder zu tun mit Menschen: Das sind die Elemente, die wir von *Jesus* her einbringen sollten in unsere Politik und in unsere historische Wahrnehmung anderer Kulturen und Gruppierungen. Doch genau das tun wir nicht und haben wir nicht getan, wir haben im Gegenteil einen Stand des Bewusstseins und der Einsicht sogar wieder aufgegeben, den wir vor 30 Jahren schon einmal erreicht hatten: Ich erinnere mich an die Weisheit eines Songs von *Leonard Cohen*, *„The Story of Isaac"*, wo er davon erzählt, was wird, wenn ein Mann einem Befehl folgt, den er im Grunde gar nicht richtig versteht. Er hat ein paar Raubvögel gesehen, aber er ist ein heiliger und strenger Mann, und er wird seinen Sohn für seine Vision umbringen. „I will kill you if I must, I will help you if I can" – Ich werde dich ermorden, wenn ich's muss, und helfen nur, wenn ich's darf.

Es gab damals auch wissenschaftliche Versuche, wie das Experiment *Abraham* von *Stanley Milgram* an der Yale Universität, die zeigten, dass ganz normale Leute, wenn man ihnen nur einredet, dass es der medizinischen Forschung diene, anderen Menschen Stromschläge in Höhe von 500 Volt verabreichen würden. Ganz normale Bürger von der Straße werden zu potentiellen Mördern, sie glauben nicht an Gott, aber an die Wichtigkeit der Wissenschaft. *Milgrams* Testpersonen waren so autoritätsbezogen, dass sie gar nicht merkten, dass sie selbst die Probanden in einem Experiment waren. Das zeigte: Es ist gefährlich, Menschen in ihrer Gehorsamsbereitschaft verführbar zu machen. Und natürlich hat man vor 30 Jahren schon gewusst, dass beim Militär nicht einfach an diesen Durchschnittsgehorsam appelliert wird, sondern dass der Gehorsam zusätzlich noch gedrillt und trainiert wird, mit Angst und unter Eid, und dass er im Reflex vor den Vorgesetzen immer wieder in Unterwerfungsgesten automatisiert wird. Alles, was wir dazu schon gesagt haben, lässt sich nun verstärken.

Dass der Pazifismus unter diesen Umständen nicht einfach zu verordnen ist, das wusste man zu allen Zeiten. Dass es ein Problem ist, wie man ungerechter Gewalt antwortet, war natürlich auch damals bekannt. Worunter ich heute leide, ist die Tatsache, dass man bereits vor 30 Jahren um die Gefahren autoritärer Anpassung gewusst hat, dass wir alles das heute aber anscheinend nicht mehr wissen wollen und dass wieder von Krieg so geredet wird, als ob es all diese Einsichten nicht gäbe. Selbst die ehemaligen Akteure der Friedensbewegung, selbst die Grünen erklären, dass die Zeiten sich geändert hätten. Aber dass man heute die elementarsten Einsichten darüber, wozu Menschen fähig sind, nicht mehr gelten lässt, bloß weil man im Status der Macht ist und einen Hals besitzt so wendig wie ein Korkenzieher, der sich in jeden Schraubverschluss hineindreht, das ist zum Tollwerden. Man erklärt, dass Deutschland in der „Realität" und „Normalität" angekommen sei, und jetzt müssten auch wir unsere Fähigkeit und Bereitschaft zum Töten im Dienste internationaler Verantwortung unter Beweis stellen; aber wenn der Krieg zur „Normalität" gehört, so ist diese Normalität der Wahnsinn, und wir sollten versuchen, aus dem ganz „realen" Irrenhaus der Geschichte herauszukommen. Alles, was *dazu* beiträgt, verdient das Wort „Verantwortung". Aber 25 000 000 000 Euro jährlich für immer scheußlichere Mordinstrumente bei 50 Millionen verhungernder Menschen weltweit – das ist narzisstischer Gruppenegoismus unter paranoiden Wahnvorstellungen und weitgehendem Ausfall der Wirklichkeitswahrnehmung; ein solcher Irrsinn ist zu keinerlei Verantwortung imstande.

Erinnert fühlen mag man sich dabei an ein Wort *Sigmund Freuds* von 1915 in einem Brief an *Albert Einstein* zu der Frage: *Warum Krieg? Freud* meinte, die Moral der Einzelnen sei inzwischen der „Moral" der Mächtigen weit überlegen, denn man sehe: Der Staat habe Gewalt und Verbrechen niemals aus der Welt schaffen wollen, sondern nur ein Monopol darauf erhoben wie auf Zucker und Tabak; ständig erließen die Mächtigen im Krieg Befehle wie Lüge, Raub, Mord, um gewisse Vorteile für den Staat dabei zu erzielen, und sie erklärten ihre Taten für notwendig; ein

Einzelner indessen verfüge nicht über solche Ausreden. *Einstein* meinte noch 1950 in einer japanischen Zeitung, für ihn sei das Töten im Krieg durch nichts unterschieden vom ganz gemeinen Morden. So ist es – nur dass man selten Mörder finden wird, die von sich derart überzeugt sind wie Soldaten.

Die öffentlichen Ehrungen bei den Siegesparaden haben nur den Zweck, den Rest von Schuldgefühl zu beseitigen: „Du hast zwar gemordet, doch du hast es für uns getan; und wir, deine Bezugsgruppe, verehren dich als unseren Retter." Auf diese Weise stellt man den Gruppenegoismus endgültig über die Menschlichkeit; man resozialisiert denjenigen, der das Tabu des Tötens gebrochen hat, indem man den Krieg für heilig und den Täter für heroisch erklärt. Am Ende hat das zynische Wort *Nietzsches* recht, der im *Zarathustra* meinte: „Gut ist der Krieg, der jedes Mittel heiligt."

Noch einmal zu den „Zeiten", die sich „geändert" hätten:

Außenminister *Fischer* sagt jetzt, er habe gelernt, dass es Auschwitz nicht geben dürfe, und darum müsse es den Krieg geben dürfen. Es scheint, als lernten wir wirklich ständig das Falsche. Wir denken, wir könnten Kriege führen, um Kriege zu vermeiden. Doch damit sind wir plötzlich wieder mitten im Krieg.

Ein Erlebnis, das mich besonders nachdenklich stimmt: Jedes Jahr im August findet in Stukenbrock eine Gedenkfeier statt. An diesem Ort in der Nähe von Paderborn ist ein Friedhof, der aus dem Strafgefangenenlager für russische Kriegsgefangene nach 1942 stammt. In Stukenbrock wurden damals, sagen wir 30 000 oder 70 000 Sowjetsoldaten – nicht interniert, sondern unter freiem Himmel zwischen Stacheldrahtzäunen eingepfercht. Schon dass man ihre Zahl nicht einmal in der Größenordnung von Zehntausenden weiß, spricht für sich selber. Bei dem großen Vormarsch nach Eröffnung des „Feldzuges Barbarossa" hatte die Deutsche Wehrmacht festgestellt, das sie zwar an Treibstoff und an Kugellager für Panzer, aber nicht an die Versorgung von plötzlich über 1,2 Millionen Kriegsgefangene gedacht hatte. Sie hatte auch keinen Grund daran zu denken, weil es sich, nach der Naziphilosophie, dabei ja um slawische Untermenschen handelte. Man hätte diese Leute damals ohne weiteres versorgen können. Die Kirche hätte entsprechende Hilfseinrichtungen schaffen können und mit der Hilfsbereitschaft der Bevölkerung rechnen dürfen. Es war aber eine Zeit, in welcher der Bischof von Paderborn, *Lorenz Jaeger*, bei seiner Weihe im Dom 1942 von Menschen redete, die im atheistischen Bolschewismus unter das Niveau der Tiere gesunken seien. Unter das Niveau der Tiere – weil sie nicht an Gott glaubten! Kein Hinweis auf den Hunger- und Erfrierungstod von Tausenden russischer Soldaten und ihre unmenschlichen Lebensbedingungen mitten unter uns. Schon dass man von einem Strafgefangenenlager sprach, zeigt ja die Perversion im Begriff. Nach dem internationalen Recht sind Kriegsgefangene nicht zu bestrafen, sondern als solche zu respektieren. Für die Nazis galt im Umgang mit Russen aber durchaus kein internationales Recht.

Alljährlich im August nun findet in Stukenbrock eine Gedenkfeier statt. Je nach Witterung kommen an die 40 Leute, vielleicht 100 Leute zu der Veranstaltung. Beim letzten Mal passierte es, dass zu dieser Gedenkfeier für die russischen Soldaten ein Abgesandter des Düsseldorfer Ministeriums kam. Er erlaubte sich, eine Rede zu halten, deren Tenor darin bestand, dass wir so viel Unrecht in der Welt sähen, und dass wir uns schützen müssten vor dem Unrecht und stark sein müssten im Kampf gegen das Unrecht. Seine Folgerung: Wir müssten lernen, weltweit Krieg zu führen im Kampf gegen das Unrecht. Man vergegenwärtige sich: Wir beklagen den Tod von 30- oder 70 000 russischen Gefangenen im Krieg und hören von dem zuständigen Sprecher der Landesregierung, dass uns dies eine Lehre sei, um eben so weiterzumachen und uns dem Trug hinzugeben, dass Militär identisch sei mit einem Polizeiaufgebot. Ich konnte nur sagen: „Eine solche Umfunktionierung des Kampfs gegen den Krieg zur Motivation für den Krieg findet jetzt nicht statt. Nicht hier und überhaupt nicht; nicht mit denen, die hierher gekommen sind. Irgendwann ist Schluss mit der Dialektik. Krieg ist Krieg und nicht Frieden. Und der Weg zum Frieden geht nicht durch den Krieg. So wenig, wie man zur Wahrheit kommt mit einem Sack voll Lügen, so wenig kommt man zum Frieden durch das Training für das Morden. Mit dieser Dialektik kommt man – womöglich – an die Macht. Man erhält sich an der Macht, aber wohl nur bei den Leuten, die diesen Schwindel ernsthaft glauben. Und damit möchte ich aufräumen."

Psychotherapie und Gewalt

Sie verweisen auf das Vorbild des Jesus von Nazareth. Aber immer weniger Menschen beschäftigen sich mit der Bibel, immer weniger Menschen folgen diesem Mann von Nazareth, jedenfalls nicht im Gefolge der Kirchen. Vermag denn die Psychotherapie Aggressivität zu erklären und zu zeigen, wie Menschen heute friedfertiger werden können?

Im Grunde ja. Psychotherapie ist ein Verfahren, erlittene Verletzungen durch symbolische Aktion auszuagieren – und das erspart den Eintritt in die Realität. Menschen haben seit Kindertagen an allen möglichen Verletzungen zu laborieren gehabt. Viele Demütigungen, Kränkungen sind gar nicht mehr bewusst, man muss sie durch eine intensive, warmherzige Zuwendung überhaupt erst langsam freischmelzen. Aber dann gilt es, Worte zu finden, die damals unsagbar waren und unsäglich gewesen wären. Darf man der Mutter, dem Vater wirklich die Vorwürfe machen, die einem jetzt kommen? Es melden sich Schuldgefühle: Sieht man den anderen überhaupt richtig, wenn man ihn so sieht, – verängstigt, revanche- und hasserfüllt mitunter, verachtend? Es ist in der Psychotherapie wichtig, den Unterschied deutlich zu machen, der darin liegt, dass in der Nacharbeitung der eigenen Erlebnisse Bilder abgearbeitet und Eindrücke verarbeitet werden, die man übernommen hat, dass aber diese Bilder und Eindrücke nicht identisch sind mit den Menschen, die es wirklich gibt. Man kann im Nachhinein, muss vielleicht im Nachhinein der eigenen Mutter, dem eigenen Vater sagen: Was du mir da zugefügt hast, war für mich als Kind ein schweres Unrecht, und man muss lernen, vor allem sprachlich eine Ebene der Auseinandersetzung zu finden. Denn es ist ein anderes zu sagen: Du warst eine schlechte Mutter, du warst ein schlechter Vater. Die Psychotherapie kann ganz gut zeigen, dass, je besser ein Mensch sich selber versteht, auch der Raum wächst, in dem er den anderen versteht.

Dieser Tage noch sagte mir eine Frau, die von ihrem Mann geschieden ist und die Gelegenheit wahrnahm, mit ihrer Tochter in

Ferien zu fahren, dass diese ganzen Ferien nicht eigentlich erholsam waren. Sie haben sich seit einem Jahr wiedergesehen, sie und ihre jetzt 17-jährige Tochter, und sie haben miteinander geredet, geredet und geredet. Die Tochter aber hat, kaum dass sie da war, nur Vorwürfe gemacht und Ansprüche gestellt. Sie hingegen, die Frau, hat versucht, sich zu verteidigen. Dann jedoch hat sie gemerkt, dass das eigentlich gar nicht geht und auch nicht weiterführt. Beide haben sie gelernt, miteinander so zu sprechen, dass jeder seinen Standpunkt erst einmal vortragen konnte. Die Tochter konnte nach und nach sagen, wie sie ihre Kindheit erlebt hat. Und die Frau musste zugeben: Das war so, ich war oft hilflos, ich war verzweifelt, ich habe wirklich Fehler gemacht. Ihre Tochter aber konnte begreifen: Meine Mutter hat das nicht böse gemeint, sie war durchaus nicht böse, sie war oft schon aus lauter gutem Willen überfordert, und vor allem: sie war furchtbar alleine an der Seite eines Mannes, der überhaupt nicht mehr verstand, was sich wirklich tat.

In Grunde handelt es sich auf privater Ebene um eben den Vorgang, den wir von Bischof *Tutu* in Südafrika in Form der Amnestie-Konferenz von 1994 als ein entscheidendes Mittel zur Befriedung durchgeführt fanden. Es geht darum, den erlittenen Schmerz zuzugeben, ihn auszusprechen und ihn durch Bewusstmachung und Aussprache abzugeben.

Solch eine Klärung kann die Psychotherapie vorbereiten. Und immer wieder kommt es natürlich dahin, dass Menschen auch ohne Psychotherapie Erfahrungen machen, die sonst im Schutzraum therapeutischer Verfahren möglich werden. Entscheidend ist, dass in der Psychotherapie Aggressionen *virtuell* verarbeitet werden und damit einen funktionalen Wert auch in der Wirklichkeit bekommen. Viele Menschen haben Angst vor Aggression, weil sie darin sofort das Blutrünstig-sadistische sehen. Aber Sadismus ist keine ursprüngliche Triebanlage. Aggressionen sind von Natur aus nicht darauf angelegt, einander totzuschlagen.

Außerhalb der Nahrungsaggressivität lernen Tiere, Aggressionen als ritualisierte Warnsignale zu äußern. Man wird ganz selten erleben, dass Tiere wirklich in Tötungsabsicht auf Artgenossen zugehen. Die einfachste Form, den Sinn von Aggression biologisch und vielleicht auch psychologisch zu verstehen, bietet sich an jedem Abend, wenn bei Sonnenuntergang die Vögel ihr Konzert zum Tagesabschied im Laub der Bäume ertönen lassen, das sich so wunderschön anhört. Jeder Vogel will eigentlich nur sagen: Ich sitze jetzt hier und möchte für heute Nacht meinen Frieden haben und das respektiert wissen. Es ist die Art, wie Vögel, ja soll man sagen – aggressiv oder musikalisch sind? Aggression hat den Zweck, den eigenen Standpunkt dem anderen unzweideutig zu markieren und ihm zu sagen, dass dieser eigene Standpunkt respektwürdig ist. Wo nicht, freilich, gibt es Ärger, aber lohnt der sich wirklich? Im Notfall wird gestritten werden. Aber dann wird der Schwächere (oder der Klügere) in aller Regel nachgeben. Er wird versuchen, sich ein anderes Terrain zu suchen. Viel Schlimmeres passiert eigentlich selten. Tieren ist nicht beizubringen, dass man zum Überleben einen Artgenossen ermorden muss. Diese Logik ist nur uns Menschen eigen.

Einzig wir Menschen verlegen unsere eigenen sadistischen Phantasien in Tiere, indem wir sie ersatzweise für uns selber im Hahnenkampf oder im Kampfhundewettstreit gegeneinander antreten lassen. Es ist, wie Mephisto in *Goethes Faust* vom Menschen in seiner gesteigerten Aggressivität sagt: „Er nennt's Vernunft und braucht's allein, / um tierischer als jedes Tier zu sein." Mitleid – wie weit sind wir von *Schopenhauers* Ethik entfernt?

Die Psychotherapie kann, wenn es gut geht, dahin führen, dass ein Mensch Aggressionen situationsgerecht, und das bedeutet in aller Regel: ungefährlich, einsetzt. Erst die angstverzerrte, überdimensionierte, gehemmte Aggression kann explosiv und in der Dimension außerhalb jeder Berechtigung liegen – und das schafft dann psychologisch allerdings schwere Probleme.

So viel andeutungsweise zum Beitrag der Psychotherapie zur Befriedung des Menschen. Ich will ihn gesamtgesellschaftlich nicht sehr hoch veranschlagen und gebe deswegen schnell ein anderes Beispiel.

Vor einer Weile hielt ein buddhistischer Wandermönch einen Vortrag, der mir nicht aus dem Gedächtnis will. Er berichtete nämlich, wie er vom Soldaten zu einem Mann des Friedens wurde, von einem Mörder zu einem Weisen. Man hatte ihn, kaum 18-jährig, in Vietnam als Helikopter-Piloten eingesetzt. Und er wagte zu sagen: „Ich hatte gerade die Erlaubnis, ein Glas Bier in einem Restaurant trinken zu dürfen, als ich so viele Menschen ermordet hatte, wie hier im Saale sind, und wahrscheinlich noch viel mehr.“ Bei einem Gang durch ein vietnamesisches Dorf, in dem es eigentlich keine Bewohner mehr gab (die Häuser waren mit Napalm verbrannt), hatte er erlebt, dass ein Kind auf dem Boden lag, schreiend, weinend. Was tut man? Man nimmt es auf. Aber an dem Kind hatte jemand eine Mine befestigt, die ihn, der einem spontanen Impuls der Menschlichkeit folgte, selbst zerriss. Ein halbes Jahr lang lag er im Hospital.

Ich ergänze den Vortrag dieses Amerikaners, der zum buddhistischen Mönch wurde, mit Überlegungen und Fragen, die sich aufdrängen müssen, obwohl er sie verbal nicht geäußert hat: Was ist das für ein monströser, bestialischer Gegner, der es fertig bekommt, Kinder in lebende Mordattrappen zu verwandeln? Hat man nicht jedes Recht, derartige Ungeheuer aus dem Felde zu schlagen? Ist es nicht geradezu die Pflicht, diesen Banditen mit allen Mitteln das Handwerk zu legen? So könnte man denken, aber so hat dieser junge Mann nicht gedacht. Er hat sich gesagt: Was machen wir mit Menschen, die dahin gelangen? (Es ist im Übrigen die gleiche Frage, die sich uns im Zusammenhang des Terrorismus stellt, mit dem wir uns derzeit so intensiv beschäftigen: Wie sehr haben wir diese Menschen in die Ecke getrieben, dass sie zu solchen Taten fähig wurden?)

Ich vermute, dass dieser junge Amerikaner über jenen unbekannten Vietnamesen, der die Mine angebracht hatte, etwa folgendermaßen gedacht hat: Offensichtlich wollten die Leute, die das gemacht haben, uns doch sagen: Wir können Kinder nicht großziehen, wenn ihr uns die Äcker verbrennt, wenn ihr unsere Häuser zerstört, wenn ihr unsere Männer erschießt, wenn ihr unsere Frauen zusammentreibt in Gebieten, wo sie nicht hingehören, wenn ihr alles zerstört und verwüstet, wovon wir leben; unter solchen Umständen sind wir nicht imstande, ein Kind großzuziehen, und wenn es schon sterben soll durch euren Einfluss, dann fahrt ihr mit zur Hölle. Menschen, die so hasserfüllt und verzweifelt sind, sind doch in sich selbst schon unsere Opfer, und sind wir nur besser, indem wir über Waffen verfügen, die nicht an solche Methoden und Attrappen gebunden sind?

Ich kann nur vermuten, dass dieser Mann so gedacht hat. Jedenfalls erzählte er: Nach einem halben Jahr, als er aus dem Hospital kam und in Paradeuniform seinem Heimatort überstellt werden sollte, kam bei der Zwischenlandung im Flughafen ein Mädchen auf ihn zu, schön aussehend, mit blonden Haaren, das Friedensabzeichen auf der offene Bluse. Es war das erste Mal, dass er wieder eine Frau sah, und er schaute sie unentwegt an. Sie kam direkt auf ihn zu, trat nah an ihn heran und spuckte ihm ins Gesicht. Er hatte die Uniform an, er war von weitem als Soldat erkennbar. Es war seine erste Wiederbegegnung mit dem Leben.

Ich überlege, was passiert wäre, wenn dieser Mann in die Hände eines gewöhnlichen amerikanischen Therapeuten geraten wäre. Er hätte ihm vermutlich die Einsicht vermittelt, dass das, was er erfahren hat, ein furchtbares Trauma ist, das behandelt werden muss. Er muss darüber hinwegkommen. Man kann verstehen, dass er nachts aufschreckt, dass er beim Gang über die Straße plötzlich stehen bleibt und in Nervenkrisen gerät. Aber es gibt keinen Grund und kein Recht, an sich selber als an einem amerikanischen Soldaten zu zweifeln. Im Grunde ist er ein Held der amerikanischen Armee. Er kann stolz sein auf das, was er erlebt hat. Er hat dem Tod ins Auge geschaut, und er hat nun die Chance, das Leben noch einmal anzupacken als ein American Soldier, als ein Mann, der der Nation geholfen hat, geachtet von allen, denen er seine Geschichte erzählen wird. Es ist zu überlegen, ob er nicht künftig vom Militärdienst freigestellt wird, aber er gehört zum Militär, und er hat überhaupt keinen Grund, an sich zu zweifeln. Ganz im Gegenteil: Er muss das, was er erlebt hat, gegenbesetzen mit noch mehr Mut. Man wird ihm also sagen: Du schaffst es, du musst an dich glauben, du musst durchhalten, du musst jetzt tapfer sein, du bist nicht umsonst ein Soldat geworden, jetzt gilt es, jetzt mehr denn je.

Es ist möglich, dass man ihn auf diese Weise hinkriegen wird. Ich zweifle nicht daran, dass er bei dieser Tour am Ende wieder ein nützliches Mitglied der Gesellschaft sein wird. In dem Mann, dessen Vortrag ich hörte, war aber, ich muss zugeben: glücklicherweise, etwas ganz anderes passiert. Er war einem buddhistischen Mönch begegnet, und in dessen Nähe erkannte er, dass die Welt, in der er gelebt hatte, der offenbare Wahnsinn ist: Menschen zum Töten zu präparieren, die Selbstverständlichkeit eines Befehls, der genügt, um Menschen auf Knopfdruck in beliebiger Anzahl umzubringen, und das Schlimmste an diesem Wahnsinn: dass eine Gesellschaft existiert, die jedes Nachdenken über diese vermeintlichen Notwendigkeiten nicht nur nicht will, sondern geradewegs verbietet. Dieser Mann fuhr mit jenem Zweifel fort, den wir schon erwähnt haben; er sagte: „Wie wollen Amerikaner Frieden machen, wenn sie jedes Jahr 25 000 Menschen mit Handfeuerwaffen im eigenen Land erschießen? Wir leben permanent im Krieg, aber wir bilden uns ein, dass wir die Ordnungsmacht des Friedens wären. Die Hälfte unserer Bürger schläft mit der Knarre unter dem Kopfkissen und nennt das Sicherheit. Wir glauben an den Frieden, sagen wir, aber in Wirklichkeit akzeptieren wir in breitester Front und Form Ausbeutung aller Art. Wir nehmen uns das Recht, Länder zu okkupieren, ihnen die Ordnung zu diktieren, wir mischen uns ständig ein, aggressiv, und wir finden das richtig. Wir trainieren Menschen permanent auf Konkurrenz, auf Ausdehnung ihres Egos, und wir glauben allen Ernstes, dass wir damit Frieden schaffen könnten."

Wenn die Fragezeichen an die so genannte Normalität immer größer werden, sind Religion und Psychotherapie auf eine Begegnung und Ergänzung untereinander angewiesen. Eigentlich müsste die Psychotherapie an dieser Stelle ihre Aufgabe an die Religion delegieren. Im Buddhismus ist das klar erkennbar. Unser westliches Christentum indessen ist auf diese gesellschaftliche und politische Aufgabe, in diesem scheinbar ganz normalen Wahnsinn eine korrigierende und therapeutische Funktion zu übernehmen, nicht vorbereitet, weil es sich immer noch viel zu sehr an die Staatsmacht angepasst hält.

Zum Frieden erziehen

Ganz konkret gefragt: Erziehung zum Frieden – wo beginnt sie, wann beginnt sie, wie kann sie gelingen?

Da sind viele Elemente, die ich jetzt nicht auf die biographische Erstreckung verteilen möchte, sondern im Grunde idealtypisch herausgreife und dann addiere, weil es für die Darstellung einfacher ist.

Das erste: Ein Hauptmoment der Kriegsfähigkeit, nicht nur der Kriegsbereitschaft, liegt – darauf haben wir mehrfach hingewiesen – in der Bereitschaft zum Gehorsam, in der Fähigkeit, seine eigene Verantwortung abzugeben, sich auf den Befehl anderer zu berufen. Demnach liegt ein vorrangiges Ziel einer Pädagogik gegen den Krieg, die vor solch blindem Gehorsamsvollzug schützt, in der Mündigkeit der Person des Einzelnen. Wir müssen also eine Pädagogik entwerfen, die der Entwicklung der Persönlichkeit bereits der Kinder größten Raum schenkt. Mit Menschen, die gelernt haben, selber zu fühlen und selber zu denken, ist ein Leben unterm Stahlhelm schwer vereinbar. Ganz im Gegenteil: Wer erst einmal gelernt hat zu diskutieren, wird nicht einfach Befehlen gehorchen. „That's an order" gilt dann nicht. Man will wissen, warum das ein Befehl ist und wie er sich legitimiert, und es wird nicht angehen, dass dieser Überlegensspielraum einfach auf Kommando weggedrängt wird.

Eine selbstbewusste Persönlichkeit wird geformt durch Dialog. Das beginnt im Elternhaus: Nichts ist richtig, nur weil die Eltern es sagen, aber die Eltern haben ein Stück Lebenserfahrung, sie können sich einfühlen, man kann über unterschiedliche Standpunkte sprechen. Wenn man vor 30, 40 Jahren geglaubt hat, dass man Selbstbewusstsein durch antiautoritäre Erziehung schaffen könne, lag der Fehler bereits in dem „Anti": Kinder, die lernen, etwas zu beseitigen, was im Grunde ihr Schutz sein könnte und ihr Orientierungsmaßstab werden müsste, wachsen in einem Feld von Ungebundenheit und nichtdefinierten Möglichkeiten auf. Diese antiautoritäre Erziehung hat den Kindern gerade jene Angst gemacht, die man ihnen eigentlich ersparen wollte. Erziehung zur Selbständigkeit heißt also nicht, dass es keine Autoritäten gäbe. Gemeint ist aber, dass diejenige Autorität sich beglaubigt, die verdient, dass man ihr glaubt, indem sie von innen her glaubwürdig ist. Autorität kann nicht von Amts wegen beansprucht werden, sondern sie muss persönlich gelebt werden. Nur dann ist sie ein wirklicher Halt und formt auch als Gegenüber wieder eine Persönlichkeit, die in sich glaubwürdig ist. Vertrauen in das, was sich in einem anderen Menschen entwickelt, wirkt wie der Sonnenschein über den Wiesen. Vertrauen bringt in der Seele von Menschen eine Fülle von Schönheit hervor.

Zum *Zweiten*: Damit sich eine eigenständige Persönlichkeit entwickeln kann, müssen wir die Gefühle ernst nehmen. Wir sind in unserer Kultur gewohnt, Gedanken zu favorisieren, Informationen zu speichern und sie unter Prüfungsbedingungen effizient als gelernt abrufen zu können. Ohne Zweifel gehen diese Bildungsziele auf Kosten einer sich entfaltenden Emotionalität. Wir vereinseitigen bereits unsere Kinder im Umgang mit sich selbst, in ihrer Begegnung mit der Welt. Darin liegt ein außerordentliches destruktives Potential. Gefühle können uns verbinden mit fühlenden Wesen an unserer Seite, mit Tieren, mit Menschen. So lange wir uns in einen anderen einfühlen können, werden wir ihn nicht zum Objekt machen. Verstehen bedeutet, dass wir uns in seine Situation, in die perspektivische Wahrnehmung der Wirklichkeit aus seinen Augen hineinversetzen können. Krieg ist das Gegenteil davon. Krieg besteht darin, die Einfühlung in den anderen auszuschalten, den anderen zur Zielscheibe zu machen und überhaupt nur die eigene Wahrnehmung wie eine Waffe, wie ein Zielfernrohr, auf den anderen zu richten und alle Gefühle absterben zu lassen.

An dieser Stelle widerlegt sich die Meinung gründlich, Kriege kämen durch individuell unverarbeitete Aggressionen zustande. Soldaten sollen zwar moralisch motiviert an den Gegner herangehen, und in der Propaganda wird auch ein entsprechendes Feindbild geschaffen, das starke Gefühle von Hass, von Abscheu provoziert, schon um das Schuldgefühl beim Morden zu erleichtern. Aber ein Soldat soll nicht töten im Vollzug seiner persönlichen Gefühle. Alles, was er tut, hat von außen kommandiert zu werden. Er hat nicht alleine vorzugehen, nicht eigenmächtig zu sein. Und insofern werden seine Gefühle im Grunde doch wieder abgeschaltet. Vor allem die Gefühle des Mitleids und der Verbundenheit mit dem anderen dürfen nicht wirksam bleiben. Zum Soldaten gehört es, dass er sich selber als Subjekt ausschaltet, um verfügbar zu sein zur Ausschaltung des Menschenmaterials – so muss man reden – des Gegners und zur Gleichschaltung in der eigenen Truppe.

Insofern glaube ich, dass die Erziehung zum Gefühl, die éducation sentimentale, außerordentlich wichtig ist, um Kriege zu verhindern. Wir fürchten in unserer Gesellschaft die Gefühle, zum Teil deshalb, weil wir im Rückblick auf die Zeit des so genannten Dritten Reiches gemerkt haben, bis in welche Wahnsinnszustände, bis in welche Kollektivpsychosen unbearbeitete Gefühle von Angst und Hysterie führen können. Es ist aber ein schlimmer Fehler zu glauben, dass emotionskalte Gedanken uns die Realität richtiger wahrnehmen ließen. In Wirklichkeit sind die schlimmsten Verbrechen im 20. (und ich nehme an auch im 21. Jahrhundert) möglich gewesen durch die Abschaltung und Zerstörung von Gefühlen. Wir können mit dem, was wir beispielsweise den Tieren antun, wir können mit dem, was wir über Menschen verhängen, eigentlich nur so umgehen, weil Gefühle keine Rolle dabei spielen, weil wir abstrakten Zielen folgen und in unseren eigenen Empfindungen über keine Korrektur mehr verfügen. Jede Vereinseitigung schadet: Ein Mensch, der nur fühlt, ohne zu denken, und ein Mensch, der denkt, ohne zu fühlen, ist in sich ein schizophrenes Wesen und eine Gefahr für sich selbst und alle anderen. Erziehung zum Frieden braucht also eine Pädagogik, die den Menschen als ganzen anspricht.

Zum *Dritten* ist die *Integration des Unbewussten für eine Friedenserziehung* wichtig, auch und gerade weil ein solches Ziel in unseren Schulrichtlinien kein Thema ist. Die Einsichten der Psychotherapie, speziell der Psychoanalyse, haben im 20. Jahrhundert einen großen kulturellen Sprung ermöglicht. Wir müssen zur Kenntnis nehmen, dass sechs Siebtel der menschlichen Psyche dem Unbewussten zugehören. Wir müssen sehen, dass ein Mensch sich nicht verstehen lässt, ohne dass wir ihn seine Geschichte erzählen lassen. Die Psychoanalyse besteht im

Wesentlichen darin, das historische Denken des 19. Jahrhunderts auf die Individualbiographie anzuwenden. Das allein schon ist ein wichtiger Fortschritt.

Noch in der Romanliteratur des 19. Jahrhunderts findet man, selbst bei großen Autoren wie *Stendhal* und *Dostojewskij*, Menschen geschildert als Erwachsene, gewissermaßen ohne Vorgeschichte. Die Kindheit spielt da noch keine wesentliche erklärende Rolle, um zu begreifen, wie ein Mensch, der Mörder Raskolnikow zum Beispiel, handelt. Seit wir die Psychoanalyse haben, ist es möglich und unvermeidbar, beides zu sehen: die Tiefe des Unbewussten und die Geschichte unserer Gefühle, unserer Einstellungen, unserer Charakterwerdung aus den frühen Anfangstagen unseres Lebens. Ein Unterricht, der darauf Rücksicht nimmt, hätte nötig, auf vielen Ebenen zu arbeiten und die Bedeutung der Träume, der Malerei, die Bedeutung von Poesie und Tanz miteinzubeziehen. *Rabindranath Tagore,* der in Bengalen Anfang des 20. Jahrhunderts Schulen gegründet hat, in denen eine Pädagogik zur Menschlichkeit und Friedfertigkeit erprobt wurde, hat darüber nachgedacht, wie man Kindern durch emotionales Ausdrucksverhalten, durch die Fähigkeit, ihre Empfindungen und Einsichten künstlerisch, z. B. im Tanz, darzustellen, nicht nur von dem Erleichterung verschaffen kann, was sie erlebt haben, sondern wie man dadurch zugleich auch eine tiefere Integration ihrer unbewussten Gefühle und Vorstellungen erreicht. Der Raum, in dem wir blind in den anderen hineinprojizieren, womit wir selbst nicht fertig werden, wird dadurch verringert.

Wie wichtig dieses Anliegen ist, zeigte sich unmittelbar nach dem New Yorker Attentat: Wenn der amerikanische Präsident seinen „monumentalen Krieg" gegen das Böse ausruft, ist er offensichtlich nicht im Stande zu begreifen, dass das Böse nicht draußen ist, sondern in uns selber, dass wir uns nicht entlasten dürfen und können, indem wir ein strukturelles Problem in einen Einzelnen projizieren, den wir dann zum Teufel erklären und zum Abschuss freigeben. Erziehung zum Frieden muss auf lange Sicht verhindern, dass Männer an die Macht kommen, die sich selber überhaupt nicht kennen, die kaum etwas anderes sind als die willfährigen öffentlichen Marktschreier der Interessen ihrer Lobbyisten im Hintergrund.

Unsere Kinder sollten auch nicht von Lehrern erzogen werden, denen man in vielen Jahren Pädagogikstudium von ihrer eigenen Person so gut wie nichts beigebracht hat – ein Übelstand, der in allen erzieherischen Berufen mehr oder minder existiert. Lehrer, Theologen, Sozialarbeiter lernen über alles mögliche Bescheid zu wissen, aber ihre eigenen Dozenten wären völlig außerstande, auch nur den Traum einer Studentin oder eines Studenten aus der vergangenen Nacht zu interpretieren oder mit ihren Studentinnen und Studenten einmal durchzugehen, was sie fühlen, was ihre Berufsmotivation ist, woher sie kommen, wie sie mit sich selber umgehen usw. Chronischer Schaden entsteht, wenn Menschen Menschen erziehen sollen, die sich selber gar nicht kennen und dementsprechend an den Personen der ihnen Untergebenen vorbei erziehen müssen.

Ein *vierter Punkt*: Wir sollten eine aktive Form der Selbstdurchsetzung und des möglichen Widerstands lehren. Ich höre immer wieder sagen, es sei eine Karikatur, Soldaten als Gehorsamssklaven zu definieren. Wir hätten schließlich Bürger in Uniform als Soldaten, das Militär stehe unter demokratischer Kontrolle, und wir brauchten gerade beim Militär Leute, die in schwierigen Situationen selbstbewusst entscheiden könnten. Ich halte das, grob gesagt, für bloße Augenwischerei.

Zum einen: Gerade das Militär untersteht der demokratischen Kontrolle nur sehr mäßig und völlig unzureichend. Waffenherstellung beispielsweise untersteht überhaupt keiner demokratischen Kontrolle. Biologische Waffen, chemische Waffen, atomare Waffen, konventionelle Waffen – wem von den Bürgern hätte man denn gezeigt, welches Teufelszeug man in petto hat? Keinem. Und man *darf* es nicht zeigen. Man hält es geheim, nicht nur vor dem Gegner, dem damit ja effizient zu drohen wäre, ihm müsste es geradewegs bekannt gemacht werden, – auch vor der eigenen Bevölkerung hält man es geheim, weil man den moralischen Konsens zu verlieren fürchtet, wenn die Öffentlichkeit begreift, was da alles geplant, entwickelt, geübt wird. Das ganze Militär lebt in einem Lügenraum und einer Schattenexistenz; es ist der Rest der Steinzeit, der in einer zivilisierten Gesellschaft gerade nicht integrierbar ist. Das Militär ist die Randbedingung oder die Katastrophenbedingung des zivilen Lebens, und je länger es währt, ist es die Katastrophe unseres gesamten Lebens.

Zum andere: Es gibt keine Armee der Welt, absolut keine, nirgendwo, in der trainiert würde, wie man Widerstand leistet, wie man Befehle verweigert, unter welchen Bedingungen die Pflicht dazu geradewegs bestünde. Was gelernt wird, ist Gehorsam. Es wird gelehrt und beigebracht, dass man als Individuum gar nicht imstande ist, die Komplexität der Lage vor Ort wirklich zu begreifen. Das kann natürlich nur der übergeordnete Offizier, der hat die Übersicht, und der weiß, was jetzt zu tun ist, alles andere ist Insubordination und wird entsprechend bestraft. Das ist militärisches Denken. Will man es widerlegen, braucht man Individuen, die sich genau das nicht bieten lassen, die vielmehr darauf bestehen: Je kritischer die Sache wird, desto genauer will ich wissen, was ich jetzt machen kann und machen darf, ich will nicht hören, was ich machen soll, nur weil das irgendwem gefällt. Wir brauchen zur inneren Beseitigung der „Wehrbereitschaft" autonome Menschen, die Sand im Getriebe jeder Militärmaschine sind. Erziehung zum Frieden bedeutet Erziehung zur Mündigkeit des eigenen Urteils. Nichts kann richtig sein, nur weil es befohlen wurde. Die Macht ist die brüchigtste Grundlage zum richtigen Handeln. Wenn Moral sich lediglich ergibt, weil sie befohlen wird, ist sie das Possenspiel der Moral. Dies den Kindern beizubringen, es im Umgang miteinander einzuüben, es als Teil des sozialen Lernens in den Unterricht zu bringen, das wäre außerordentlich wichtig, um psychisch den Krieg gegen den Krieg zu gewinnen.

Die *fünfte* Aufgabe einer kulturphilosophisch und zeitkritisch orientierten Friedenspädagogik bestünde darin, *Werte zu vermitteln*. Wir geben uns der Illusion hin, dass wir Kinder oder auch die Erwachsenen Werte lehren könnten, einfach indem wir darüber reden oder indem wir sie mit kirchlichen und politischen Mahnschreiben anfordern. Werte werden aber nicht über den Intellekt beigebracht. Es ist zur Begründung von Werten nur möglich, ein Gefühl zu wecken, das imstande ist, etwas Lebendes als kostbar, als etwas, das geschützt werden muss, zu empfinden, als etwas, das wertvoll ist, weil es lebt, weil es selber zu Gefühlen fähig ist. Wenn dieses Wertgefühl erstirbt, sind wir wurzellos, haltlos wie

Staub, den der Wind verweht. Gedanken helfen uns zur Wertbegründung kaum, ganz im Gegenteil. Im ganzen 20. Jahrhundert wurde die schreckliche Verführbarkeit gerade der Intellektuellen überaus sichtbar. Wo waren sie denn: ausgebildete Richter, Pastoren, Lehrer, Journalisten, Ingenieure, Naturwissenschaftler, die ganze Bildungselite, all die Leute, die wussten oder die hätten wissen müssen, was Recht und Unrecht ist, was menschlich ist und unmenschlich? Sie alle fanden im Intellekt Gründe, mitzumachen. Das zeigt, wohin ein Intellekt kommt, der gefühlsmäßig nicht verankert ist. Einfache Leute vom Lande indessen, der zitierte *Franz Jägerstetter* etwa, konnten absolut klar sehen.

Das meine ich mit der Einheit von Gefühl und Gedanke, mit dem Mut zum Widerstand und mit dem klaren Wertempfinden der Wirklichkeit gegenüber. Wenn diese Komponenten pädagogisch vermittelt würden, hätte ich ein gutes Vertrauen, dass Menschen zum Kriege außerstande werden. Dann gilt der Satz aus der Bergpredigt: „Glücklich sind die Menschen in dieser Welt, die es wagen, wehrlos zu bleiben, denn nur sie werden den Frieden schaffen" (Mt 5, 3). Ich wiederhole meine feste Überzeugung: Der Friede kommt nicht aus der Position der Stärke, ganz im Gegenteil. So lange man sich dem anderen überlegen fühlt, denkt man immer noch, sich den Krieg leisten zu können. Nur die zum Kriegführen völlig außerstande sind, wissen, dass sie nur im Frieden leben können. Für sie ist der Friede die Grundlage zum Überleben, und ich sehe in ihnen die Pioniere der Zukunft. So ist es und so wird es kommen müssen. Es lebe der Friede, weil nur er Leben ist.

Das Attentat von New York wurde ja quasi live im Fernsehen abgebildet, es war für jeden weltweit mitzuvollziehen. Menschen wurden unter Trümmern begraben. Menschen sprangen aus den brennenden Türmen. Was erzeugen solche Bilder in Menschen, die sie sehen? Friedenssehnsucht? Oder nicht eher Angst, Verzweiflung, Ohnmacht?

Das Schlimme ist, dass uns ganz speziell das Fernsehen die Differenz von digital simulierter Darstellung und Realität verwischt. Selbst die Spielfilme werden heute in einer Art inszeniert, wie wenn es Wirklichkeit wäre, und die Wirklichkeit kann jeweils so verstellt werden, dass sie sogar in den Nachrichten wie Fiktion erscheint. Auf diese Weise verkommt auch die Wahrheit als Wert. Sie wird verkauft als Ware auf dem Informationsmarkt. Sie verkauft sich natürlich umso besser, als sie interessengelenkt aufgeladen werden kann, als sie im Schrecklichen wie im Schönen Attraktivität gewinnt. Bilder wie die vom einstürzenden Tower in New York sind unbezahlbar im Medienmarkt. Sie können gar nicht oft genug gesendet werden. Und entsprechend hängt sich weltweit die Sehgewohnheit an immer neue Standards der Bedürftigkeit. Es kann eigentlich gar nicht mehr blutig genug, grausig genug, schaurig genug zugehen, anders fühlt man sich schon fast gelangweilt. Die Einschaltquote diktiert inzwischen den Journalisten die Pflicht, wie sie etwas aufzumischen haben, damit es sendefähig wird. Vielleicht hilft es ein wenig, wenn wir sagen: Unsere Wahrnehmung hat auch ein gewisses Recht, sich für Störungen, Überraschendes, Katastrophisches brennend zu interessieren. Es ist die Weise, wie unser Körper reagieren wird. Irgendwo beginnt ein Schmerz; und wir werden alle Aufmerksamkeit darauf richten, schon um Maßnahmen zu ergreifen, die auf die Beseitigung seiner Ursachen zielen. Wenn irgendetwas Gefahr signalisiert, fokussieren wir mit Recht darauf alles, was wir an Wahrnehmungsmöglichkeiten haben. Allerdings kann sich unsere Wahrnehmung in dieser Konzentration nicht erhalten. Sobald etwas länger dauert, wird es zum Gleichgültigen und zum Langweiligen. *Dostojewskij* sagt in seinen *„Aufzeichnungen aus einem Totenhaus"* einmal sehr treffend: „Der Mensch ist das Wesen, das sich an alles gewöhnt."

Man sah im Oktober 2001 die Fernsehwelt jeden Abend fiebern: Wann werden die Amerikaner zuschlagen? Dann sah man sie fiebern: Wann werden sie am Boden beginnen? Dann tauchten die ersten offenbar gestellten, vom Pentagon freigegebenen Bilder auf, so gut wie ohne Informationswert, aber um die Welt verkauft und gehandelt: Propagandabilder, die man für die Wirklichkeit zu nehmen hatte. Doch alle Journalisten stimmten darin überein, dass sie diese Bilder zeigen mussten, schon weil sie keine anderen hatten, irgendetwas mussten sie ja zeigen. Pflicht zur Information also, selbst wenn es keine gibt. Lieber lügen als den Mund halten. Denn man kann nicht warten. Das Interesse nutzt sich ab. Die Nachricht, dass die Amerikaner Afghanistan heftig bombardieren, Kandahar, Kabul, Dschalalabad, dreimal gehört, drei Tage hintereinander gehört, macht am vierten, fünften Tag gar nichts mehr aus. Selbst wenn die Folgen objektiv viel schlimmer sind und das Weiterbombardieren über die Trümmerhaufen hinaus, nachdem alle militärischen Ziele zerstört sind, natürlich viel empfindlicher die Zivilbevölkerung treffen wird – man ist bereits abgestumpft. Wenn dann *Bush* in Shanghai sagt: Die Taliban hindern uns, die Nahrungsmittel zur Bevölkerung zu bringen – It's not another reason, they must go, so muss man daraus die Mitteilung hören, dass die Amerikaner einstweilen den Deibel tun, der Zivilbevölkerung zu helfen. Sie führen Krieg, sie bombardieren weiter. Und es sind die anderen schuld, dass sie nicht so menschlich sein können, wie sie sein möchten. Das ist die Logik: Immer ist der andere schuld an dem, was man selber an Leid zufügt. Und man würde es ihm ja nicht zufügen, wenn er nicht die Schuld trüge. „Der Aggressor ist immer friedfertig", meinte schon *Clausewitz.* All dieser Irrsinn läuft in den Medien permanent und führt am Ende zu einer sonderbaren Optik.

Manchmal möchte ich *Henry Thoreau* zustimmen, der in seinem Buch „*Walden*", im ersten Drittel des 19. Jahrhunderts, beschlossen hat, überhaupt keine Zeitungen mehr zu lesen, erstens weil immer wieder dasselbe drin steht: Hier ist ein Traversmast umgestürzt, und da ist ein Hund gestorben, hier hat ein Alkoholiker seine Frau geschlagen, und da ist ein Krieg ausgebrochen, und da ist ein Haus eingestürzt. Welche menschliche Bedeutung hat all dies? Wann gibt es Nachrichten, die uns sagen, wie wir die Schreckensmeldungen so verarbeiten könnten, dass menschlich etwas daraus folgt?

Spätestens seit dem Antritt der rot-grünen Regierung ist das, was früher Opposition war, Teil der Regierungsamtlichkeit geworden. Die einzige Opposition besteht darin, das noch zu überbieten, was sowieso geschieht. Und die Medien passen sich an. Wir haben die neuen Machthaber, und wir müssen ihnen zu Füßen schreiben und liegen. Abhängigkeit vom Geld ist eine neue Form der Diktatur. In der alten DDR ging es um die Gedankenkontrolle der Bonzen und der Apparatschiks. Heute geht es um den Erhalt des Arbeitsplatzes und um die Prämie eines Karrieresprungs. Wie soll man das bezeichnen, wenn nicht als Charakterlosigkeit von Berufs wegen? Das Beispiel *Jesu* ist mir evident. Man kann nicht reich werden wollen, nicht Macht haben wollen, nicht Erfolg haben wollen, nicht eine Karriere anstreben wollen, wenn man wenigstens ein bisschen Wahrheit in die Welt tragen will. *Sören Kierkegaards* Antwort auf die Frage, ob *Jesus* überhaupt ein ordentlicher Bürger war, lautete eindeutig: „Nein. Er war nicht verheiratet, er hatte keine Kinder, er besaß kein geregeltes Einkommen. Er war kein ordentlicher Bürger."

Wir sollten im Übrigen bei der Erziehung zum Frieden *die Poesie* nicht unterschätzen. Wir sollten die Menschen zu den Dichtern ihres Lebens machen: kritisch und unabhängig, integriert und sprachfähig.

Wenn wir einen Blick in die Zukunft wagen: Denken Sie, dass noch Schlimmeres möglich werden kann? Ist durch die Ereignisse von New York und Washington tatsächlich so etwas wie ein Aufrütteln passiert? Oder ging nicht drei Tage nach der Erschütterung die Spaßgesellschaft schon wieder weiter?

Es hat sich durch den 11. September 2001 nicht wirklich etwas geändert. Im Gegenteil, die Beharrung des Alten hat sich verschlimmert. Die Handlungsgewohnheiten, das Böse mit den Mitteln des noch Böseren zu bekämpfen, sind noch ein Stück gesteigert wurden, die Akzeptanz militärischer Gewalt ist noch ein Stück weiter ausgedehnt worden. Die Wahnidee, mit Krieg zur Pazifizierung der Menschheit beitragen zu können, ist fast noch selbstverständlicher geworden. Das Zusammenrücken im Augenblick der Angst ohne jede Entscheidungsalternative ist geradewegs zur Bürgerpflicht geworden, und die Anonymität der Bedrohung findet ihre Entsprechung in der mangelnden Präzision sogar der Zielsetzungen. Selbst *Clausewitz* hat vor 200 Jahren gesagt, wenn man Krieg führe, müsse man ein ganz klares Ziel haben. Das hat man aber nicht. Wie denn auch? Man brauchte irgendein Objekt, das als das Böse dämonisiert werden konnte und nun exekutiert und eliminiert werden musste. Das alles akzeptieren wir.

Wir akzeptieren offenbar sogar „in unbedingter Solidarität", dass der amerikanische Präsident einen „langen" Krieg in unbekannt wie vielen Ländern auf Jahre hin in Aussicht stellt. Man hat manchmal gerühmt, wie „maßvoll" doch *George W. Bush* auf die Anschläge vom 11. September 2001 reagiert habe; in Wirklichkeit hat er nur die Leute aus dem Golfkrieg von 1991 an der Seite seines Vaters reaktiviert, und diese gehen als Regierungsmitglieder nicht anders vor als damals: sie instrumentalisieren die UNO als Sprechbühne ihrer Zielsetzungen, und sie nötigen wirtschaftlich und politisch möglichst viele Regierungen in ihrem Einflussgebiet zur Zustimmung, – die übrigen definieren sie als potentielle Gegner. Was soll „maßvoll" sein bei einer Politik, die bereit ist, je nachdem, wie sie es „praktisch" findet, militärisch vorzugehen – von Libyen bis zum Jemen, vom Irak bis nach Malaysia, von Somalia bis zu den Philippinen? So viel steht fest: dass damit die Militarisierung der Außenpolitik zum Instrument der wirtschaftlichen Globalisierung eingesetzt werden soll. *Das* scheint die „Realität" zu sein, bei der wir heute angekommen sind.

Ich leide sehr darunter, dass es aus der Mode gekommen ist, ein Problem darin zu sehen, dass in jedem Krieg Menschen getötet werden müssen. Heute ist das offenbar kein Problem mehr. Jeder 12-jährige hat heute tausend Mal gesehen, wie man Menschen tötet. Man hat ihm beigebracht, dass es hunderttausend Gründe gibt, es richtig zu finden. Das ist die Botschaft, die wir in der Spaßgesellschaft transportieren und in der Ernstgesellschaft dann befolgen. Wie denn auch nicht?

Es *ist* aber das Kernproblem: Du sollst nicht töten! Man ist kein Mensch mehr, wenn man denkt: Du oder ich! Selbstdurchsetzung auf Kosten des Lebens eines anderen, das ist der Anfang jedes Krieges: Ich und du, wir beide können nicht gemeinsam leben, und ich beschließe, dass ich leben will und du nicht mehr leben sollst. Alle Gründe, die man sich nachträglich zur Rechtfertigung zaubert, haben ihre eigene Geschichte und nur begrenzte Gültigkeit. Im Ganzen sind sie falsch. Das, was geschieht beim Töten eines Menschen, hat keine Rechtfertigung, niemals. Aber an diesem Problem leidet offensichtlich kaum noch jemand.

Die Politik im ganzen 20. Jahrhundert hat entdeckt, dass es keine Moral gibt, es sei denn als Waffe, wie man den Gegner mit moralischen Scheinargumenten vernichten oder kompromittieren kann. Wie man auf der Klaviatur moralischer Gefühle Propaganda organisiert, in dieser Kunst sind wir virtuos geworden. Man glaubt nicht mehr an Moral, man instrumentalisiert sie als Mittel zum Zweck, also hat man keine Moral mehr. Die Moral definiert deshalb auch keine Werte mehr. Die alle liegen irgendwo anders: im Markt, im Gruppenegoismus, in den Machtinteressen.

Ich sehe deshalb nur eine Therapie: Wir müssen die Skrupel wiederentdecken für das, was uns normal und selbstverständlich geworden ist. *Reinhold Schneider* ist mir in diesem Punkte ein Vorbild, ein Dichter und ein religiös tief fühlender Autor, der am Konflikt von Macht und Gnade gelitten hat und den Gedanken unerträglich fand, dass wir nach der Erfahrung von über 50 Millionen Toten im 2. Weltkrieg uns wieder dahin bewegen sollten, das Töten zu lernen. *Reinhold Schneider* musste erleben, dass die katholische Kirche ihn ins Abseits stellte, dass man ihn nicht reden ließ auf dem Katholikentag, dieser seiner Meinung wegen. Aber damals gab es im Gegensatz zu heute mindestens noch eine Diskussion um diese Themen. Es tröstet mich nicht, dass die Zahl der Wehrdienstverweigerer inzwischen nominell zugenommen hat. Denn da geht es in der Regel um keine moralische Entscheidung mehr, sondern um ein Kalkül, wie man sich für das nächste Jahr besser einrichtet. Paradoxerweise hat die Freigabe der Verweigerung des Militärdienstes die Nachdenklichkeit in diesen Fragen sogar gedämpft. Man hat persönlich keinen Grund mehr, etwas zu problematisieren, das man wie etwas Selbstverständliches vom Baum pflücken kann.

Hinzu kommt: Ob Ernst- oder Spaßgesellschaft, wir haben uns eingerichtet in der selbstverständlichen Ansprüchlichkeit eines Konsumniveaus, das wir in keinem Punkt auf seine Kosten für die so genannte Dritte Welt hin befragen. Unsere Devise lautet: Wir haben uns das so geschaffen, glücklich sind die Besitzenden, und wir haben ein Recht, unseren wohlerworbenen Besitz zu verteidigen. Wer *den* in Frage stellt, richtet sich gegen unseren Lebensstil, gegen unsere ganze Zivilisation, gegen unsere Menschlichkeit und erweist sich deshalb als Barbar und Terrorist.

Mittlerweile schüren wir sogar zwischenmenschlich die Angst. „Don't keep your luggage unattended" – „Lassen Sie Ihr Gepäck nicht unbewacht", diese Aufforderung ergeht in jedem

Flughafen alle paar Minuten. „Seien Sie misstrauisch, wenn Fremde Ihnen beim Gepäcktragen helfen wollen", dröhnt es durch die Lautsprecher der Bahnhöfe. Offenbar hatte *Franziskus* recht: „Sobald du Besitz willst, brauchst du Waffen, um ihn zu schützen." Allein die ungerechte Verteilung der Güter dieser Erde bedeutet Kriegsgefahr.

Wir riegeln infolgedessen die Grenzen hermetisch ab, europaweit, amerikaweit, australienweit, in all den Nationen, die diesem Lebensstil und Standard entsprechen, so wie die Römer vom zweiten Jahrhundert an gegen die von Hunger- und Klimakatastrophen ausgelöste Völkerwanderung ihren Limes errichteten. Und wir denken allen Ernstes, dass dies als Antwort auf das wachsende Elend von zwei Dritteln der Menschheit genügen wird. Ob sie da leben oder ob sie da sterben, *so what*, wenn nur wir weiter so leben können, wie wir es tun: Das steht als erklärter Wille hinter all den politischen und wirtschaftlichen Aktionen, die wir derzeit tätigen. Ich kann nicht sehen, dass es in den letzten 40 Jahren einen ernsthaften Willen gegeben hätte, den Gedanken der Entwicklungshilfe wirksam zu favorisieren. Ganz im Gegenteil: Wir haben uns absurde Debatten geleistet, ob das Versprechen von 1963, nun wirklich 0,7 Prozent des Bruttosozialproduktes für Entwicklungshilfe einzusetzen, auch erfüllbar sei. Wir stehen, glaube ich, heute bei einem Volumen der Entwicklungshilfe, die 0,45 Prozent unseres Bruttosozialprodukts ausmacht – ein unsäglicher Beitrag zum Hauptproblem der Menschheit in der Gegenwart und jeder beliebigen Zukunft. Wir wollen nur in Erinnerung rufen: Vier Prozent des Bruttosozialproduktes wenden wir zur Reklame für den Absatz von Produkten in einem völlig überfüllten Markt auf, um den Betriebserhalt dieses absurden und menschenfeindlichen Systems wenigstens zu gewährleisten.

Die Schere zwischen den Preisen für die Fertigwaren aus den Fabriken der Industrienationen und den Preisen für die Rohstoffe aus den Händen der Armen in den Ländern der Dritten Welt wird seit Jahren immer größer. Erste und Dritte Welt entfernen sich immer weiter voneinander. Und noch viel schlimmer: Wir können gar nicht ernsthaft wollen, dass die Länder der Dritten Welt mit ihren Milliarden-Bevölkerungen an den Lebensstandard aufschließen, den wir verteidigen wollen, denn dann bräche die

Welt auseinander. Die Verteilungskämpfe sind längst im Gange, aber wir müssen unserer Bevölkerung vorschwätzen, dass die Globalisierung unseres Wirtschaftssystem zum Wohlstand aller führe. Jeder kann sehen, dass das nicht der Fall ist, ganz im Gegenteil. Man wird das goldene Kalb weiter umtanzen. Ob Moses seine Gesetze schreibt oder ob er vor Wut die Gesetzestafeln zerschmettert, spielt scheinbar keine Rolle mehr.

Herr Drewermann, Sie haben an den Kirchen, an den Religionen, an der UNO Kritik geübt, aber auch an der Psychologie und Psychoanalyse. Sie alle können wohl nicht die Weichen für den Frieden im 21. Jahrhundert stellen. Welche Vision von Zukunft haben Sie? Bleibt uns nur die düstere Aussicht – die Kriege werden immer schlimmer, der dauerhafte Weltfriede ist eine unerreichbare Utopie – weil der Mensch so ist, wie er ist: gebrochen, unfertig?

Würde ich rein politisch oder kirchenbezogen denken, so bliebe mir wirklich wenig Hoffnung. Doch was mich tröstet, wenn ich morgens die Zeitung lese, ist die Person und Botschaft *Jesu*. Es ist ein wichtiger, ja, entscheidender Teil meiner Persönlichkeit, dem Mann aus Nazareth Glauben zu schenken und Frieden für möglich zu halten. Ich müsste mich selber wegwerfen ohne diese Zuversicht. Tatsächlich ist es in meinen Augen nicht die Frage, ob die Bergpredigt funktioniert oder nicht, – sie ist für mich eine unabweisbare Notwendigkeit der Menschlichkeit und aller menschlichen Zukunft; die Frage ist nur, wie viele Opfer, wie viel Leid, wie viel an Zerstörung wir noch brauchen, um den Weg der Angst und der Aggression zu verlassen und uns auf den Pfad des Vertrauens und des Verstehens zu begeben.

Was mich sehr ermutigt, sind die alltäglichen therapeutischen Erfahrungen. Immer wieder erlebe ich Menschen in der Welt von Kain und Abel, wie das Buch Genesis im 4. Kapitel sie schildert: Menschen, die niemals haben glauben können, dass sie mit ihrem Leben berechtigt sind, und die darum ringen, sich mit allen Mitteln ein Ansehen zu verschaffen, immer in Furcht und in Konkurrenz gegenüber ihrem „Bruder", der sie in den Schatten zu drängen sucht. Alle „Morde", die einzelne begehen, resultieren aus der Enttäuschung und dem Zorn einer unglaubwürdig gewordenen Liebe. Schon hier beginnt die Botschaft *Jesu* zu greifen, wenn er in Matthäus 25, in dem Gleichnis von den Talenten, vorschlägt, nicht länger die anderen zum Vergleichsmaßstab des eigenen Selbstwertgefühls zu nehmen, sondern *das* zu sein, was man wirklich ist. In der Psychotherapie ist es ein wundervolles Erlebnis, wenn es gelingt, einen Menschen bis zu diesem Punkt seiner „Befriedung" und Zufriedenheit zu begleiten. Doch dann gibt es eine Problemstellung, wie die Bibel sie in Gestalt des Kain-Sohnes Lamech (in Genesis 4, 22–24) erzählt: Dieser Mann wird sich vor seinen Frauen rühmen, siebenmal Rache zu üben für jede Verletzung und jede Verwundung. Er hat vor der Gefahr der anderen Menschen solche Angst, dass er nur als der Stärkste glaubt, in Sicherheit leben zu können. Unsere ganze menschliche Geschichte folgt dieser Lamech-Logik, aber wir richten uns alle erkennbar in dieser Welt zugrunde. Und ich sehe es wieder am ehesten in der Psychotherapie, wie wahr der Gedanke Jesu im 18. Kapitel des Matthäus-Evangeliums ist: Da fragt Petrus, wie oft wir einem Schuldiggewordenen vergeben müssen – etwa sieben mal? Und Jesus antwortet: Nicht sieben mal, sondern sieben mal siebzig mal. Es gilt demnach, all die Angst, all die Aggressionsbereitschaft des „Lamechs" in uns durch Verstehen und Güte aufzulösen und sogar im Übermaß zu widerlegen.

Ich könnte eine Menge von Geschichten von Menschen erzählen, bei denen ich gesehen habe, dass und wie so etwas möglich ist. Erlösen kann uns nur die Liebe. Das ist so wahr, wie dass Blumen nur wachsen können bei Sonnenlicht. Wenn jeder Mensch diese Wahrheit in sich trägt, warum sollten wir uns dann immer noch vorreden lassen, die eigentliche Realität sei das Böse, die Gewalt und der Hass, und notwendig seien deshalb Waffen, Kriegsbereitschaft und strenge Strafen? Was uns – neben der Angst – hindert, der Sache Jesu eine Chance zu geben, ist gesellschaftlich vor allem der absurde Stellenwert, dem wir dem Geld beimessen: dem Geld und der Macht. Aber auch das Verlangen und die Gier nach Geld und Macht sind nur neurotische Verkleidungen von Minderwertigkeits- und Ohnmachtsgefühlen. Irgendwann wird der Kapitalismus sich selber zu Grunde richten, schon weil wir nicht immer folgenschwerer global handeln und gleichzeitig nach wir vor in betriebswirtschaftlichen Konkurrenzmodellen denken können. Doch hoffen würde ich und möchte ich, dass wir von innen her, in Freiheit, und nicht durch die selbstgeschaffenen Zwänge und Katastrophen unserer Geschichte, zu Menschlichkeit und Weisheit reifen würden. Theologisch ausgedrückt, entspricht die eine Möglichkeit der „Eschatologie", die andere der „Apokalyptik". Beides ist möglich. Doch ob so oder so: Es lohnt sich nicht nur, es ist unbedingt nötig, die Wahrheit zu leben, egal, in welch einer Form und zu welcher Zeit sie sich im Raum der Geschichte durchsetzen wird.

Manifest gegen die Wehrpflicht

„Wir glauben, dass auf der Wehrpflicht aufgebaute Heere mit ihrem großen Stab von Berufsoffizieren eine schwere Bedrohung des Friedens darstellen. Zwangsdienst bedeutet Entwürdigung der freien menschlichen Persönlichkeit. Das Kasernenleben, der militärische Drill, der blinde Gehorsam gegenüber noch so ungerechten und sinnlosen Befehlen, das ganze System der Ausbildung zum Töten untergraben die Achtung vor der Persönlichkeit, der Demokratie und dem menschlichen Tun.

Menschen dazu zu zwingen, ihr Leben aufzugeben, oder sie gegen ihren Willen, gegen ihre Überzeugung und gegen ihren Sinn für Gerechtigkeit zum Töten zu zwingen, stellt eine Erniedrigung der menschlichen Würde dar. Ein Staat, der sich für berechtigt hält, seine Bürger zum Kriegsdienst zu zwingen, wird auch in Friedenszeiten die gebührende Achtung und Rücksicht auf das Wohl und Wehe des Einzelnen vermissen lassen. Mehr noch: Die Wehrpflicht pflanzt der ganzen männlichen Bevölkerung einen militaristischen Geist von Aggressivität ein, und das in einem Alter, in dem sie solchen Einflüssen am ehesten erliegt. So kommt es, dass durch die Ausbildung für den Krieg schließlich der Krieg als unvermeidlich, ja als erstrebenswert angesehen wird."

Manifest gegen die Wehrpflicht von 1926, neben anderen unterzeichnet von Annie Besant, Martin Buber, Albert Einstein, M. K. Ghandi, Leonhard Ragaz, Romain Rolland, Bertrand Russell, Rabindranath Tagore, Fritz von Unruh.

„Die Wehrpflicht liefert die Einzelpersönlichkeit dem Militarismus aus. Sie ist eine Form der Knechtschaft. Dass die Völker sie gewohnheitsmäßig dulden, ist nur ein Beweis mehr für ihren abstumpfenden Einfluss.

Militärische Ausbildung ist Schulung von Körper und Geist in der Kunst des Tötens. Militärische Ausbildung ist Erziehung zum Kriege. Sie ist die Verewigung des Kriegsgeistes. Sie verhindert die Entwicklung des Willens zum Frieden."

Gegen die militärische Ausbildung der Jugend von 1930, neben anderen unterzeichnet von John Dewey, Albert Einstein, Sigmund Freud, Thomas Mann, Bertrand Russell, Rabindranath Tagore, H. G. Wells, Stefan Zweig.

Nachwort

Von Jürgen Hoeren

Eugen Drewermann, ein überzeugter Pazifist, wirkte eher deprimiert, als wir uns zu dem Gespräch in Paderborn trafen. Tag und Nacht fielen damals Bomben auf Ziele in Afghanistan. Die Bereitschaft, den Krieg zu akzeptieren, war nach den mörderischen Attentaten von New York und Washington so hoch wie nie zuvor in der Nachkriegszeit. Er war erschüttert von der Vergeltungsspirale, von Gewalt und Gegengewalt, von aufflammendem Hass, – und von der plötzlichen Sprachlosigkeit und Kraftlosigkeit, ja der Ohnmacht der Friedensbewegung in Deutschland. Wie kaum ein anderer hatte er sich aufgrund tiefer persönlicher Erfahrungen und aus einer fundamentalen Überzeugung heraus mehrere Jahrzehnte für Gewaltlosigkeit engagiert, hatte für Frieden und gegen Krieg geschrieben und gesprochen. Für den Paderborner Theologen ist es bitter zu erfahren, wie machtlos Bücher, Worte, Appelle, Predigten und Vorträge eines Einzelnen letztlich sind.

Die Radikalität, mit der Eugen Drewermann konsequent nicht nur jeden Krieg, sondern auch jede Gewaltanwendung verurteilt, hat auch mich bei der Aufzeichnung des ausführlichen Gesprächs in Paderborn zunächst erschreckt. Hat der Mann aus Nazareth mit seiner Bergpredigt, die für diesen Theologen das entscheidende Programm ist, es wirklich so ernst gemeint mit dem Gewaltverzicht? Für Drewermann gibt es daran keinen Zweifel. Nur wenn der Starke, der Übermächtige auf Gewalt verzichtet, gibt es eine Veränderung in Richtung Frieden und einen Stopp der Gewaltspirale. Das Böse kann nur durch das Gute besiegt werden, nicht durch neues Böses. Ein Krieg wie jener in Afghanistan, unter so extrem ungleichen Fronten begonnen und fortgesetzt, kann keine dauerhafte, friedvolle und gerechte Lösung hervorbringen. Kein Krieg ist Therapie, Krieg ist ein Krebsübel. Drewermann stellt und beantwortet in dem Gespräch Fragen, die viele Menschen bewegen. Warum sind plötzlich Milliarden Dollar für den Krieg vorhanden? Warum sind Nationen bereit, so schnell, so unkompliziert, so großzügig Milliardenbeträge für Zerstörung, Zerbombung, für Tötung bereitzustellen? Wäre es nicht viel besser, dieses Geld in die Hilfe für die Ärmsten der Armen zu investieren, langfristig Strukturen der Armut, der Arbeitslosigkeit und der Ungerechtigkeit abzubauen und dem Aggressionspotential den Boden zu entziehen, das auf dem Boden der Ungerechtigkeit und Verzweiflung wächst?

Erst nach langem Zögern war Eugen Drewermann zu diesem Gespräch bereit. Noch einmal macht er den Anlauf für einen Versuch, die prinzipielle Absurdität von Krieg, Gewalt und Terror aufzuzeigen. Er versucht, die tiefer liegenden Gründe für dieses menschliche Fehlverhalten aus psychologischen, psychotherapeutischen, kulturgeschichtlichen und theologischen Blickwinkeln zu erklären. Seine Thesen sind kompromisslos – aber ein bisschen Krieg und ein bisschen Gewalt kann es ebenso wenig geben wie ein bisschen schwanger. Drewermann kann sich auf große Namen der Geschichte berufen, die man der Naivität nicht bezichtigen kann. Mahatma Gandhi ist nur einer von ihnen. Aber er steht heute in der Schärfe seiner Thesen nicht nur unter den prominenten Theologen eher einsam da. Sein provozierender Zwischenruf, sein Aufschrei schafft Unruhe und wühlt auf. Wer aber tatsächlich etwas ändern will, muss sich mit diesen Thesen auseinandersetzen. Drewermann bleibt unbequem. Aber wie schrieb der evangelische Theologe Jörg Zink kürzlich in seinem Buch über Jesus: „Wer den Mann von Nazareth ernst nimmt, kommt gar nicht daran vorbei, als Unruhestifter, als Anarchist und Revolutionär verdächtigt zu werden."

Zum Weiterlesen

Eugen Drewermann, Die Spirale der Angst. Der Krieg und das Christentum. Mit vier Reden gegen den Krieg. Herder Spektrum, Band 4003. Freiburg im Breisgau.

Eugen Drewermann, Jesus von Nazareth. Befreiung zum Frieden. 824 S. und 4 Farbtafeln, Walter-Verlag Düsseldorf.

Eugen Drewermann, Ein Mensch braucht mehr als nur Moral. Über Tugenden und Laster, 608 Seiten und 6 Farbtafeln, Walter-Verlag Düsseldorf.

Eugen Drewermann, Und der Fisch spie Jona an Land. Das Buch Jona tiefenpsychologisch gedeutet. 120 Seiten mit farbigen Abbildungen. Walter-Verlag Düsseldorf.

Eugen Drewermann, Wozu Religion? Sinnfindung in Zeiten der Gier nach Macht und Geld. Im Gespräch mit Jürgen Hoeren. Herder Spektrum. Freiburg im Breisgau.